テュルゴーと
アダム・スミス

中川辰洋

日本経済評論社

目次

序章　本書の目標と篇別構成……………………………………………… 1

第1章　ホイングの問題提起
　　　　—テュルゴーとスミスの間の「奇妙な符合」の含意—……………… 17

　　　1.　課題と視角　17

　　　2.　テュルゴーとスミスにおける重商主義，フィジオクラシー　22

　　　3.　テュルゴーとスミスの交流または交友関係　32

第2章　テュルゴー『諸省察』とスミス『国富論』の符合と異同… 47

　　　1.　資本の形成をめぐる諸問題　48

　　　2.　資本の使途をめぐる諸問題　58

　　　3.　資本の貸借をめぐる諸問題　65

第3章　テュルゴー＝スミスの交流の誤謬とミステリーと謎……… 77

　　　1.　テュルゴー＝スミスの交流の誤謬　78

　　　2.　テュルゴー＝スミスの交流のミステリー　94

　　　3.　テュルゴー＝スミスの交流の謎：英語版『諸省察』を中心に　103

終章　古典経済学の先駆者テュルゴーとイギリス古典派開祖スミス

　　　　……………………………… 117

　付録1　テュルゴーおよびアダム・スミス年譜　　　　125

　付録2　テュルゴー著『富の形成と分配に関する諸省察』目次　　131

　付録3　アダム・スミス著『国富論』目次　　　　149

付論 「資本」概念生成・成立再論
　　　―E. キャナンのアダム・スミス「資本」理論の批判的考察― …… 159

　　はじめに　159
　　1.　"capital" の来歴と用法の歴史的変化　168
　　2.　キャナン説の諸問題　178
　　　(1)　"pre-Smithian" というまやかしのエピステーメー　178
　　　(2)　キャナンの「暗挑」の意味するもの　184
　　　(3)　テュルゴーとフィジオクラート派の溝　189
　　3.　キャナン以後のスミス「資本」論の探求と問題点　197
　　　(1)　シュンペーターの「方便」とそのインプリケーション　197
　　　(2)　いわゆる「テュルゴー＝スミス貯蓄投資分析」の幻想　201
　　　(3)　藤塚の「資本概念」探求の意義と限界　210
　　むすびにかえて　221

参考文献　229
あとがき　243
初出一覧　251
索引　253

序章
本書の目標と篇別構成

　アンヌ・ロベール・ジャック・テュルゴー（1727-81）の生涯や作品をテーマとする著書や論文を挙げるとすれば「星を数ふるが如し」のたとえのとおりとなろう．アダム・スミス（1723-90）もまたしかり．さらにいえば，テュルゴーとスミスのふたりの関係をテーマとする著書や論文も数えあげればきりがない．テュルゴーにしろ，スミスにしろ，経済学の古典形成への貢献が他に抜きんでていることを思えば当然である．それぞれの代表作『富の形成と分配に関する諸省察（*Réflexions sur la formation et la distribution des richesses*）』（以下，『諸省察』と略記），『諸国民の富の本質と原因に関する研究（*An Inquiry into the Nature and Causes of the Wealth of Nations*）』――すなわち『国富論』は，刊行から 2 世紀半を経ていまに至るもなお経済学の古典形成の研究に欠くことのできない名著である．

　テュルゴーが『諸省察』の原稿をいちおう完成させたのが 1766 年[1]，ス

---

1)　ここであえてテュルゴーが『諸省察』を「いちおう完成させた」と断ったのは，かれが 1770 年 1 月に友人のピエール = サミュエル・デュポンに書き送った書簡のなかでいう，「貴君は〔『諸省察』の〕原稿の一部しか受け取ったにすぎなということを知っているかどうか分かりません」（Turgot [1770c], p. 272）のくだりを根拠としている．詳細はのちにゆずるが，『諸省察』の原稿は創刊者ニコラ・ボードー神父（1730-92）の後任として『市民日誌（*L'Éphéméride du citoyen*）』の編集に従事していたデュポンの要請によって，同誌 1769 年 11, 12 月および 1770 年 1 月の 3 回に分けて掲載される手はずになっていた．ところが，あろうことかデュポンが著者に無断で原稿の趣旨を変えて――ありていにいえば改竄して公表したため，テュルゴーは怒り，のちに改竄される以前のオリジナルテキストをベースとする『諸省察』の「抜刷」を作成することを要求した．この書簡は，1769 年にテュルゴーの任地リモージュに隣接

ミスの作品がおおやけになるのはそれから10年後のことであるから，経済学の歴史にとって1766年という年は記念すべき年となるのであるが，それにとどまらない．ほぼ同時代にドーバー海峡の両岸でそれぞれ生を受けたふたりの偉人にとっても生涯忘れ得ぬ年となった．スコットランド西岸の都市グラスゴー大学で論理学・道徳哲学を講義していたスミスは有力政治家の第3代タウンゼンド子爵チャールズ・タウンゼンド（1725-67）の義理の息子で当時イートン校に通っていたバックルー公爵ヘンリー・スコット（1746-1812）の家庭教師に請われて1764年春に教職を辞し，爾後およそ2年半の間ヘルヴェティア（スイス）やフランスを旅した．こののち，バックルー公爵はスミスの物心両面での有力な後ろ盾となるのであるが，いまは問わない．

　アダム・スミスが1765年から翌年10月まで2年に及ぶフランス滞在中，国王ルイ15世（1710-74）の御殿医フランソワ・ケネー（1694-1774），小ミラボーの父大ミラボーことミラボー侯爵ヴィクトール・リケッティ（1715-89），ヴォルテール（1694-1778），アンヴィル公爵夫人マリー＝ルイーズ・ド・ラ・ロシュフーコー（1717-97）らと並んで，時のリモージュ地方長官（現代の知事に相当）テュルゴーと面識をもつに至ったことはよく知られている．のちにみるように，テュルゴーとスミスのふたりの出会いの労をとったのは，テュルゴーのソルボンヌ時代からの友人のアンドレ・モルレ神父（1727-1819），スミスの同胞でありモルレと懇意の外交官デイヴィッド・ヒューム（1711-76）らであったといわれる．爾後，テュルゴーとスミスは「友情と尊敬の念」[2]をもって接する仲となった．

するアングモア地方のアングレームで実際に起きた「高利詐欺事件」の公式調査報告書である「貨幣貸付に関する覚書（Mémoire sur les prêts d'argent）」をパリの中央政府に送付したことの報告であるが，テュルゴー個人にしてみればこの「覚書」は，先に執筆した『諸省察』の内容を補強しこれを完成させる意味があったと考えられる．かれにとって「覚書」が重要性を有することは，翌1771年2月にデュポンに送った書簡（Turgot [1771]）でも同じ趣旨のことをしたためていることをみても明らかである．なぜなら，相手がだれであれ同じことをくり返しテュルゴーが伝えることは，きわめてまれなことであるからにほかならない．

2)　Hoyng [2015], pp. 44-5.

序章　本書の目標と篇別構成　　3

　その意味からすれば，後世，多くの人間たちがテュルゴーとスミスの交友
関係を論じることは当然の成り行きであった．だがここでの問題は，グラス
ゴー大学の論理学・道徳哲学の教員だったアダム・スミスが，この邂逅にお
いて，経済学とくに時のリモージュ地方長官が稿を脱するばかりの状態にあ
った『諸省察』のアイディアに影響を受け，やがて『国富論』の構想をふく
らませるきっかけとなったのかどうかというところにある．けだし，テュル
ゴーとスミスとの関係を論じることは，とりも直さず，『諸省察』と『国富
論』との関係を論ずることにもなる，というのもそのような理解をベースに
しているからにほかならない．

　たしかにふたりが経済問題を話し合ったことは，テュルゴーの友人のアン
ドレ・モルレ神父，ピエール＝サミュエル・デュポン（のちにデュポン・
ド・ヌムールと改名）（1739-1817），コンドルセ侯爵（1743-94）らの伝える
ところであるし，モルレ神父の回想録やスミスのヒューム宛て書簡のなかに
も経済問題の記述が散見される[3]．しかしながら，スミスが後年著わす『国
富論』のなかに『諸省察』の記述ときわめて酷似したパラグラフが複数（す
くなくとも 16 箇所）あるにもかかわらず，『諸省察』とその著者の名前は一
度たりとも登場しない．大ミラボーやケネーをはじめ，フランソワ・ベルニ

---

3)　さしあたり，Burton [1846]；Du Pont (de Nemours) [1787]；Condorcet
[1786]；Morellet [1821]；Rae [1895]；Ross [1995] を参照されたい．ここで特記
すべきは，デュポンやコンドルセ侯爵もさることながら，モルレ晩年の作品『十八世
紀およびフランス革命の回想録（*Mémoires sur le dix-huitième siècle et sur la
Révolution*）』のなかの記述であり，スミスがのちに『国富論』のタイトルで日の目
を見る作品の構想が，パリに滞在していた 1766 年，スミスやテュルゴーやモルレと
の会話のなかに登場したと証言している（Morellet [1821], p. 236. 邦語訳は抄訳のた
め当該部分は未訳出）．また，スミスのヒュームに宛てた 1764 年 7 月 5 日付書簡のな
かで，スミスが自身はじめての経済学の作品を構想していることを伝えている
（Mossner and Ross (eds.) [1977 (1987)], p. 101）．これら一連のことからオランダの
経済学者アンヌ＝クレール・ホイングは，スミスが『国富論』の執筆をいつごろから
開始したのかの問いへの答えは，いまなお研究者の間でも議論のあるところであるが，
せいぜいのところ早ければ 1763 年，遅くとも 60 年代半ばとされる（Hoyng [2015],
p. 33）．後年スミスの著書の仏語訳を手掛けるモルレの証言やスミスの書簡は「1760
年代半ば」説を裏づける手がかりを提供していると考えられる．

4

エ（1625-88），ラ・ブレード＝モンテスキューの男爵どの（1689-1755），ビュフォン伯ジョルジュ＝ルイ・ルクレール（1707-88），ピエール＝ポール・ル・メルシエ・ド・ラ・リヴィエール（1719-92）などのフランス人の名前を目にするほか，テュルゴーが"メントール（Mentor）"と仰ぎ生涯敬愛の念を惜しまなかったジャック＝クロード＝マリー・ヴァンサン・ド・グルネー（1712-59）とかれの協力者たちの手により日の目を見た『商業一般の本性に関する論説（*Essai sur la nature du commerce en général*）』（以下，『商業論説』と略記）の著者リシャール・カンティヨン（1680?-1734?）の名前が登場するにもかかわらず，である[4].

---

4) カンティヨンの『商業論説』は，その草稿を友人から借り受けてひさしく手元に置いていた大ミラボーをグルネーが説得して翻訳し 1755 年に日の目を見た．ただし，当時の検閲制度に配慮して，著者は匿名，英語からフランス語に翻訳され，イングランドの「フレッチャー・ガイルズ書店」によって出版されたことにしている．世にいう「1755 年版」である．ウィリアム・スタンレー・ジェヴォンズは「リシャール・カンティヨンと経済学の国籍（Richard Cantillon and the nationality of political economy）」と題する論文において，「『国富論』をつぶさに読んだ読者であれば，おそらくアダム・スミスが例外的に一度だけ〔リシャール・〕カンティヨン氏なる人物の著作から引用していることを記憶していることであろう．これにはひとつの物語がある．しかもその物語は誤謬とミステリーと謎に満ちている．アダム・スミスはごく少数の先行著述家しか自著に引用しなかったので，かれの著作に名をとどめることは，一種の不朽の名声を手にすることである．だがそれにもかかわらず，カンティヨンはきわめて不幸であった．かれはたんに火災と短剣によって若くして非業の最期をとげたばかりではない．その後の文筆上の不幸な出来事が，かれの名声を覆い隠してしまったのである」（Jevons [1881], p. 333. 訳 64 ページ．ただし，引用は訳文と同一ではない）．ちなみに，この 1755 年版の英語版を世に送り出したイギリスの経済学史家ヘンリー・ヒッグズは，グルネーの要請もあってテュルゴーも出版作業に関与していると推測している．さしあたり，Higgs [1931], pp. 381-5 を参照されたい．このほか，Perrot [1992], pp. 163-4；Van den Berg [2015], pp. 4ff もあわせて参照されたい．なお，些末事ではあるが，筆者は先学に敬意を表する意味から，グルネー・サークルの面々の手によって日の目を見たカンティヨンの著書の邦題を『商業論』，『商業一般の本性に関する試論』と表記してきた．しかしながら，"essai/essay"は，"discours/discourse"や"traité/treatise"などのように特定のテーマを論じる表現形式であって，グルネーらがカンティヨンの草稿に"essai"のタイトルを冠したのは商業に関する論説ないし小論文（dissertation）ほどの意味であって，「試論」もしくは「試みの論」は明らかな誤りである．向後，『商業試論』をあらため『商業論説』と表記することとした．

序章　本書の目標と篇別構成　　　5

　テュルゴーとスミスとの関係，ひいては『諸省察』と『国富論』との関係を論じるに至った重要なきっかけは，デュポンやコンドルセ侯爵らのスミスへの言い知れぬ不信感や疑念から発していたといえるかもしれない．爾来，19世紀に入ると，デュポンの衣鉢を継ぐユジェーヌ・デールやイポリート・デュサール，自由主義派経済学者のレオン・セー，経済思想史家にしてテュルゴー全集の編者ギュスターヴ・シェルらがテュルゴーのスミスへの理論的影響を論じた論文を発表しているほか，『国富論』の刊行100年を祝してイギリスの経済学者ソロルド・J.ロジャーズを編者に刊行された「新版『国富論』」の「編者序文（Editor's Preface）」や，オーストリアの経済学者ジークムント・ファイルボーゲンが1892年に著わした『スミスとテュルゴー（Smith und Turgot）』は，そのサブタイトル「国民経済の歴史と理論の関係（Ein Beitrag zur Geschichte und Theorie der nationalökonomie）」が雄弁に物語っているとおり，経済学の古典形成におけるテュルゴーとスミスの貢献の大きさを論じたものである[5].

　経済学の古典形成の謎解きにも似たテュルゴーとスミスの関係を対象とした研究は20世紀に入ってからも途絶えることがなく，注目すべき研究成果がこの間数多く発表された．なかでも，『国富論』の編者エドウィン・キャナンをはじめ，イー・セェー・ルンドベリ，ピーター・D.グレーネヴェーゲン，ジャニーヌ・ギャレ＝アモノ，テレンス・ウィルモット・ハチソンなどの研究業績を挙げなくてはならないであろう[6]．このほか，アンドリュー・S.スキナーらが『国富論』の刊行200年を記念して編集・刊行したテキストの序論（General Introduction）でもテュルゴーとスミスの関係につい

---

5)　以上，さしあたり，Daire et Dussard［1844］；Rogers［1880（1869）］；Say［1898］；Feilbogen［1892］を参照されたい．

6)　Cannan［1903；1937］；Lundberg［1964］；Groenewegen［1969；1970；1971；1982］；Gallais-Hamonno［1982］；Hutchison［1982；1988］を参照されたい．なお，筆者は入手できなかったが，ギャレ＝アモノには，（国家博士）学位請求論文「理論と言語——アングロ・サクソン系経済学者の言語習得の進化的分析（Théories et Langages, Analyse évolutive de la langue des économistes Anglo-Saxons, Thèse pour le doctorat d'Etat, Université de la Sorbonne Nouvelle, 1978）」もある．

て言及している[7]．これら比較的近年の研究は，18，19世紀の先行研究を踏まえながらも，新たに発見された資料——未発表論文や未定稿の論稿や書簡（コピーや下書きをふくむ）など——などを活用することによってこれまで推測の域を脱し得なかった問題を解明する優れた作品もすくなくない．

　本論で取り上げるアンヌ＝クレール・ホイングの著書『テュルゴーとアダム・スミス——奇妙な符合（*Turgot et Adam Smith : Une étrange proximité*）』は，如上の先行研究の成果をさらに一歩先へと進める意欲的な作品として高く評価しなければならない．ホイングの所属したアムステルダム大学大学院時代の指導教官アーノルド・ヒアーッジュのものした「前書き（Avant-propos）」にあるとおり，本書は学位請求論文をベースに上梓された彼女のデビュー作である．同じく「緒言（Préface）」を寄稿しているホイングの留学先パリ第5大学——通称デカルト校——時代の恩師ジャン＝ピエール・シャムウが，ホイング自身の研究テーマと関連する文献や資料の蒐集だけでなく，この分野の専門家や研究者とのインタビューを数多く行い自らのアイディアを整理し掘り下げていったと証言しているように，彼女は先行研究のほとんどに目を通したうえで，新たに発見された文献や資料を用いて自説を理路整然と展開している．そのうえしかも，2012年5月にパリのテュルゴー研究所のセミナー「アダム・スミスはテュルゴーを剽窃したのか」でギャレ＝アモノと共演して徹底した議論を行い研究テーマのさらなる吟味検討を行っている[8]．本論でホイングの研究業績を取り上げる一半の理由がここに

---

7)　Skinner et al. [1981]．しかし，スキナーが単独で編集・出版した『国富論』——いわゆるペンギン版『国富論』の序論（Analytical Introduction）では，そうした記述はまったくない．この点に関しては，さしあたり，Skinner [1982] を参照されたい．

8)　著者のホイングは本書の出版に先立つこと3年前の2012年5月にパリのテュルゴー研究所（Institut Turgot）が開催したホイングとギャレ＝アモノのふたりのセミナー「アダム・スミスはテュルゴーを剽窃したのか（Adam Smith a-t-il plagié Turgot?）」で，ギャレ＝アモノの見解に示唆を得て自説を精緻化している．くわしくは，ホイングがこのセミナーのために用意した「レジュメ（Résumé）」(Hoyng [2012]）を参照されたい．なお，筆者は『経済学史研究』でホイングの著書の書評（中川 [2018]）を寄稿しているのであわせて参照されたい．

ある.

いまひとつ新進気鋭のフランス系オランダ人研究者の作品を取り上げた理由は，より重要な点であるが，彼女のオリジナリティにある．具体的には，テュルゴーとスミスとの間の「奇妙な符合（étrange proximité）」の理由のひとつとして，ホイングがカンティヨンの『商業論説』の議論を重視していることである．そのうえで，テュルゴーとスミスとの間の「奇妙な符合」に言及している．のちに詳述するとおり，カンティヨンの議論を重視する主張それ自身はホイングのオリジナルとはかならずしもないものの，テュルゴーとスミスとの間にいかなる交渉も見出せない——というよりは見出そうとしない“ダウンアンダー（Down Under）”はシドニー大学でひさしく教鞭を執った経済学者のピーター・D. グレーネヴェーゲンをはじめとする英語圏の研究者の所説への有力な反証となっていることは認められなければなるまい.

すなわち，グレーネヴェーゲンによると，テュルゴーとスミスのテキストの記述にすくなからぬ「符合」が認められるのは，テュルゴーの思想にスミスが影響されたからでは断じてない，むしろ重商主義やフィジオクラシーといったふたりの生きた時代に共通する思想的，学問的潮流に起因する．サー・ウィリアム・ペティ（1623-87），イングランド東インド貿易会社（East Indian Company）総裁を務めたウォンステッド準男爵ジョサイア・チャイルド（1630-99），カンティヨン，ケネーなどの思想が，それである．このうちカンティヨンはひさしく「フィジオクラート派の先駆的重商主義者（un mercantiliste précurseur des Physiocrates）」と位置づけられ，ケネーはもとより，テュルゴーやスミスにも多大な影響をあたえたと評価されている[9].

詳細はのちに立ち返るが，イギリスの経済学者のテレンス・ウィルモット・ハチソンやアントニー・ブリュワー，それにアイルランドはダブリンのトリニティ・カレッジで久しく教鞭を執ったアントイン・E. マーフィーらも認めるように，経済学の最重要概念である「資本（capital）」は，カンテ

---

9)　Léonce de lavergne［1870］；Legrand［1900］；久保田［1965（1940）］.

ィヨンやケネーによって精緻化されて誕生した概念ではない．テュルゴーが生涯師と仰いだヴァンサン・ド・グルネーの思想的営みの賜物である[10]．テュルゴーが『諸省察』を脱稿する1766年にスミスの知遇を得てふたりの話題が経済学に及んだとするならば，スミスがこのときチャイルド——グルネー———テュルゴーの系譜に属する「新しい富の概念」としての資本を知ったと推測するに十分な根拠がある．のみならず，ホイングが『諸省察』と『国富論』との間に16箇所に及ぶ「符合」を認められると主張しても不可思議ではない．しかるに，ふるくはキャナン，やがてグレーネヴェーゲンのように，テュルゴーとスミスの著作の符合が，たとえどんなに「奇妙（étrange）」に思えたとしても，当時の"時代精神（Zeitgeist）"に影響された結果であるというのは強弁以外の何物でもないといわざるを得ない．

　問題はそれにとどまらない．ハチソンが的確にのべているように，テュルゴーとスミスの著作の間の「符合（proximité）」と同時に「異同（difference）」にも目を向けなくてはならないということである．ことほどさように，うえでのべたグルネーのいわゆる「新しい富の概念」資本に関して，テュルゴーの場合，あくまでも貨幣的資本を「一般定式」と考え，かつその形成と使途を分析するのに対して，スミスの場合，当初は"capital"ではなく，ブリテン島に土着する単語の"stock"，すなわち概していえば現物的な「資財」，あるいはフランソワ・ケネーやフィジオクラート派流の「前貸し資本（avance）」または「資本ストック（capital stock）」と同義であると考えられる．ブリテン島において，資本相当の意味でひさしく用いられたタームは土着語の"stock"であって，"capital"なるタームは舶来語であった．だから，これまたグルネーのネオロジズムとされる「資本家（capitaliste）」すなわち資本の所有者が，実際に事業を管理・運営する「企業者（entrepreneur）」に資金を提供して事業を行わせしめるという考え方がスミ

---

10)　Gournay［2008（1754）］．なお，グルネーの所説の解説として，Secretat-Escande［1911］；Hutchison　［1982；1988］；Brewer　［1986；2010］；Murphy　［2009a］；Meyssonnier［2008］などを参照されたい．

スにあっては希薄であるばかりか，そもそもそうした発想自身を認めること
ができない[11]．

　さらに，テュルゴーが資本を論じる前提としての商品の価値と貨幣の問題
に遡れば，テュルゴーとスミス，したがってまた『諸省察』と『国富論』と
の間の「異同」は明白である．テュルゴーにあっては，ヨーロッパ大陸の伝
統である相対主義的価値観あるいは主観価値説をベースにしているのに対し
て，スミスの場合はペティこのかたブリテン島の伝統である絶対的価値観に
支えられた客観価値説──労働価値説にもとづいている．スミスは『国富
論』の出版によってまれに見る成功を収め，「経済学の創始者（the founder
of political economy）」と称されるようになるが，しかしタイムスパンを19
世紀後半へと拡げるならば，経済学はこの島在来の客観価値説から外来種の
主観価値説へと大きく舵を切り替える時代を迎えることになる．

　換言するなら，スミス『国富論』では採用されなかった経済学の概念や理
論が19世紀後半になって注目され，これらを採り入れた経済学がやがて擡
頭することになる．そのような経緯を考えるなら，スミス『国富論』の経済
学上の偉大な貢献を軽んじるつもりは毛頭ないものの，スミスは巷間いわれ
るような「経済学の創始者」などではなく，FTことイギリスの経済紙『フ
ィナンシャル・タイムズ（*Financial Times*）』の重鎮にして筋金入りの"ハ
イエキヤン（Hayekian）"のサミュエル・ブリタンたちのように，「イギリ
ス古典派経済学の創始者（the founder of English classical political econ-

---

　11)　後述のように，"capitaliste" というタームはグルネーのネオロジスムであったが，
　　自らはこのタームを用いず "possesseur de monnaie" という言葉を使った．
　　"capitaliste" というタームを積極的に用いたのは愛弟子テュルゴーであり，かれの
　　代表作『諸省察』がその顕著な事例である．一方，テュルゴーはブリテン島の研究者
　　と異なり，"entrepreneur" というタームも多用しているが，さらに進んでグルネー
　　のネオロジスムである "capitaliste" と "entrepreneur" とを組み合わせた
　　"capitaliste‐entrepreneur" という概念を生み出している．対する，スミスは
　　"capitaliste" はもとより，"entrepreneur" という用語さえ『国富論』のなかでただ
　　の一度も登場しない．

omy)」[12] と評価するのが妥当とハチソンがいうのはまことにもってもっともなことであると思われる.

　はたしてこのように考えることが許されるならば，テュルゴーとスミス，したがってまた『諸省察』と『国富論』との間にみられる「符合」と同時に，両者の「異同」にも目を向けなければならないことは自明の理である．例えば資本については，それを"capital"ではなく"stock"と呼ばわっても，スミスが『国富論』の執筆前あるいは執筆の過程でテュルゴーの著書を参照して影響を受けたことは否定できないし，とりわけ資本の形成あるいは貯蓄と投資の関係がそうである.

　アンヌ=クレール・ホイングはスミスがテュルゴーの作品から着想を得たとする主張を証明するために，つぎのような5つの疑問に答えることを自らに課したと書き記している．すなわち，①スミスはテュルゴーの『諸省察』（の記載された雑誌『市民日誌』または抜刷のかたちで）を所有していたか，②スミスとテュルゴーは学問的に同じような考えを抱き，なんらかのかたちで協力し合う関係にあったか，③スミスとテュルゴーにはふたりの紹介の労をとる共通の知人や友人がいたか，④スミスとテュルゴーは作品を相互に交換し合っていたか，そして⑤ふたりは手紙のやり取りを行っていたか――の5つの疑問である[13].

　もとより，これらの疑問に答えようとしたのはオランダの経済学者がはじめてというわけではない．これよりも半世紀前のルンドベリの研究はこの分野の佳き先例であり，彼女自身，スウェーデン出身の研究者をはじめあまたの優れた先行研究をフォローしていることは既述したとおりである．だが，それにもかかわらずホイングの試みを評価しなければならないのは，新たな

---

12)　Hutchison［1988］, p. 372. ちなみに，ブリタンは『フィナンシャル・タイムズ』に寄稿したあるコラムなかで「スコットランド出身の思想家アダム・スミスは経済学の生みの親ではなかった．かれはこの分野におけるイギリス本流の慣わしをかたちづくった最初の人物であった」（Brittan［2007］）とのべているが，ハチソンの見解と基本的に同一と理解してよいであろう.

13)　Hoyng［2015］, p. 69.

資料をもとにテュルゴーとスミスとの邂逅，学問的交流などにあらためて取り組もうとしているところにある．彼女の試みがはたしてどこまで成功しているかはのちに明らかにするが，これらの諸問題をあらためて吟味検討することの意義は，スミスがテュルゴーから「疑う余地のない影響（influence indubitable）」[14] を受けながらも，『国富論』のなかで『諸省察』に言及しないばかりか，その著者であるテュルゴーの名前さえ登場しないのはどうしてか——その理由の究明にあるといってよい．

　デュポンやコンドルセ侯爵このかた，スミスがテュルゴーと『諸省察』に完全な沈黙を決め込んだのには「作為的な意図」があったという説がある．ことほどさように，サー・ジェイムズ・ステュアート（1712-80）の事例に思いを致せば，スミスに「作為的な意図」があったとの仮説または推理がまったく荒唐無稽というわけではないし，実際にもそうした仮説または推理にもとづいた考証をこととする研究者も決してなくはない——いわゆる「ステュアート隠し」説ならぬ「テュルゴー隠し」説である[15]．仮にもしスミスに「テュルゴー隠し」の意図があったとしたら，デュポンやコンドルセ侯爵よりも，テュルゴーそのひとがスミスに悪印象を抱いても不思議ではないはずであるが，そのような事実を認めることはいまのところできない．テュルゴーが1778年3月にウェールズ出身の宗教家・哲学者ドクター・リチャード・プライス（1723-91）に宛てた書簡のなかで，スミスにことのほか高い評価をあたえているのはその一例である[16]．テュルゴーがスミスに「作為的な意図」があったと考えていたとすれば，かれの手紙の文面はまことにもって奇妙かつ奇天烈といわざるを得ないのであるが，いまは問わないでおこう．

　本論は，以上の経緯を明確に意識しつつ，テュルゴーとスミスという経済学の偉人の邂逅と交流をめぐる研究をいま一度省みてその真相に迫ることを

---

14) *Idem*, p. 145 et suivre.

15) 例えば，Rashid［1986］を参照されたい．また，馬場［2008］，とくに第5部第12章「資本・資本家・資本主義」もあわせて参照されたい．

16) Turgot［1778］, p. 533.

目標としている．それはまた，テュルゴーの『諸省察』とスミスの『国富論』の成立の経緯を検討し，経済学の古典形成への貢献を評価すること，いい換えると，18世紀中葉以降，経済学がひとつの学問領域として進化をとげるうえではたしたふたりの偉人の学問的貢献をあらためて考究することでもある．

はじめに本論の篇別構成を示せば以下のとおりである．まず，ホイングの『テュルゴーとアダム・スミス』の問題意識とテーマへのアプローチを紹介することからはじめる．ここであえてホイングの作品を用いたのは，彼女がこの分野の先行研究のほとんどに目を通したうえで，新たに発掘された文献や資料を用いて自説を理路整然と展開しているので，のちの議論の手引き，導入部分としての役割をはたすと考えられるからである．もちろん，ホイングの議論の紹介に終わることなく，その内容を吟味検討しつつ問題点を指摘して検討を加える．これが第1章の主要テーマである．

つづく第2章では，テュルゴーの『諸省察』とスミスの『国富論』との間の符合と異同についてみていく．そして第3章では，テュルゴーとスミスの交流にみる誤謬とミステリーと謎を最新の資料をもとにいま一度ふり返って分析する．そのことはまた，ドーバー海峡の両岸でほぼ同じ時期に生を受けたふたりの偉大な経済学者の交流が経済学の古典形成にどのような貢献を有するものであったのかを問うことでもあるが，これをさらにつき詰めていえば，18世紀が「経済学の揺籃」と称される意味を掘り下げて理解することにつながるものと確信する．

ところで，本論のテーマに入る前に，「付論」として収録した論稿「『資本』概念生成・成立再論——E.キャナンのアダム・スミス『資本』理論の批判的考察」について付言しておきたい．わが国の経済思想・経済学説の研究史を顧みると，テュルゴーとアダム・スミス，あるいは『諸省察』と『国富論』との関連をテーマとする学術図書や論文は皆無である．ローマの賢人を気取って，"Omnia viae unum virum ducunt : Adamus Smith est nomen eius（すべての道はひとりの人間アダム・スミスに通ずる）"と騙り，テュ

序章　本書の目標と篇別構成　　13

ルゴーがその師ヴァンサン・ド・グルネーの学説を継承して「資本」理論の生成・成立に多少の貢献をなしたといわれても，最終的完成者はアダム・スミスであるから，テュルゴーとスミスを並べて論じること自体が不遜極まりないということであろう．けだし，エドウィン・キャナンの「capital なる用語の初期史（Early history of the term capital）」と題するエセーに端的に示されるように，しかしかれの師にして「経済学の国籍を連合王国に定めた」ウィリアム・スタンレー・ジェヴォンズほどに厚顔無恥ではなかったにせよ，「資本」相当の意味で“capital”なるタームを用いた歴史上最初の人物はテュルゴーなどではなく，スミスでなければならない——ということに帰着するということであろうか．

　実際，英語圏では今日に至るもそのように信じて疑わない御仁が多く，わが国でもそうした英語圏の御仁たちの所説を鵜呑みにしオウム返しすることを務めと見付けた研究者が散見される．わが国の代表的なアダム・スミス研究者である藤塚知義は，その顕著な事例である．藤塚の意図はキャナンをはるかに凌ぐ多くの文献・資料を精査しつつ，かれがついにはたせなかった“capital”なる用法のブリテン島にける優位性を証明するところにあったが，結局のところ，頓挫した．藤塚の轍を踏んだ馬場宏二も，これに加える必要があろう．

　これらのことは，筆者の本務校の紀要『青山経済論集』第64巻第4号（2012年3月）に寄稿した「『資本』概念成立探求」（のちに『テュルゴー資本理論研究』（中川［2013］）の「付論1」として再録）で論じたことがある．だがそこでは，藤塚や馬場の議論の問題点に焦点を当てたため，かれらの挫折の淵源ともいうべきキャナンの所説の致命的問題点にはあえて深入りしなかった．

　もとより，本書に再録した論稿は前稿の続編として作成されたものではあるが，しかしその最大のポイントは，藤塚そして馬場がまったくといっていいほどに思い至らなかったキャナンの立論の致命的欠陥に光をあてた点にある．この稿のサブタイトルの「E. キャナンのアダム・スミス『資本』理論

の批判的考察」は，キャナンの所説の致命的欠陥に踏み込んで考察したこと
を示すものである．別言すれば，キャナンが本来なすべき（であった）こと
は，いつ，どこの人間が，どのような経緯で“capital”というタームに資
本相当の意味を持たせるに至ったかであるにもかかわらず，あるトリックを
使って“capital”というタームの用語法の変遷に問題をすり替えたのであ
る．キャナンのトリックを見抜けなかった藤塚そして藤塚の後を追った馬場
が頓挫したのは当然至極であり，ありていにいえばキャナンの仕掛けた罠に
まんまとひっかかったのである．

　もちろん，罠にひっかかったのはわが国の著名な研究者たちだけでなく，
ピーター・D. グレーネヴェーゲンをはじめとする英語圏の研究者たちのな
かにもすくなからず認められる．ただかれらの仕事っぷりはといえば，イギ
リスの推理小説家フィリス・D. ジェイムズが『女には向かない職業（*An
Unsuitable Job for a Woman*）』のなかで吐いたアフォリズムに倣っていうな
ら，「どんなにひねくれた，あるいは衝撃的な意見でも受け入れるだけの能
力を持っているように見えるのに，単純な事実を聞かされて気を悪くしてし
まう」種類の人間たちのそれであった．

　結論を先取りすれば，キャナがどのような策を弄しようが，ブリテン島
の土着語“stock”とは異なり，“capital”なるタームはこの島の住民たち
にとって舶来語以外の何物でもない．しかもその用語法もヨーロッパ諸国の
影響がふかく刻み込まれているから，キャナンがスミスの功績に仕立て上げ
ることなどそもそもできない相談であった．しかしながら，そこは天然の要
害によって守られた島国のこと，外の世界で起きていることなどまるで意に
介さず，いまなお資本相当の意味で“capital”というタームを最初に用い
た歴史上の人物をブリテン島の住民であったアダム・スミスであると信じて
疑わない御仁が跡を絶たない．

　そうとはいえ，古代ローマの賢者アウルス・ゲルリウス（125?–180?）の
有名な箴言（proverbum）である“Veritas filia temporis（真実は時の娘な
り）”──イギリスの推理作家ジョセフィン・テイ作 *The Daughter of*

Time（邦題・時の娘）の出所——さながらに，ここにきてようやく研究状況が変わろうとしている．すくなくともヨーロッパはそうであり，そのさまは，譬えていえば，如上の箴言にサー・フランシス・ベーコン（1561-1626）が3つのラテン語の単語を加えたフレーズに似ている．曰く，

"Veritas filia temporis dicitur, non auctoritatis"，つまり「真実は時の娘なり，権威の娘にあらず」．

第1章

ホイングの問題提起

―テュルゴーとスミスの間の「奇妙な符合」の含意―

1. 課題と視角

アンヌ゠クレール・ホイングは自著『テュルゴーとアダム・スミス』の主たる目標をつぎのように説明している．すなわち，アダム・スミスが『国富論』を執筆するに先立って，アンヌ・ロベール・ジャック・テュルゴーの『富の形成と分配に関する諸省察』（以下，『諸省察』と略記）を参照していたことは間違いのないところであり，『国富論』のなかに『諸省察』のパラグラフと酷似する記述があるのは，スミスがテュルゴーの著作から当該部分を引用したからにほかならない．そのことはまた，スミス初の経済書となる『国富論』がテュルゴーの『諸省察』から強い影響を受けたというだけでなく，スミスがテュルゴーの経済学説をかなりの程度まで受け容れたということを示すものである．そしてこれらのことを解明することこそが，ホイングの目標であるというのである[1]．その意味からすれば，彼女の著書のサブタイトル「奇妙な符合（une étrange proximité）」は言い得て妙である．

このテキストの本編は大別すると，3つの編，6つの章からなる比較的小さな作品である．そのあとにつづく4つの「付録（annexe）」を加えてもそうである．日本風にいえば，四六変形220ページほどの小品である．摘要す

---

1) Hoyng [2015], pp. 25-6.

ると，まず第1編では，標題の「ふたつのスタイル，ふたつの著作，大いなる相似性（Deux styles, deux œuvres, des grandes similitudes）」が暗示するとおり，テュルゴーとスミス，『諸省察』と『国富論』について概説したのち，両者に認められる「相似性（similitudes）」を導き出す．著者によると，その数はじつに20になんなんとするから，単なる偶然と片付けるには多すぎるといわなくてはなるまい．「奇妙な符合」のゆえんである（付表参照）．

　ホイングのいわゆる「奇妙な符合」の最初の6つは，テュルゴーの『諸省察』では，ラ・ブレード及びモンテスキュー男爵（1689-1755）の名著『法の精神（De l'esprit des lois）』に倣いつつ，商業社会以前の，狩猟，牧畜，農業の3つの社会における人間の経済的営みを論じた序論的部分（第1～28節）に属し，これをスミスの『国富論』に即していえば，労働の生産性，生産物の分配とその秩序などを論じた第1篇に相当する．そして後半の7番目からこちらは，テュルゴーにあっては『諸省察』のエッセンスともいえる商業社会の新しい富の概念「資本（capital）」とその所有者である「資本家（capitaliste）」たちのおりなす「富の形成（生産）と分配（交換）」を論じた第29節以降の議論──具体的には貯蓄と投資，資本の形成と使途（用途），貨幣と利子との関係などである．これをいま一度スミスの『国富論』に即していい換えるなら，第2篇「資本の性質，蓄積ストック，用途について」に収録された数々のメニューに相当する．

　もとより，先に示唆するように，テュルゴーの『諸省察』とスミスの『国富論』との間の語句（用語）や文章の相似性を論じたのはホイングがはじめてではない．テュルゴーの友人であるピエール＝サミュエル・デュポン（・ド・ヌムール），アンドレ・モルレ神父やコンドルセ侯爵はもとより，19世紀にはユジェーヌ・デールとイポリート・デュサール，レオン・セー，オーストリア出身の研究者オイゲーン・フォン・ベーム＝バヴェルク，ジークムント・ファイルボーゲンなどが詳細な研究を発表していた．そして20世紀に入ると，これらに，フランスの経済思想史家で『テュルゴー全集（Œuvres de Turgot et documents le concernant）』（全5巻）の編集者のギュス

第1章　ホイングの問題提起　　　　19

付表　『諸省察』および『国富論』の語句（用語）の相似性

テーマ	『諸省察』	『国富論』
私的所有の重要性	第9節	第1篇第11章
富の分配の不平等性	第12節	同上
分業の重要性	第3節	第1篇第1章
5つの土地耕作方法	第25，28節	第2篇第5章
労働報酬	第6節	第1篇第8章
所得再分配	第5，9，13，14節	同上
富の生産と分配に必要な投資の重要性（紡績業を例に）	第50，52，60節	第2篇序論
貯蓄と投資の関連	第100節	第2篇第3章
貯蓄性向と資本形成（または資本蓄積）	第59節	第2篇第4章
資本の異なる使途，資本流通のあり方	第82，84節	第2篇第5章
貨幣数量と利子率	第74節	第2篇第4章
貨幣としての金と銀	第46節	第1篇第11章
金と銀の価格	第42節	第1篇第4章
奢侈と浪費	第80節	第2篇第3章

　［出所］　Hoyng［2015］, p. 65 より引用．ただし一部修正・加筆．

ターヴ・シェル，『国富論』の編者エドウィン・キャナン，ニューヨーク市立大学ハンター校で教鞭を執っていたスウェーデン出身のイー・セェー・ルンドベリ，オーストラリアはシドニー大学のピーター・D. グレーネヴェーゲン，フランス北東部ロレーヌ地方のメス大学のジャニーヌ・ギャレ＝アモノ，イギリス第2の都市バーミンガム大学のテレンス・ウィルモット・ハチソンなどの研究業績も加える必要があろう．このほかにも，イギリスでは3番目となる英訳『諸省察』の編集者ウィリアム・J. アシュレーの「前書き」，アンドリュー・S. スキナーらが『国富論』刊行200年を記念して編集・刊行したテキストの「序文（General Introduction）」でもテュルゴーとスミスとの関係について言及していることは注目されてよいであろう[2]．

　ホイングの貢献は，これらの先行研究のほとんどすべてを吟味検討し，かつ新たに発掘された書簡などの資料の解読作業を踏まえてテュルゴーとスミ

---

　2)　ここで列挙した先行研究については，のちに紹介・検討するが，さしあたり，巻末の「参考文献」リストを参照されたい．

スの交流と思想形成との関係を考究した点にある．それを端的に示すものこそ，ふたりの経済学の偉人の作品における相似性を 16 箇所指摘し論及したことである．これは，『国富論』刊行 100 年を祝すべく 1869 年に刊行された新版『国富論』の編集者ソロルド・J. ロジャーズの 9 箇所，グレーネヴェーゲンの 5 箇所に比較すれば 2 倍から 3 倍にのぼるが，しかしホイングは読みようによっては両者の「相似性」はほかにもすくなからず認められるという[3].

　いまもしホイングのいうとおりであるとすれば，テュルゴーとスミスの間の，したがってまた『諸省察』と『国富論』の間の「相似性」を単なる偶然で片づけるには，あまりに数が多すぎはしないだろうか——ホイングをして「奇妙な符合」といわしめた淵源がここにある．そしていまもしそのように考えることが許されるとすれば，それを究明する独自の価値があるのではないだろうか．テュルゴーの作品はスミスのそれよりも時系列的にいって 10 年ほど先行するから，ホイングのいわゆる「奇妙な符合」とは，詰まるところ，テュルゴー学説のスミスへの影響の跡にほかならないというように理解する必要がありはしないか．

　やがて明らかにするように，筆者は大筋としてホイングの所説を支持するものの，反対説がないではない．なかでも，シドニー大学で長年経済学や経済思想史を講義してきたピーター・D. グレーネヴェーゲンはその最右翼といっていいであろう．すぐうえでみたように，もちろんグレーネヴェーゲンといえどもテュルゴーの『諸省察』とスミスの『国富論』との間に「相似性」をまったく認めないというのではない．実際，かれは両者の「相似」する箇所を 5 つ指摘していた．

　ところがそれは，ホイングらの説くような意味でのテュルゴーのスミスへの影響というような大それた代物などでなく，むしろかれらが同じ時代に同

　3）　Hoyng [2015], p. 42. かくいうホイングではあるが，『諸省察』と『国富論』との相似性を示す箇所はほかにも認められるが，彼女の所説を証明するには「これら 16 箇所だけで十分足りる」（*Idem*, p. 41）と書き記している．

第1章 ホイングの問題提起 21

じ空気を吸って育った結果であり，とりわけ重商主義とフィジオクラシー
（またはフィジオクラート派）はふたりの偉大な経済学者にとっての「共通
の先行者（antécédents communs）」としてかれらの思想形成に多大な影響を
及ぼしたといってはばからない⁴⁾．グレーネヴェーゲンの目から見れば，テ
ュルゴーとスミスとの間に，ホイングの主張するような「符合」が存在する
のは理の当然であり，けだし奇妙でも奇天烈でもないというしだいである．
それはまた，テュルゴーのオリジナリティだなどとは間違ってもいえないと
いうことの強い意思表示と考えられなくもない．

　なるほどグレーネヴェーゲンのような主張は英語圏の研究者の間でよく見
かけられるものであり，とくにスミス研究者たちがテュルゴーはおろか，遡
ればカンティヨンにすら言及することはまれである．ウィリアム・スタンレ
ー・ジェヴォンズが「リシャール・カンティヨンと経済学の国籍」で明言し
ているとおり，カンティヨンは重商主義批判を通してケネーをはじめとする
フランス経済学の「思想的源泉」をなし，その学説はテュルゴーなどによっ
て発展をとげることになる．だが，それらの評価はあくまでも「経済学の真
の科学的学派」の開祖であるアダム・スミスの学説の基礎をなしているとい
うところにあり，ジェヴォンズが「経済学の国籍」をイングランドと定める
理由もここにある⁵⁾．

　はたしてそうであろうか．ホイングはテュルゴーやスミスの経済思想の形
成に影響を及ぼしたとされる重商主義，フィジオクラート派の思想とはどの
ようなものであり，そのどれがどのようなかたちでテュルゴーやスミスの思
想に採り入れられたのであろうか──といった問いへの答えを見出そうとし

　4）　ホイングは，グレーネヴェーゲンの所説にもとづき，テュルゴーとスミスに影響を
　　あたえた「共通の先行者」としてサー・ウィリアム・ペティ，サー・ジョサイア・チ
　　ャイルド，ジョサイア・タッカー（1713-99），ジョン・ロック（1632-1704），ヴァ
　　ンサン・ド・グルネー，フランソワ・ケネーらの名を挙げているのは順当と考える
　　（Idem, p. 71 et suivre）．だが，のちに詳述するように，スミスは『国富論』のなか
　　でテュルゴーと異なってペティ，チャイルドらには一言もふれていない．
　5）　Jevons [1881], p. 333. 訳 64 ページ．

22

ている．そこでつぎにホイングがテュルゴーとスミスの間の「奇妙な符合」
の分析から導き出した解答についてみていきたい．

2. テュルゴーとスミスにおける重商主義，フィジオクラシー

　アンヌ゠クレール・ホイングが，テュルゴーやスミスの思想形成，ひいて
は『諸省察』や『国富論』を作成するうえで重商主義やフィジオクラシー
（またはフィジオクラート派）の政治・経済思想を無視してはならないとい
うのは当然といえば当然である．そうした思想潮流に属する人間たちは，テ
ュルゴーやスミスにとって，「共通の先行者（antécédents communs）」とい
ってよいであろう．この点，ピーター・D. グレーネヴェーゲンの主張はま
ことにもってもっともと考えざるを得ない．

　ただし重商主義，フィジオクラシーといっても，それらが一口でいって何
を意味するのかという段になると，かならずしも「共通」する理解が存在せ
ず，ためにそうした思想潮流に属する人間の研究者たちの間でもしばしば異
なった解釈が生まれてきた．とくに重商主義がそうであり，その最大のポイ
ントは，重商主義があたかも経済理論の「学派（secte）」と考えられてきた
ところにある．しかし近年，重商主義の主張は経済理論ではなく，国家の行
う経済政策を正当化する政治的思想であり，17 世紀後半このかた主要には
イギリス，フランスでさまざまの政治思想や政策のテキストが発表されてき
たことは周知の事実である[6]．

---

　6)　ホイングは重商主義をラース・マグヌソンの『重商主義（*Imperialism*）』（1994）
　　に倣って「17 世紀後葉から 18 世紀初頭にかけての政治的・経済的状況のなかでイギ
　　リスやフランスで発表された一連の出版物」にみられる主張であって，「経済学の流
　　派（école économique）」（Hoyng［2015］, p. 71）と考えてはいない．スミスが「重
　　商主義」的テキストの主張を受け容れなかったことは，『国富論』第 4 篇第 8 章「重
　　商主義の結論」に示されるとおりである．これに対して，つぎのような理由から，テ
　　ュルゴーはスミスほど明瞭ではなかったという説もある．すなわち，テュルゴーの師
　　グルネーが一部であるとはいえ「重商主義的思想」の持ち主であったからである
　　（*Idem*, p. 74）．だが，旧制小樽高等商業学校の手塚寿郎が的確に伝えるように，グル

第 1 章　ホイングの問題提起　　　23

　例えばフランスでは，やがて国家の経済介入・保護主義のシンボルとなる
ジャン＝バティスト・コルベール（1619-83），ジャン・ボーダン（1530-96）
といった政治家・思想家たちだけでなく，「経済学」を意味する Economie
politique または Æconomie politique のタームの生みの親アントワーヌ・
ド・モンクレティアン（1575-1621），さらにはテュルゴーの師ヴァンサン・
ド・グルネーまでもが重商主義者であるというものさえいる[7]．かたやブリ
テン島では，ペティ，チャイルド，タッカーなどの名を思い浮かべるものも
あろう[8]．

　このほかにも，ホイングは特段明記していないけれども，アイルランド出
身でのちにフランスに帰化したリシャール・カンティヨン，スコットランド
出身のジョン・ロー（1671-1729）やサー・ジェイムズ・ステュアートを逸
することはできまい．前二者はフランスで活躍した銀行家であり，かつカン
ティヨンの『商業一般の本性に関する論説』，ローの著わした『貨幣と商業
に関する考察（*Money and Trade Considered*）』はともに古典的名著として名
高い[9]．そしてステュアートであるが，かれはかつて重商主義者のレッテル
を貼られたものの，今日ではペティ，ロー，カンティヨンと同様に優れた経

───────────
　　　ネーを過渡期の穏健な重商主義者と捉える南西ドイツの古都ハイデルベルク出身の経
　　　済学者アウグスト・オンケンと自由主義的傾向の経済学者と看做すフランスの経済思
　　　想家ギュスターフ・シェルとの論争のなか，基本的には「自由主義的傾向」の経済学
　　　者とみていた（手塚［1927］其一，42ページ）．グルネー研究の草分けで『グルネー
　　　の経済思想（*Les pensées économiques de Gournay*）』の著者ジェー・セクレタ＝エ
　　　スカンドも自由主義的傾向の経済思想の持主と理解していた（Sécretat-Escande
　　　［1911］）．もっとも，グルネーについては，うえとは正反対に「フランス史上初のフ
　　　ィジオクラート」，すくなくとも「ケネー〔の思想〕に近い人物」（Laurent［2002］,
　　　p. 204）との評もあれば，ジル・ドスタレールのように「自由主義のパイオニアかつ
　　　保護主義者」（Dostaler［2010b］）と評するものもいて，グルネーの評価にはいまなお
　　　定説めいたものは存在しない．なお，スミスと重商主義との関係については，このほ
　　　かにも，Grampp［1952］；Wilson［1958］；櫻井［1988；2009］もあわせて参照されたい．
　7）　Hoyng［2015］, pp. 74-5. あわせて，Guery［2011］も参照されたい．
　8）　Hoyng［2015］, pp. 71-2.
　9）　ジョン・ローの経済思想や経済学説とその歴史的評価については，Murphy
　　　［1997a；2007］を参照されたい．また，中川［2011］もあわせて参照されたい．

済理論の主張によって高く評価される人物であり，1767 年に出版された
『経済学原理 (*An Inquiry into the Principles of Political Œconomy*)』が経済学
の古典的名著のひとつに加えられていることは，あまねく知られるところで
ある[10]．

　つぎにフィジオクラート派であるが，この学派は重商主義と異なり，ある
いはその反動としてフランス国王ルイ 15 世の御殿医にして『経済表 (*Tab-
leau économique*)』によって経済学の歴史に不朽の名声を刻むこととなった
フランソワ・ケネーを開祖とする「農業王国 (royaume agricole)」の建設を
主張する政策集団の思想である[11]．すなわち，大ミラボー，ニコラ・ボード
ー神父，ピエール＝サミュエル・デュポン，ピエール＝ポール・ル・メルシ
エ・ド・ラ・リヴィエール，ジャン・ニコラ・マルスラン・ゲリノー・サン
＝ペラヴィ (1735-89) らがこの派の主要メンバーでありイデオローグであ
る．

　これらの人物のうち，だれの主義・主張が，どのようなかたちでテュルゴ
ーやスミスに受け容れられたのであろうか．そして，両者に「共通の先行
者」とは一体だれであろうか．結論を急げば，肯定的な意味であれ否定的な
意味であれ，すくなくともロー，カンティヨン，ケネーの名を挙げなくては
ならないであろう．テュルゴーはかれの最初の経済分析の試みともいえる，
1749 年 4 月にシセ兄弟の長兄ジャン＝バティスト＝マリー・シャンピオン
（のちオーセール司祭）(1725-1805) に宛てた書簡のなかで，ローの「経済
政策と紙幣発行」の理論と実際を論難しているし，一方スミスも『国富論』
第 2 篇第 2 章でローの経済政策を批判している[12]．

　かたやテュルゴーの場合，カンティヨン，ケネーについては，名指しこそ
しないけれども，『諸省察』のなかでカンティヨンの価値・価格論を彷彿と

---

10)　この点については，さしあたり，Rashid［1986］；Hutchison［1988］；馬場
　　［2008］を参照されたい．
11)　Hoyng［2015］, pp. 75-7.
12)　*Idem*, p. 84. なお，この点については，あわせて，中川［2011］も参照されたい．

させる議論を展開している．価格メカニズム論のベースとなる「基本価値（valeur fondamentale）」，「基本価格（prix fondamental）」は，その一例である．そもそも，カンティヨンの『商業論説』の編集・出版を手掛けた人物がテュルゴーの生涯にわたって師と仰いだヴァンサン・ド・グルネーであったから，そしてイギリスの経済思想史家ヘンリー・ヒッグズのいうように，テュルゴーもまたフランソワ・ヴェロン・ド・フォルボネ（1727-1800）など"グルネー・サークル（Cercle de Gournay）"の他のメンバーとともにカンティヨンの草稿を世に送り出す作業を担ったと考えられるとすれば，テュルゴーがカンティヨンの経済理論にすくなからぬ影響を受けたとしても当然といえるかもしれない[13]．

　ただテュルゴーのケネーに対するスタンスは複雑である．周知のように，テュルゴーはケネーの主宰するヴェルサイユ宮殿の中二階（entresol）のサロンにたびたび足を運んでいたからサロンの主には好意的であったと推察される[14]．『諸省察』のなかで何度か「純生産物（produit net）」というターム

---

13)　この点に関しては，さしあたり，中川［2006/2007；2016］を参照されたい．なお，詳細はのちに紹介するが，ケネーも大ミラボーを通じてカンティヨンの草稿を読んで一定の理解を示すも，ケネーの思想的バックボーンである自然法哲学や自然法秩序の影響から，カンティヨンやかれを支持したテュルゴーらのように「基本価格（prix fondamental）」ではなく，「自然価格（prix naturel）」に近い考えをしていた（同上，とくに付論I「カンティヨン―ケネー―テュルゴー――18世紀フランス価値学説形成の歴史的考察」を参照されたい）．アダム・スミスはカンティヨンやテュルゴーの所説を採り入れる一方で，ケネーやフィジオクラート派の自然法秩序に強いシンパシーを抱いていたと考えられる．スミスの「見えざる手」には，フェルディナンド・ガリアーニの『貨幣論（Della Moneta）』第1編第3章にみえる「いと高きところの御手（la suprema mano）」（Galiani［2005 (1751)］，p. 102）への共感の跡を認められるが，その「見えざる手に導かれて，みずからは意図してもいなかった一目的〔社会一般の利益の増進〕を促進することになる」（Smith［1776］，p. 423. 訳388ページ）という一節こそ，ケネー流の自然法秩序の受容である．この点，玉野井芳郎がケネー流の哲学を受容したスミスの「資本主義賛歌にほかならない」（玉野井［1956］，231ページ）の評はまことにもって言い得妙である．筆者が「リシャール・カンティヨンと価格メカニズム」と題する論稿において，スミスこそは「ブリテン島における『フィジオクラート派の長男（fils aîné de l'Ecole physiocratique)』」（中川［2006/2007 ii]，104ページ）と評価したのもそのような意味においてである．

14)　テュルゴーは1766年2月，友人のデュポンに宛てた書簡のなかで「わたしはこれ

が登場するのはその証左であろう。もっとも、テュルゴーはケネーと違って農業以外の、製造業や商業などの分野においても「純生産物」の発生を認めている点で、テュルゴーの理論をデュポンらフィジオクラート派のそれと同一視することはできない。いわゆる「純生産物の一般化（généralisation du produit net）」が、それである[15]。ことほどさように、デュポンの要請もあってテュルゴーの『富の形成と分配に関する諸省察』のタイトルで後世知られることになる原稿を1769年から翌年にかけてフィジオクラート派の機関誌『市民日誌（*Ephémérides du citoyen*）』に3回に分けて発表したおりのことである。デュポンが著者に無断で章句に手を入れたこと（改竄）に対して怒ったテュルゴーは、デュポンに宛てた1770年3月23日付書簡のなかでいつになく厳しい口調でこういっている。すなわち、

　　貴君〔デュポン〕は〔『富の形成と分配に関する諸省察』の原稿を著者の断りもなく〕改竄したのです。資本の使途と資本の形成とを混同しています。支出を収入と呼び、節約と貨幣の蓄積とが異なるものと思い込んでいるようですが、これらふた組の言葉はそれぞれ同義語です。思想の曲解、むしろ誤った用語法というべきでしょう。それも、わが親愛な

　らふたりの人間〔グルネーとケネー〕の弟子であったことを生涯の誉れとするものである」（Turgot [1766a], p. 506）といっているものの、テュルゴーのケネー評価は、巷間伝えられるように『経済表』それ自体にあるのではなく、デュポンに送った同じ書簡にあるように、じつは「これらふたりの人間」がともに「商業の競争と自由の原理」を尊重していたということであり、このことをテュルゴーの言葉に即して換言すれば、「〔商業の競争と自由の〕原理は、そろばん（comptoir）より出発したグルネー氏をして、鋤（charrue）より出発したケネー氏と同じ結論に到達させた」（Idem）ということにほかならない。ところが、1771年2月15日、テュルゴーが同じくデュポンに宛てた書簡にはこういうくだりがある。曰く、「不幸にして、ふたりの巨匠〔ケネーとミラボー侯爵〕は言語（langage）と文法（grammaire）〔中略〕の分析には秀でた成果を残していません。これらを論ずるには、セクト主義（esprit de secte）の忌み嫌う精神の白紙状態からはじめなくてはなりません」（Turgot [1771a], p. 474）.

15)　この点については、さしあたり、Jessua [1991] および中川 [2013] を参照されたい。

るドクトゥルが初期の著作のなかで気づかなかった誤った表現のいくつかを故意に隠すために歪められた用語法にほかなりません．まさにセクト主義（esprit de secte）のなせる業です[16]．

　ここでテュルゴーのいう「わが親愛なるドクトゥル」がフランソワ・ケネーであり，「セクト主義」がフィジオクラート派であることは論を俟たない．『富の形成と分配に関する諸省察』の著者自らはフィジオクラート派と一線を劃していたといって間違いあるまい．

　一方でスミスの場合，リシャール・カンティヨンをことのほか高く評価していたことは，ウィリアム・スタンレー・ジェヴォンズのいうように，カンティヨンの名を『国富論』第1篇第8章でわずかに一度だけではあるが引用していることからはっきり読み取ることができる[17]．なるほどジェヴォンズ

---

16)　Turgot［1770d］, p. 383. デュポン版『諸省察』はテュルゴーのオリジナルテキスト第75章をのぞく全100節からなるだけでなく，各節の並びもオリジナルとは異なるうえ，一部パラグラフを削除した．テュルゴーがデュポンの編集方針を批判するのは当然であるが，オリジナルテキストの第75節を削除したことについては1774年5月に秘書のアントワーヌ゠ベルナール・カイヤール（1737-1807）に書き送った書簡では大筋として容認する姿勢に変わっている（Turgot［1774］, pp. 675-6）．20世紀初頭ギュスターヴ・シェルの編集する『テュルゴー全集』に収録した『諸省察』がオリジナルテキスト第75節をのぞく100節からなるのも，テュルゴーがカイヤールに送った書簡を拠り所としているが，それ以外はテュルゴーが終始こだわったオリジナルテキストどおりの構成と内容となっている．なお，デュポン版『諸省察』とシェル版『諸省察』の異同および『国富論』との比較については，さしあたり，本論末尾の「付録『富の形成と分配に関する諸省察』および『国富論』の目次」を参照されたい．

17)　ジェヴォンズは1881年に著わした論文「リシャール・カンティヨンと経済学の国籍」のなかでつぎのように記している．すなわち，「『国富論』をつぶさに読んだ読者であれば，おそらくアダム・スミスが例外的に一度だけ〔リシャール・〕カンティヨン氏なる人物の著作から引用していることを記憶していることであろう．これにはひとつの物語がある．しかもその物語は，誤謬とミステリーと謎に満ちている．アダム・スミスはごく少数の先行著述家しか自著に引用しなかったので，かれの著作に名をとどめることは，一種の不朽の名声を手にすることである．だがそれにもかかわらず，カンティヨンはきわめて不幸であった．かれはたんに火災と短剣によって若くして非業の最期をとげたばかりではない．その後の文筆上の不幸な出来事が，かれの名声を覆い隠してしまったのである」（Jevons［1881］, p. 333. 訳64ページ）．

のいうように，スミスの〔カンティヨンの〕『商業一般の本性に関する論説（以下，『商業論説』と略記）からの引用は一度だけではあるが，スミス研究家のエドウィン・キャナンが20世紀に入って編集・出版した『国富論』の注記のなかで，カンティヨンの『商業論説』の記述と推測される箇所はすくなくとも10箇所特定できると主張した[18]．また，『国富論』刊行200年記念新版『国富論』の編集者のキャンベル，スキナー，トッドは40箇所を下ることはないという[19]．しかしながら，これらはあくまでも字面の話であって，むしろ重要なのはその実質であり内容である．例えば，長期均衡価格を意味する「自然価格（natural price）」，価格変動と社会的資源配分との関係についてもカンティヨンの内在価値（valeur intrinsèque）の影響の跡を認めることができる[20]．

　これに対して，パリで面識を得た"わが親愛なるドクトゥル"ことフランソワ・ケネーとその同調者の主義・主張へのスミスの評価はことのほか厳しい．かれはフィジオクラート派の理論的主張を『国富論』第4篇9章「農業システムについて」のなかで「コルベールの重商主義に対する反動として生

---

18)　キャナンは20世紀に入って編集・出版した『国富論』の注記のなかで，『商業論説』の記述と推測される箇所を複数特定している（Smith [1776], p. 880）．なお，この点については，Cannan [1937] もあわせて参照されたい．

19)　刊行200年記念新版『国富論』の編集者リチャード・H. キャンベル，アンドリュー・S. スキナー，ウィリアム・B. トッドによると，カンティヨンの学説に着想を得たと考えられる箇所を40箇所は特定できるという（当該箇所については，巻末の「人名索引」中の "Cantilllon" の項（Smith [1976 (1776)], Vol. 2, p. 1010）参照）．ところが，スキナーが単独で編集したペンギン版『国富論』の事実上の「解題」ともいえる導入部分（Analytical Introduction）では，わがアイルランド出身の銀行家の名前は，どういうしだいか，ただの一度も登場しない．

20)　アントイン・E. マーフィーは，スミスが『国富論』第1篇第7章「諸商品の自然価格と市場価格」における「資源分配」論を「カンティヨンから借用していることは明らかであるが，スミスはこのことを認めていない」（Murphy [1997b], p. xxii）といっている．また，アントニー・ブリュワーもこの点を認めたうえで，カンティヨンの「市場価格と内在価値との区別は，スミスや〔デイヴィッド・〕リカードウ（1772-1823）などの古典派経済学者の著作における市場価格と自然価格，あるいはカール・マルクス（1818-83）の市場価値と〔市場〕生産価格との相違と明らかに同一のものである」（Brewer [1986], p. 63）とのべている．

まれた」学説と紹介してのちつぎのようにいっている．すなわち，「〔ケネーやその一門の学説は〕おそらくこれまでに発表されたもののうちで最も真理にせまったものであり，またそれゆえに，このきわめて重要な科学の諸原理を細心に検討しようとするすべての人々の考慮に十分値する」としながらも，土地が国家収入のすべての源泉と説く不完全な主張——スミスはこのことをもって「農業システム（agricultural systems）」と命名している——のゆえ，「私の知るかぎり，どの国民によってもけっして採用されたことはなかったし，現在では，フランスの〔中略〕少数の人の思想のうちに生きているにすぎない」[21]．

　もっとも，かくいうアダム・スミスではあるが，ケネーを師と仰ぐデュポンの作といわれるターム「フィジオクラシー（Physiocracie）」——自然の統治または自然の力——のバックボーンをなす自然法哲学にはグラスゴー大学の元道徳哲学教授はいたく感銘したようであり，後年，人間の経済的営みはなべて「見えざる手（an invisible hand）」[22] によって支配され社会に均衡をもたらすものと説いた．先に示唆するとおり，スミスのいわゆる「見えざる手」は，1750 年代ナポリ王国の外交官としてフランスに在住したフェルディナンド・ガリアーニ（1728-87）の作といわれる『貨幣論（*Della Moneta*）』（1751 年）第 1 篇第 3 章にみえる，人間の営みは最終的には「いと高きところの御手（La Suprema Mano）」によってしかるべきところへと導かれると説く一節を彷彿とさせる[23]．

---

21)　Smith［1776］, p. 627. 訳 465 ページ．スミスがかく語るのは，土地の生産物が「すべての国の収入の源泉」と説く「農業システム」の学説（ケネーの学説）は誤りであるというのが主因であるが，そのスミスは自然法秩序の主張には共感しており，後段で「〔ケネーの〕学説は，不完全であるにもかかわらず，おそらくこれまでに政治経済学の問題について発表されたもののうちで，最も真理にせまったものである」（*Idem*, p. 642. 訳 474 ページ）とのべているのはそのためである．

22)　*Idem*, p. 432. 訳 388 ページ．

23)　Galiani［2005 (1751)］, p. 102. また，ガリアーニの経済・貨幣理論の解説として，さしあたり，Gaudement［1899］；手塚［1929］；Cesararo［1976］；Tiran［2005］を参照されたい．ちなみに，アダム・スミスの『国富論』刊行 100 周年を記念して刊行さ

それもそのはず，フィジオクラート派の面々はこれを Providentia dei と
いい，かたや当時在仏ナポリ王国大使館の若き外交官のガリアーニ神父の場
合には，これを Provvidenza と呼ばわるのであるが，両者は基本的には同
じことを論じているといって間違いあるまい．つまり，いずれの場合にあっ
ても，神の摂理，神意，天祐といったことを意味するが，ありていにいえば，
Deus（神）自身である．かれらとは対照的に，テュルゴーはよく知られる
ように敬虔なカトリック教徒（bon chrétien）でありながら，学問の領域で
は徹底した世俗主義（laïcisme）を貫き，ために学問の研究の場で，無暗矢
鱈と Deus を喋々するようなことは決してなかった．

　いや，神の御名を出さないことはおろか，例えばパリ大学神学部のかつて
の同僚たちが盲目的に擁護した古代の聖人の付利禁止の教え "Muutum
date nihil inde sperantes（何も当てにせず貸しなさい）"[24] を完膚なきまで
に論破し，「利子」をカトリック教会の手から世俗の商業社会の担い手たち

れた「新版『国富論』の編集者ソロルド・J. ロジャーズによると，スミスは「外国の
知識や情報はこれをフランス語およびイタリア語の文献から入手していた」（Rogers
［1880（1869）］, pp. xxi-xxii）という．そうであるとすれば，スミスとガリアーニと
の間の「符合」は，『貨幣論』が当時「匿名」で出版され，ガリアーニの名前を知ら
なかったとしても，このテキストから得た情報であったことを否定するものではない．
かたや，テュルゴーは『貨幣論』にはことのほか厳しい評価をしている．例えば，テ
ュルゴーが知人の書簡作家として著名なジュリー・ド・レピナス嬢に宛てた 1770 年
1 月 26 日付書簡が，それである．同書簡はテュルゴーの友人モルレ神父の回想録の
なかでも引用されているが，テュルゴーはそこでガリアーニの「文体と形式の巧妙さ，
独創性，心地よさ，そして実に綿密な論法が混在している」点をほめたのち，つぎの
ようにいっている．すなわち，ガリアーニは「人間が生活の糧を得るために用いる手
段についての本を書く際，第 1 章を足のないひとからはじめる書き手に似ています．
あるいは，三角形の特性を論じるために，最も単純な三角形として白い三角形からは
じめ，つぎに青い三角形，そして赤い三角形等，と論じていく幾何学者に似ていま
す」（Morellet［1821］, p. 331. 訳 290-1 ページ）．ここから認められるもっとも大切な
ことは，テュルゴーがガリアーニを高く買っていなかったと考えられる点である．
24）　EVANGELIVM SECVNDVM LVCAM, VI, 35（「ルカによる福音書」第 6 章第
　　35 節による）．なお，断わりのない限り，聖書からの引用は，*IUXTA VULGA-*
　　TAM VERSIONEM（Etitio quinta）von Robert Weber und Roger Gryson, Stutt-
　　gart, Deutsche Bibelgesellschaft, 2007 に，また邦語訳は共同訳聖書実行委員会訳
　　『聖書』日本聖書協会刊，1993 年による．

第 1 章　ホイングの問題提起　　　31

にゆだねるうえで多大の貢献をしたことは，つとに知られるところである．
近代的な利子論の成立はテュルゴーのお蔭をこうむること大といってよい．
より正確にいうならば，かれなくして利子論の成立ははるかのちの時代まで
持ち越されたであろうということである．

　こうしてみていくと，たしかにテュルゴーもスミスも重商主義やフィジオ
クラート派の学説の影響を受けていることを否定することはできないかもし
れない．その意味からすれば，グレーネヴェーゲンの主張は一見すると正鵠
を射ているように考えられる．筆者も長年にわたってシドニー大学で教鞭を
執ってきた経済学史家の所説を端から否定するつもりは毛頭ない．

　だが，話はここまでである．例えばテレンス・ウィルモット・ハチソンら
の説くように，テュルゴーの『諸省察』にみられる資本概念，資本の形成と
蓄積，貯蓄性向と投資との関係，資本の使途などの原型ないしアイディアに
ついては，カンティヨンなり，ケネーなりの作品のページをいくら繰ったと
ころでお目にかかることはない[25]．スミスも参照したといわれるサー・ジェ
イムズ・ステュアートの名著『経済学諸原理』のなかにさえ見当たらない．
これらの問題をふたたび取り上げたのは，テュルゴーが『諸省察』を脱稿し
て 10 年が経過した 1776 年に『諸国民の富の本質と原因に関する研究』——
すなわち『国富論』を著わしたアダム・スミスそのひとであった．

　はたしてそうであるとすれば，テュルゴーの資本理論，貯蓄と投資との関
係を説く理論を生む想源はどこにあったのであろうか．テュルゴーはだれか
ら，あるいは何に着想を得てそうした理論を形成したのであろうか．そのう
えしかも，いま仮にこれらの分野でテュルゴーの前にひとがいない，すなわ
ち資本理論に相当する思想がないとすれば，スミス学説がテュルゴー学説と
なんらかの交渉，ありていにいえば，テュルゴーからスミスへと理論的継承
関係があったとみるのが当然ではないだろうか．

---

25)　この点に関するハチソンの所説については，さしあたり，Hutchison［1982］を参
　　照されたい．また，Hutchison［1988］は前掲論文における見解を発展させたもので
　　あり，あわせて参照されたい

詳細は他の機会で論じたが，フランスの経済思想史家シモーヌ・メイソニ
エらの丹念な研究の結果，今日ではテュルゴーの資本理論がヴァンサン・
ド・グルネーの思想を引き継いだものであり，そのグルネーはといえば，イ
ギリス東インド貿易会社の総裁を務めたサー・ジョサイア・チャイルドの
『新商業講話（*New Discourse of Trade*）』に着想を得てかれ一流の「新しい
富」としての資本概念を構築してきたことが定説となりつつある[26]．これを
イギリスの経済学者アントニー・ブリュワーの言葉を借りて別言するならば，
「チャイルド―グルネー―テュルゴーの理論的系譜」[27]である．テュルゴー
の『諸省察』はそうした先人たちの学説を精緻化することによって誕生した
といってよいのである．はたしてそのような解釈がもしも成立するとすれば，
スミスの『国富論』における資本の形成と蓄積，貯蓄と投資などの理論研究
がテュルゴー学説に着想を得て形成されたのではないかとの解釈が成り立つ
し，そうしてそこには応分の説得力がある．

　いまもしそうした解釈が可能であるとすれば，テュルゴーとスミスとの間
に交渉があったのかどうか，あったとすればどのような形態で，どの程度の
ものであったのであろうか．そしてそれらを証明する資料を入手することが
できるであろうか．これらの問いは，18世紀末にテュルゴーが没してこの
かた発せられてきたふるくて新しい問題である．ホイングは過去数十年間に
発掘された資料をもとにこれまでの研究を検め問題解決に新たな光を投げか
けている．

3．テュルゴーとスミスの交流または交友関係

　テュルゴーとスミスが1766年にパリで出会い気の合う友人となったこと

---

26) Meyssonnier [2008]；Charles, Lefebvre et Théré (sous la direction de) [2008].
27) グルネーの所説については，Gournay [2008 (1754)] を参照されたい．また，そ
　の解説として，Brewer [2010]，中川 [2013] とくに付論I「チャイルド―グルネー
　―テュルゴー―――『資本』概念の生成と成立に関する一考察」もあわせて参照された
　い．

は，多くのひとの知るところではある．だが，ふたりがこの年のいつ，どこで，どのようなかたちで出会って面識を得たのか，はたまたふたりの交流ないし交友関係がどの程度のものであったのか．別言すれば，やがて経済学の偉人と称されるふたりはとだえることない交流ないし交友関係——スミスのいわゆる「（テュルゴーとの）友情と尊敬の念」にもとづくふたりの交友関係——をどのようにして築くに至ったのだろうか，それとも交流なり交友関係なるものがそもそもなかったのか——などといった一連の疑問や謎に答え解き明かす確たる証拠は今日に至るもすくないのが現実である．

　テュルゴーとスミスの交流を裏づける資料がごく限られていることはたしかである．例えば，テュルゴーとスミスのふたりの取り交わした書簡，ふたりの友人たち——とくに共通の友人の証言や書簡類，それにふたりの交流を示す遺稿や遺品などである．このうち，ふたりの交流・交友関係を裏づけるテュルゴーの知人や友人の証言についていえば，テュルゴーが没した翌年1782年ピエール＝サミュエル・デュポンが出版した『国務大臣テュルゴー氏の人と作品（*Mémoire sur la vie et les ouvrages de M. Turgot Ministre de l'État*）』，4年後の1786年に発表されたコンドルセ侯爵の『テュルゴー氏の生涯（*Vie de Monsieur Turgot*）』が初期のものとして著名である．

　デュポンはまた，テュルゴーの"大"のつく親友にして高徳の誉れ高いクレティアン＝ギヨーム・ド・マルゼルブ（1723-94）らとともに，あるいは単独でノルマンディー地方カルヴァドス県の寒村ラントゥイユにあるテュルゴー家の居住するラントゥイユ城で故人の遺品の整理に携わった．かれがこのとき発見したテュルゴーの書簡，論文（未定稿をふくむ）の一部が1808年に出版された『テュルゴー氏全集（*Œuvres de Mr. Turgot*）』——いわゆるデュポン版テュルゴー全集——に収録されている．そして19世紀に入ると，アンドレ・モルレ神父，デュポンの衣鉢を継ぐユジェーヌ・デールやイポリート・デュサール，レオン・セー，ギュスターヴ・シェルなどがテュルゴーの書簡や論文の発掘のみならず，優れた研究論文を世に送り出している[28]．

　一方，ドーバー海峡の対岸では，スミスが同郷の先覚デイヴィッド・ヒュ

ームに宛てた書簡でかれとテュルゴーとの邂逅を知ることができる．しかし
スミス自身がテュルゴーや『諸省察』に言及した書簡や草稿は今日に至るま
で発見されていない．19世紀初頭にアダム・スミスをはじめとするグラス
ゴー大学の恩師の『伝記的回想（*Biographical Memoirs*）』を著わしたかれの
教え子であるデュガルド・ステュアートはスミスとテュルゴーとの邂逅につ
いて言及しても，ふたりの取り交わした書簡はもとより，『諸省察』の抜刷
については何も語ってくれない[29]．

　だがさいわいにも，ニューヨーク大学で経済学を講義した北欧出身の経済
学者イー・セェー・ルンドベリはスミスの口をしてテュルゴーとの交友関係
を知らしめた書簡を発掘している．スミス晩年の1785年11月パリのラ・ロ
シュフーコー公爵ルイ＝アレクサンドル（1743-92）に書き送った書簡が，
それである．それによると，スミスは「テュルゴー氏が小生宛てに書簡をお
送りくださるという栄誉に浴しました．〔中略〕故テュルゴー氏の〔スミス
への〕友情と尊敬の念（his friendship and esteem）を誇りに思っております．
同氏はパリ高等法院の親裁座（Bed of Justice/Lit de Justice）における6つの
勅令の登録に関する議事録の写しを送ってくださいました」[30]とはっきり記

---

28)　以上の諸点については，さしあたり，Morellet［1821］; Daire et Dussard［1844］
　　などを参照されたい．

29)　この点については，のちにくわしく紹介するが，デュガルド・ステュアートは上記
　　『伝記的回想』の「アダム・スミスの生涯と作品（Life and Works of Adam
　　Smith）」――これは事実上初の「アダム・スミス伝」と言ってよい――なかで，大略，
　　つぎのようにのべている．すなわち，「スミス氏がパリでテュルゴーとの語らいに満
　　足したことは容易に想像できる．経済学のもっとも本質的な諸点に関するふたりの見
　　解は同じであった．〔中略〕テュルゴーが財務総監の職を辞してのち，〔哲学，経済な
　　どの〕重要なテーマに関してスミス氏と書簡を交わしたということは疑わしい．スミ
　　ス氏がテュルゴーのような文通者との書簡を破棄したとは想像できない」（Stewart
　　［1799］, p. 47）．たしかにふたりの書簡は今日に至るも発見されてはいないが，スミ
　　スがジョン・シンクレア卿やアンヴィル侯爵夫人親子などと交わした書簡中でテュル
　　ゴーに言及しているし，テュルゴー自身もヒュームやアンヴィル侯爵夫人に書き送っ
　　た書簡のなかでスミスに言及していることからみて，おたがいそれぞれの状況につい
　　て一定程度知りえていたと推察される．

30)　Lundberg［1964］, pp. 44-5. この書簡はのちにモスナー＝ロス編『アダム・スミス

第1章 ホイングの問題提起 35

している．そうとはいえ，スミスはテュルゴーの書簡の内容にまで踏み込んで伝えていないのでいかんともしがたい．

いずれにしても，テュルゴーがスミスに送ったとされる書簡が単なる儀礼上のグリーティングカードのようなものでなかったことは，スミスの「パリ高等法院の親裁座における6つの勅令の登録に関する議事録の写しを送ってくださいました」という言葉ひとつをとっても明らかであろう．テュルゴーとスミスは時に哲学，政治，経済，社会の諸問題を手紙につづっていたのであるが，それらは大革命の最中に失われてしまったとのコンドルセやデュポンらの発言を，ラ・ロシュフーコー公爵に送ったスミス書簡によって間接的ではあるが裏づけているといってよいであろう．すくなくとも状況証拠として採用可能と考える．スミスがもはや道徳哲学や論理学の担当教師にとどまらず，のちに『国富論』の名で知られる経済問題の研究を手掛けていたからこそ，テュルゴーも如上の「議事録の写し」を送ったのであって，やがて国家財政の資料や租税論のテキストを送ることになる．

以上を要約すれば，テュルゴーとスミスの交わした書簡に代表される資料が今日に至るまで発掘されなかったからといって，ふたりの間に交流がなかったということを意味するものでは決してない．デュポンやコンドルセらのいうように，テュルゴーの公的かつ私的書簡類はフランス革命（1789年）の大嵐の吹きすさぶなかで永遠に失われてしまったのかもしれない．それにまた18世紀には，功成り名を遂げた人物は自らが死してのちに自らが知人や友人に宛てたか，知人や友人が自身に宛てた書簡類を破棄して残すことをこのまなかったことも考慮に入れる必要があろう．

書簡集（*The Correspondence of Adam Smith*）』に再録されている（Mossner and Ross (eds.) [1977 (1987)], pp. 286-7. ちなみに，スミスのいう「親裁座における6つの勅令の登録に関する議事録の写し」は，水田洋『アダム・スミス文庫（*Adam Smith's Library*）』によって確認できるという．すなわち，この「議事録の写し」には "à Mr. Adam Smith de la part de Mr. Turgot C. General [Contrôleur Général des Finances])" の注が記入されている（Hoyng [2015], p. 140）．なお，この点についてくわしくは，Mizuta [2000] を参照されたい．

36

テュルゴーやスミスが活躍した時代の習慣として，故人が生前交友関係の
あった人間たちに宛てた書簡類を破棄することを当然視していたし，まして
やそれが異性との――男性なら女性との，女性なら男性との――往復書簡の
類であれば，わがシャーロック・ホームズの好敵手のチャールズ・オーガス
タス・ミルバートン――“毒ヘビ紳士”，“恐喝王”といった別名をもつ――
のような輩を恐れて遺族が送り主に返還した事例もすくなくないと聞く[31].
例えば，アダム・スミスは死の床にあって，教え子のデュガルド・ステュア
ートらにプライベートな文書（書籍，未発表の論稿，書簡類など）の破棄を
指示していたし，またデイヴィッド・ヒュームは，外交官とはかくあるべし
と範を垂れるかのように，かれが死に至るかなり以前からプライベートな文
書類――書簡，未発表の論文やメモなどの破棄を計画しこれを公言していた
といわれる[32].

---

31) Hoyng [2015], p. 134.

32) *Idem*, pp. 134-5. もとよりだからといって，テュルゴーのヒューム宛て書簡のほか，
ヒュームがテュルゴーに宛てた書簡が 1 通たりとも現存しないというわけではない.
『デイヴィッド・ヒューム書簡集』では，ヒュームが 1766 年 8 月 5 日，1768 年 6 月
16 日および 7 月 8 日にテュルゴーに宛てた書簡 3 通が収録されている（Greig
(ed.) [1932ii], pp. 74-7, 179-81 and 182-3）. うち前二者は，テュルゴーがヒューム
に送った書簡に答える内容である（前者はテュルゴーの 1766 年 7 月 25 日付書簡であ
るが，後者はテュルゴーが 1768 年 3 月 5 日に送った書簡へのヒュームの返信といわ
れるが，『ヒューム書簡集』の刊行によってはじめて知られるようになった未公開書
簡である. だからであろうか，ヒュームの言及するテュルゴーの書簡は，シェル版
『テュルゴー全集』には未収録である）. そして 3 通目は，ドクター・ジョサイア・タ
ッカーが 1768 年 6 月 25 日にヒュームに送った書簡に関するものである. テュルゴー
は恩師ヴァンサン・ド・グルネーのすすめもあってタッカーの論稿を仏語訳し 1755
年に公表している（Turgot [1755] 参照）. 爾来，テュルゴーとタッカーは懇意にな
った. ヒュームがタッカーの新しい論稿の内容を，テュルゴーに伝えたのは当然であ
ろう. このほか，名著『デイヴィッド・ヒューム伝（*Life and Correspondence of
David Hume*）』の著者にして，わが国では『書物の狩人（*The Book-Hunter*）』（村
上清訳）の作者として親しまれている――あるいは慶應義塾の関係者なら知っている
（はずの），福沢諭吉が明治元（1868）年に出版した『西洋事情外篇』のタネ本である
『政治経済学の手引き（*Manual of Political and Social Economy*）』（1849 年）の著
者――，スコットランドはアバディーン出身の弁護士・歴史家してデイヴィッド・ヒ
ュームの研究者のジョン・ヒル・バートンの編んだ『著名人諸氏のデイヴィッド・ヒ

第1章　ホイングの問題提起　　　　　　　　　　　　37

　そのヒュームに対して，テュルゴーもスミスも1766年7月下旬に送った書簡のなかでふたりが出会ったことを報告している．スミスは7月の10日余りの間だけでも複数回テュルゴーと会っていたようであり，例えば，ドニ・ディドロと並び称される啓蒙思想家で『百科全書（*L'Encyclopédie ou Dictionnaire raisonné des sciences, des arts et des métiers, par une société de gens de lettres*）』の論客ジャン・ルロン・ダランベール（1717-83）のある手紙のなかで，テュルゴーとスミスと出会った旨報告している．ふたりの出会いの場は，ダランベールの熱烈な支持者で作家のジュリー・ド・レピナス（1732-76）の主宰するサロンであった[33]．この点については，デュガルド・ステ

━━━━━━━━━━━━━

　　ューム宛て書簡集（*Letters of Eminent Persons Addressed to David Hume*）』（1849年刊）には，テュルゴーのヒューム宛て書簡7通（1766年7月23日と27日，9月7日，1767年3月25日，7月1日，1768年3月8日および7月3日）が収録されているが，1766年7月27日付書簡にアダム・スミスの名が登場する（Burton [1849], p. 136）．かたやスミスはといえば，かれの生前，主治医のジェイムズ・ハットンおよびジョゼフ・ブラックにプライベートな書類を破棄することを指示し，ふたりの医師は未発表の文書の整理に当たった．ところが，かれらはある草稿にことのほか執着して破棄するに忍びず，これを破棄しないことはスミスとの約束を違える背信行為と認識しつつも破棄せず自ら所有するところとしたという（Hoyng [2015], p. 135）．1980年に「天文学の歴史（History of Astronomy）」のタイトルで日の目を見たエセーがハットンとブラックのふたりの医師によって破棄をまぬかれたくだんの草稿である．ただこのようなかたちで破棄をまぬかれるケースはごくまれなことといってよい．ちなみに，スミスのエセーについては，Samuels, Warren J., Marianne F. Johnson and William H. Perry, "Adam Smith's History of Astronomy Argument", in Warren et al., *Erasing the Invisible Hand : Essays on Elusive and Misused Concept in Economics*, Cambridge, Cambridge University Press, 2011にくわしい．ねんのため付言すれば，デュガルド・ステュアート自らはスミス宛てテュルゴー書簡を破棄したとはいっていない（Stewart [1799], p. 47）．しかし，ステュアートがスミス宛て書簡のすべてを語っているとは考えがたい．のちに詳述するように，20世紀になってニューヨーク大学のイー・セェー・ルンドベリの発掘したスミスが1785年11月にアンヴィル侯爵夫人の子息ルイ＝アレクサンドル・ド・ラ・ロシュフーコー公爵に書き送った書簡，あるいはジャン＝ルイ・ブラヴェ（1719-1809?）による『道徳感情論』や『国富論』のフランス語訳に対して，スミスが送った鄭重な礼状（Mosner and Ross(eds.) [1977(1987)], pp. 259-60）をみれば，テュルゴーへの無しのつぶては，どう考えても腑に落ちない．なお蛇足であるが，バートンと福沢諭吉との関係については，さしあたり，Craig [1984]；中島 [1991]；中川 [2019] を参照されたい．

ュアートからイアン・シンプソン・ロスに至る英語圏のスミスの伝記作家た
ちもニュアンスの差こそあれ等しく認めるところである．

　このほかにも，国王ルイ 15 世の御殿医フランソワ・ケネー，啓蒙思想
家・哲学者のクロード゠アドリアン・エルヴェシウス（1715-71），ラインラ
ント゠プファルツはエーデスハイムに生まれ長じてライン河を渡り，主とし
てパリで文筆活動を行ったオルバック男爵ポール゠アンリ・ティリー（ドイ
ツ語名パウル・ハインリッヒ・ディートリヒ・フォン・ホルバッハ）（1723-
89）などのサロンでも目撃されている[34]．

　テュルゴーとスミスのふたりが出会ってどのような会話にうち興じたのか
——デュポン，コンドルセ公爵それにモルレ神父らの言葉を信じるならば，
哲学や思想，社会・経済に関する諸問題，時にリモージュ地方長官テュルゴ
ーが執筆中の論稿——のちに『富の形成と分配に関する諸省察』のタイトル

---

33)　Hoyng［2015］, p. 159.

34)　*Idem*, pp. 88, 163-6. テュルゴーは 1766 年 7 月 27 日夕刻ヒュームに宛てた書簡の
なかで「たったいまオルバック男爵邸を辞したところです．そこにわれわれの友人の
スミス氏（notre ami M. Smith）も同席しておりました」（Turgot［1766c］, p. 136）
と報告している（ねんのため，テュルゴーのいう「われわれの友人スミス氏」とは，
ピーター・D. グレーネヴェーゲンのいう "チャールズ・スミス" 氏（後述）ではな
く，アダム・スミス氏である）．前記脚注 32 で指摘したとおり，本書簡は，ジョン・
ヒル・バートンの手になる『著名人諸氏のデイヴィッド・ヒューム宛て書簡（1849
年）』に収録されたもので，このほかにも 1766 年 7 月 23 日，9 月 7 日，1767 年 3 月
25 日，7 月 1 日，1768 年 3 月 8 日および 7 月 3 日の日付入り書簡 6 通，計 7 通が収
録されている．テュルゴーはこれらの書簡において経済問題やジャン゠ジャック・ル
ソー（1712-78）との諍いなどに言及している．いずれもシェル版『テュルゴー全集』
には未収録の書簡であるにもかかわらず，シェルはこれらの書簡には一言も言及して
いない．シェルがバートンの編んだ書簡集の信憑性に難ありと判断したとも考えられ
ないでもない．しかし，バートンの弁護士としての業績や歴史家・経済学者としての
著書の成功を知るにつけ，本書簡集——編者のバートンは，前掲『デイヴィッド・ヒ
ューム伝』の補巻と位置づけている——の信憑性に難があるとは到底思えない．こと
ほどさように，テュルゴーがこの日オルバック邸を訪問したことは，ホイングの引く
他の資料などから認められるところである．なお，ねんのため一言申し添えるならば，
クリバンスキー゠モスナー編『デイヴィッド・ヒューム新書簡集』（Klibansky　and
Mossner［1954］）にはテュルゴーの名前は一度も登場しない．以上の点については，
本論第 3 章の脚注 21 もあわせて参照されたい．

で日の目を見る論稿――の内容に及んだといわれる．しかもふたりの会話は，それがサロンでの会話であるから，ペティ卿が故国イングランドの大詩人ウィリアム・シェークスピア（1564-1616）よりも愛好したと伝えられる劇作家モリエール――本名ジャン＝バティスト・ポクラン（1622-73）――の言語（langue de Molière），すなわちフランス語であった[35]．

　だが，サロンでの邂逅でもっとも注目すべきは，ふたりにとって共通の友人となるアンヴィル公爵夫人マリー＝ルイーズ・ド・ラ・ロシュフーコーのサロンであろう．『アダム・スミス書簡集（The Correspondence of Adam Smith）』の編者アーネスト・キャンベル・モスナーとイアン・シンプソン・ロスによると，『マキシム（Maximes）』の著者として著名なラ・ロシュフーコー公爵フランソワ6世（1613-80）の孫娘でのちのアンヴィル公爵夫人とその子息ルイ＝アレクサンドル・ド・ラ・ロシュフーコー公爵は，テュルゴーがスミスと出会う約1年前の1765年5月にかつてジャン・カルヴァン（1509-64）の神権政治（theocracy）の支配した地で知られるヘルヴェティア（スイス）はジュネーヴの寒村フォントネーのヴォルテールの住まいです

---

35)　Hoyng［2015］, pp. 88-9. もっとも，ソロルド・J. ロジャーズによると，スミスはフランスやイタリアの文献などで外国の知識や情報を入手していたと豪語するくらいであるから「フランス語の読み書きはまあまあであった」ものの，「会話となるとからっきしであった」（Rogers［1880（1869）］, pp. xxi-xxii）という．けだし，スミスが経済理論などの高度に抽象的な議論をフランス語でどこまで行い得たかと訊かれると，正直，即答しかねるというほかにない．かたやテュルゴーはラテン語のほか，英語にも通じていたので，スミスとの会話は英語とフランス語との“チャンポン”と推察される．もちろん，ラテン語での会話も考えられないではないが，物心ついてからソルボンヌの僧院を去るまでラテン語の世界で過ごしたテュルゴーならいざ知らず，スミスの場合には1751年にグラスゴー大学の論理学教員就任にさいして「恒例」のラテン語講演を行ったのち，『国富論』がまさにそうであるように，ラテン語で読み書きを行ったという記録は見当たらない．それゆえ，ふたりが LINGVA FRANCA（フランク人の言語）で会話したとは考えがたい．何よりもまず，デュガルド・ステュアート，ソロルド・J. ロジャーズはもとより，ジョン・レーをはじめとするスミスの伝記作家たちはスミスのラテン語能力についてほとんど言及していない．ありていにいえば，サー・フランシス・ベーコン，サー・ウィリアム・ペティ，ジョン・ロックやデイヴィッド・ヒュームなどに比較して，アダム・スミスはラテン語の才に恵まれた人間ではなかったと考えられないでもない．

でに面識を得ていたといわれる．もちろん，スミスがラ・ロシュフーコー公爵親子の知己を得ていたことはすでに知られるところであるが，むしろここで特記すべきはつぎのことである．すなわち，テュルゴーと公爵夫人と子息のルイ＝アレクサンドルとの間で取り交わされた書簡がこれまでの研究の空隙を埋める第一級の資料ということである[36]．

　ここでいうテュルゴーとアンヴィル公爵夫人との間で交わされた書簡とは，アンヴィル公爵夫人宛て書簡200通余を，ベルギーの研究者ジョゼフ・リュヴェによってルーヴァン・カトリック大学中央図書館（Bibliothèque Centrale de l'Université Catholique de Louvain, Belgique）で発掘されたものであり，1976年にジャン＝ポール・ドプーオン＝ニナンおよびポール・セルヴェのふたりの協力を得て『テュルゴー書簡集（アンヴィル公爵夫人宛て）── 1764-74年および1777-80年（*Lettres de Turgot à la duchesse d'Enville (1764-74 et 1777-80)*）』のタイトルで同大学出版会から出版された．

　この書簡集の編者であるリュヴェによると，これらの書簡はもともとパリの国立図書館（Bibliothèque Nationale de France：BnF）の上級司書にして手稿管理部門の責任者アンリ・オモンの尽力もあって BnF の蔵するところとなっていたが，第2次世界大戦開戦の翌年5月の「パリ陥落」から半年ほど経った1940年12月にてオモンが死去したのと同時に，BnF から忽然と姿を消したと伝えられる[37]．

　爾来，ルーヴァン・カトリック大学中央図書館が所蔵していたといわれながらも第2次世界大戦中の図書館火災によって消失したとの声もあった．だが戦後間もなくオモンの"遺品"の無事が確認されたとはいえ，ただちに発掘調査は行われず，1970年代に入って，第2次大戦中の同大中央図書館の蔵書の分散計画によって一時的に"行方知らず"となった数えきれない蔵書の調査が行われるまで待たなければならなかった．テュルゴー書簡発掘の最

---

36)　Joseph Ruwet (sous la direction de), Jean-Paul Depouhon-Ninnin et Paul Servais (avec la collaboration de) [1976], p. VII.

37)　*Idem*.

第1章　ホイングの問題提起　　41

大の功労者は，ジョゼフ・リュヴェとかれの率いる発掘・調査チームであり，1971年ついにオモンの"遺品"を発掘するに至った[38]．シェル自身の編集する『テュルゴー全集』（全5巻）にはついに収録することができなかった200余のテュルゴーのアンヴィル公爵夫人宛て書簡は，うえで紹介したコンドルセ侯爵とテュルゴーの書簡（*Correspondance inédite de Condorcet et de Turgot 1770-79*）の発掘以来の"大発見"ともいわれる（以上の点については，第3章2の「補注」を参照されたい）．

　アンヌ゠クレール・ホイングの貢献は，テュルゴーとスミスの関係をテーマとした研究のなかでも秀逸の誉れの高いイー・セェー・ルンドベリらの研究成果を，アンヴィル公爵夫人とのやり取りなど最新の調査・研究の成果を交えてあらためて詳細に吟味検討しているところにある．ホイングも指摘するように，この『テュルゴー書簡集』では，アダム・スミスの名前は，テュルゴーが1773年6月22日と9月16日の2度アンヴィル公爵夫人宛書簡に登場するだけであり，いずれも同夫人の子息ルイ゠アレクサンドル・ド・ラ・ロシュフーコー公爵の計画したスミスの著書『道徳感情論（*The Theory of Moral Sentiments*)』のフランス語訳に関するものである．

　しかしそこから浮かんでくることは，テュルゴーがドーバー海峡対岸の友人や知人の，とくにアダム・スミスの消息に通じていたという事実である．

---

38)　以上の経緯については，本書簡集の編集者リュヴェの「序文（Introduction)」にくわしい．さしあたり，Ruwet (sous la direction de) [1976], pp. v-xiii を参照されたい．なお，本論のベースとなった論稿の作成時，筆者はホイングの著書でこの書簡集を知ったのであるが，当時はこれを入手しえなかったため，2016年3月のパリ出張のさい，ベルシー河岸のBnF（国立図書館）フランソワ・ミッテラン館（新館）にて閲覧し，ホイングの本書簡集からの引用箇所をチェックした．帰国後，フランス人の知人の紹介によりブリュッセルの書店に問い合わせたところ，さいわいにも「1冊だけ在庫あり」との返信があり，さっそく同店に注文し購入することができた．お蔭をもって，本論の「付論」として収録した中川論文「『資本』概念生成・成立再論──E.キャナンのアダム・スミス『資本』理論の批判的考察」（初出は本務校の紀要『青山経済論集』第69巻第3号，2017年12月）のなかで，如上のテュルゴーの書簡2通を引用することができた．なお，以上については，本論第3章1節「テュルゴー゠スミスの交流の誤謬」末尾の「補注」もあわせて参照されたい．

これら2通の書簡は，テュルゴーとブリテン島の友人とがたがいに交流していたことを，アンヴィル公爵夫人とその子息を介した，いわば間接的ではあるが裏づける証であり，ひさしく謎のベールに包まれたテュルゴーとスミスとの交流，ひいては『諸省察』から『国富論』への理論的継承を解き明かすうえで歩を先に進めることを可能にしたといってよいと考えるものである．

　しかるに，テュルゴーが1773年9月にアンヴィル公爵夫人に宛てた書簡に登場する"スミス氏"が，『国富論』の著者のアダム・スミスではないとするピーター・D. グレーネヴェーゲンのような反論が成り立たないことは明らかであろう．ありていにいえば，グレーネヴェーゲンお得意の僻論（へきろん）でしかない．詳細はのちにゆずるが，ダウンアンダーの経済学者は，テュルゴーとアンヴィル公爵夫人および子息のルイ＝アレクサンドル・ド・ラ・ロシュフーコー公爵とのやり取りに登場する"スミス氏"を，"チャールズ・スミス"なる御仁であって，『道徳感情論』の著者のアダム・スミスでは断じてないといっていまに至るも一歩も譲る気配はない．

　南半球のオーストラリアはシドニー大学名誉教授であるピーター・D. グレーネヴェーゲンは，われわれをアンヴィル公爵夫人とその子息を世間知らずの貴族様と思召したのであろうか，かれらに成り代わって鉄の草鞋（わらじ）を履いてブリテン島を駆けずり回って"チャールズ・スミス"氏なる人物を探し出してくれたのであろうから，その労に謝意を表するにやぶさかではない．ただあいにく，われわれの関心の対象は『道徳感情論』を著わしたアダム・スミスであって，一方の"チャールズ・スミス"なる御仁は，アダム・スミスの『国富論』にも登場する穀物貿易に関する論稿を著わした人物である．けだし，アンヴィル公爵夫人と子息のルイ＝アレクサンドルとは直接面識のない"チャールズ・スミス"氏の著書を翻訳しなければならないいわれはまったくない．われらがグレーネヴェーゲン大先生は，アンヴィル公爵夫人親子がただの一度も会ったことのない，まったくもって見ず知らずのブリテン島の住民の，ただの1行たりとも目を通したことのない著書をフランス語に翻訳する労を厭わない篤志家をもあわせて探し出すべきあったろう[39]．

第1章　ホイングの問題提起　　43

　アンヴィル公爵夫人および子息のルイ゠アレクサンドル・ド・ラ・ロシュフーコー公爵がフランス語への翻訳を企図しているのは，アダム・スミスの『道徳感情論』であって，そのことは先に紹介したテュルゴーがラ・ロシュフーコー公爵に宛てた書簡によっても確認することができる．ありようはこうである．すなわち，スミスの著書の仏語訳には訳者不明の 1765 年版と，1774 年に元ベネディクト派修道士にしてボードー神父の友人のジャン゠ルイ・ブラヴェの訳出したものがあるが，いずれも訳文の評判はすこぶるかんばしくなかったようである．ラ・ロシュフーコー公爵はスミスの著書の仏語訳の出版計画の是非をテュルゴーに相談したのであるが，誤訳と持ち前の不分明な文章のゆえにオリジナルを台無しにしたとはいえ，ブラヴェ訳が出回っている以上，当分の間は自身の翻訳計画はこれを断念せざるを得なくなっ

---

39)　Hoyng [2015], p, 95. ちなみに，くだんの“チャールズ・スミス”なる御仁は，アダム・スミスが法律家のサー・デイヴィッド・ダルリンプル（1726-92）に送った 1769 年 1 月 15 日付書簡に「穀物貿易と穀物条例に関する三題（*Three Tracts on the Corn Trade and Corn Laws*, 2nd ed., London, 1766）」（Mossner and Ross (eds.) [1977 (1987)], p. 135）の著者として登場するから，まんざら赤の他人というのでもなさそうである．だたし，この書簡の文脈から類推するに，ふたりのスミス氏の間に交友関係の名に値するものはなかったであろうし，テュルゴーもまたアダム・スミスと同様にチャールズ・スミス氏のテキストには目を通していたようであるが面識はなかったであろう．さらにアンヴィル公爵夫人に至っては，テキスト自体を知らなかった——そもそも知る必要などまるでなかった．グレーネヴェーゲンのいうように，アンヴィル公爵夫人と子息のルイ・アレクサンドルのいわゆる“スミス”氏が，もし仮にチャールズ・スミスであるとすれば，およそ縁もゆかりもない人物の，ただの 1 ページも目を通した覚えのないテキストの翻訳をテュルゴーに相談したことになる．初期キリスト教の教父にして“TRINVS（三位一体論）”の生みの親テルトゥリアヌスの名台詞にあやかってこれに反論すれば，“Non credo quir absurdum est（ばかばかしくて信じるに値しない）”といわざるを得ない．なお，ここでいうグレーネヴェーゲンの所説は，かれの 1969 年の論稿「テュルゴーとアダム・スミス（Turgot and Adam Smith）」（Groenewegen [1969]）のなかで展開されている．この論稿は 2002 年に出版した『18 世紀の経済学——テュルゴー，ベッカリーア，スミスとかれらの現代性（*Eighteenth Century Economics : Turgot, Beccaria and Smith and Their Contemporaries*）』と題する論文集に再録されている．だが，例えば，先に紹介したテュルゴーとアンヴィル公爵夫人との書簡集が発表されこれまで不明であった事柄が明らかになりつつあるにもかかわらず，グレーネヴェーゲンは往時の自説にしがみついているというのが偽りのないところである．

44

たようである[40].

　はたしてそうであるとしても，以下に紹介する有名なエピソードは，アンヴィル公爵夫人親子とスミスとの関係をみるうえで示唆にとみ，"チャールズ・スミス"氏なる御仁の出馬などまったくもって無用と判断するに十分足りる材料を提供しているといえよう．すなわち，フランスでも多くの読者に恵まれたスミスの『道徳感情論』は，1759年の初版から1781年の第5版に至るまで公爵夫人の敬愛する祖父フランソワ6世の『マキシム』にことのほか批判的であったが，1790年に刊行された最終の第6版でスミスは彼女の偉大な祖父への批判的記述を削除している．遅きに失したとはいえ，スミスなりのアンヴィル公爵夫人と子息ルイ゠アレクサンドルとの友情の証，そして肝心のフランソワ6世への謝罪と敬意の表れと考えてよいであろう[41].

　いまひとつ，『道徳感情論』にスミスとテュルゴーの邂逅と交流の程を知る逸話が残されている．スミスが『道徳感情論』第2版をテュルゴーに贈っていることである．しかも，「著者よりテュルゴー氏へ（à Mr. Turgot de la part de l'auteur）」という献辞のほか，本文中の誤記・誤植を手書きで訂正している[42].　ただし，スミスは献本の日時を書き留めていない．それゆえ，スミスがいつ自著をテュルゴーに贈ったか定かではないが，しかしだからといって"ホームジアン（Holmesian）"を気取って高度かつ複雑怪奇をきわめる推理なくして解き明かせないことであるのかと問われるならば，かならずしもそうとはいえまい．"Contra（その反対）"であり，われらがシャーロック・ホームズの有名な冒険譚のひとつ「銀星号事件（Silver Blaze）」においていみじくも言い当てたように，以下で必要とされる推理の方法としては，「新たな証拠をもとめるよりも，すでに知られている諸点を厳密に検討していくほうがよい」ケースに該当すること請け合いである．

---

40)　この点について，詳細は本論第3章の脚注9を参照されたい．

41)　Hoyng [2015], p. 91. なお，Rae [1895]；Mossner and Ross (eds.) [1977 (1987)] もあわせて参照されたい．

42)　Hoyng [2015], p. 141.

第 1 章　ホイングの問題提起　　　45

　すなわち，①このテキストの第 2 版は 1761 年に出版されているから出版されてすぐに著者からテュルゴーの手に渡った，または②スミスがテュルゴーと出会った 1766 年に手ずから献本した，はたまた③スミスのパリ訪問が決まりテュルゴーとの邂逅を予期して事前に贈った——のいずれかであろうと考えられるが，このほかにも，ふたりの邂逅ののちということもまったくあり得ない話ではないであろう[43]．だが同時にまた，1766 年に『道徳感情論』は版を重ね第 3 版が刊行されていることを思えば，スミスがテュルゴーに自著を献本した時期を特定しようとすれば，1761 年から 66 年の 5 年ほどの間と考えなければならないであろう．

　いずれにしても，スミスがテュルゴーに対する敬意のほどを認めることができるだけでなく，ふたりが 1766 年このかた交流していたことは想像にかたくない．のちに詳述するが，スミスの蔵書のなかにテュルゴーの『諸省察』のタイトルこそ見えないものの，『国富論』第 5 篇第 2 章「社会の一般収入および公共収入の財源について（Of the Source of general or public Revenue of the Society)」のなかで何度も引用しているジャン＝ルイ・モロー・ド・ボーモン（1715-85）の『ヨーロッパの税と租税制度（*Mémoire concernant les impositions et droits en Europe*)』（ただし写本）はテュルゴーがスミスに贈ったものである[44]．発行部数 100 ほどの同書はフランス国内ですら入手がきわめてむつかしく，ましてやドーバー海峡対岸のスコットランドで目

---

43)　*Idem*. ホイングのここでの議論は，彼女のアムステルダム大学時代の指導教官アーノルド・ヒアージュの論文（Heertje, Arnold, "On Adam Smith and his books", *Contributions to Political Economy*, 22, 2003）にもとづいている．

44)　Hoyng［2015], p. 91. ちなみに，スミスがテュルゴーを経由してモロー・ド・ボーモンのテキストを入手したことはかなり以前から知られており，キャナンも自身の編集した『国富論』のなかでつぎのような編集者注を付している．すなわち，「スミスはテュルゴーを通じで本書のコピーを入手したが，ことのほか高い価値をそのなかに見出した」（Smith［1776], p. 770)．モロー・ド・ボーモンの名は『国富論』第 5 篇第 2 章のパラグラフが初出であるが，スキナーらの編集した『国富論』刊行 200 年を祝して 1976 年に出版された新版『国富論』によると，スミスはモロー・ド・ボーモンの著作を 18 回にわたって引用しているという（Smith［1976 (1776)], p. 1015 の編集脚注)．

にふれることなどおよそ考えられなかったから，テュルゴーがスミスにこの書籍を贈ったという事実は，ふたりが単なる顔見知り以上の，「友情と尊敬の念」に裏打ちされた交友関係を築いていたと考えるのが自然ではないだろうか．もしふたりが顔見知り程度の仲であったとすれば，テュルゴーが貴重このうえない書籍を北辺の大学の元道徳哲学の教師のためにわざわざ探し出して贈るいわれなどさらさらなかったといっても誇張ではないからである．

　これらの点はのちに立ち返ることにし，ここではさしあたりつぎのことを確認することにとどめたい．すなわち，テュルゴーとスミスとが目と目を合わせて“モリエールの言語（langage de Molière）”──で語り合ったのは1766年のわずか2，3カ月の間であったとはいえ，ふたりはその後も交流をつづけていたと考えてよいであろうということである．それゆえ，ふたりはたがいの政治・社会・経済に関する見解を一定程度知っていたであろうし，スミスがテュルゴーの『諸省察』のアイディアに理解を示したであろうことは推察にかたくない．ばかりか，テュルゴーの『諸省察』のアイディアがスミスの『国富論』の構想に影響を及ぼしたと考えてもあながち無理とはいえまい．アンヌ゠クレール・ホイングのいわゆる16箇所に及ぶ『諸省察』と『国富論』との間の「符合」，すなわち相似性をみれば，おのずと明らかであろう．

　はたしてそうであるとすれば，スミスが『国富論』のなかで『諸省察』のタイトルはもとより，その著者テュルゴーの名前にさえ言及しなかったのはなぜであろうか．以下のふたつの章では，そうした問題に立ち入った検討を加えて回答を引き出すことを目標とするものである．

第2章

テュルゴー『諸省察』とスミス『国富論』の符合と異同

　アンヌ・ロベール・ジャック・テュルゴーの経済学史における最大の貢献
は，かれの師グルネー侯爵ジャック＝クロード＝マリー・ヴァンサンゆずり
の「新しい富」の概念としての「資本（capital）」の精緻化にあり，代表作
『富の形成と分配に関する諸省察』（以下，『諸省察』と略記）は，「資本」と
その所有者「資本家（capitaliste）」とを軸に商業社会の経済関係の組織的解
明を試みた歴史上初の経済学のテキストであった．

　テュルゴーの資本理論はまことにもって斬新かつ革新的であり，アダム・
スミスをはじめ後世の経済研究はなべてテュルゴーの資本理論のお蔭をこう
むっているといって決して誇張ではない．その意味からすれば，例えばイギ
リスの経済学者アントニー・ブリュワーの「古典経済学の創始者（founder
of classical economics）」，ケベック大学でひさしく教鞭を執っていた北米カ
ナダの経済学者ジル・ドスタレールのいわゆる「資本主義の理論家（théor-
icien du capitalisme）」もしくは「自由主義の擁護者（avocat du libéralisme）」
としてのテュルゴー評はまことにもって言い得て妙である[1]．

　1）　以上に関しては，さしあたり，Brewer［2010］，pp. 80 ff；Dostaler［2010a］，p. 74
　　を参照されたい．ちなみに，ピーター・D. グレーネヴェーゲンは『諸省察』と『国
　　富論』との間の記述上の「符合」を5箇所指摘しているが，分業の重要性や富の分配
　　の不平等などである．ヨーゼフ・A. シュンペーターが一定程度言及した貯蓄と投資
　　の相互関連をひとまず別にすれば，グレーネヴェーゲンは，ここでのテーマである資
　　本の形成と使途などについては，テュルゴーとスミスの間の，したがってまた『諸省
　　察』と『国富論』との「符合」はこれをまったくといっていいほど認めようとしない．
　　これに対して，ソロルド・J. ロジャーズは，資本の形成，貯蓄と投資などについての

アンヌ゠クレール・ホイングがテュルゴーの『諸省察』とスミスの『国富論』の間の「符合」を論じるとき，資本の形成と資本の使途，貯蓄と投資との関連，貯蓄性向と資本の蓄積など資本理論に関するテーマが大半を占めるのもうなずける．しかしここではそのすべてを取り上げることはできない．以下では，本論のメインテーマの出発点であり，のちの議論の基礎をなすところの資本の形成と使途を中心にテュルゴーとスミスとの間の「符合」と「異同」について検討していきたい．

1. 資本の形成をめぐる諸問題

テュルゴーの『諸省察』における「資本」の初出は第 29 節「資本一般および貨幣所得」である．すなわち，

> 人は労働や土地所有によらなくても富裕になるいまひとつの手段があるが，わたし〔は〕この間そのような手段について論じてこなかった．〔中略〕その方法とは，かれの資本（capital）で，あるいはこういって

「符合」をある程度まで容認している（くわしくは Rogers〔1880（1896）〕を参照されたい）．ちなみに，ロジャーズの主張について，『アダム・スミス伝（*Life of Adam Smith*）』の著者ジョン・レーはつぎのようにいっている――．「ソーロルド・ロジャーズ教授によれば，テュルゴーの論理がスミスの思考におよぼした影響は『富の形成と分配に関する諸省察』と『国富論』を読んだものならば誰にでも分かる」（Rae〔1895〕, p. 203. 訳，251 ページ．ただし，引用は邦訳書とかならずしも同じではない．以下同）．もちろんだからといって，レーがロジャーズ説の支持者かというと，かならずしもそうでもなさそうである．レーはつづける．すなわち，18 世紀は現代と違って，著者が自著のなかでどこからどこまでが自説で，どこからどこまでが他人の説であるかを明示するなどの「学問上の義務を果たしているかどうかを判断するのはなかなかむつかしい．同時代の二人の思想家が，同一の一般的影響と傾向とのもとで同一の問題をとりあつかえば，個人的交流がまったくなくても，ほぼ同じように思考するだろう」（*Idem*. 同上）．グレーネヴェーゲンはレーよりも厳しく，ロジャーズの指摘は「どれもこれもとるに足らないものばかりである」（Groenewegen〔1969（2002）〕, p. 366）と罵声を浴びせているが，そういうグレーネヴェーゲンの議論も決して褒められた代物ではないし，さらにいえばシュンペーターの所説にもすくなからず問題がある．この点については，のちに立ち返ることにしたい．

第2章　テュルゴー『諸省察』とスミス『国富論』の符合と異同　　49

よければ，その保有する貨幣を貸し付けることによって生み出す利子で生活する方法である[2].

　ここでの「資本（capital）」というタームとともに注目すべき点は，テュルゴーが師ヴァンサン・ド・グルネーの創作ではあるが結果的に採用しなかった「資本家（capitaliste）」というネオロジズムを復活させていることである．つまり，テュルゴーは師のいわゆる「貨幣の所有者（possesseur d'argent）」ではなく，「資本の所有者（possesseur de capital）」と明確な定義をあたえている[3].　テュルゴーのいわゆる資本家とは一義的には資本の所有者であり，資本家は自身の所有する資本を企業者に提供する投資家的機能を担う経済主体と定義される．テュルゴーはこのことを『諸省察』第95節でつぎのようにいっている．すなわち，

　　貨幣を貸し付ける資本家は富の生産に絶対的に必要な品物を取り扱う商人（négociant）であると見做さなくてはならない[4].

　はたしてそのように考えられるとすれば，テュルゴーが第56節「動産的

---

2)　Turgot [1766d], p. 564. テュルゴーはモンテスキューに倣い人間社会の進歩を「狩猟」，「牧畜」，「農業」，「商業」の4つの段階に分けて考察するが，それ自体はいってみれば作業仮説であり，それぞれの社会の特質を抽象的に解説するものであっても，ある段階から他の段階への移行を説明するものではない．ちなみに，イギリスの経済学者ロナルド・L. ミークは『諸省察』第29節を「〔テュルゴーの〕歴史的（および理論的）出発点であった農業社会から，とりわけかれの研究の主要な関心である資本家もしくは企業者社会（capitalist or entrepreneurial society）への決定的な転化」をなすものと解釈している（Meek [1973], p. 21）．こでは詳述しないが，渡辺恭明もミークにきわめて類似したテュルゴー解釈をしている（渡辺 [1967] 参照）.

3)　Turgot [1766d], p. 607.「資本家」のタームの誕生の経緯に関する理解には，テュルゴーの師ヴァンサン・ド・グルネーが，チャイルドの『新商業講話』の仏訳に添付する計画で作成した「注釈（Remarques）」（Gournay [2008 (1754)]）に目を通す必要があろう．なお，グルネーの所説の解説として，さしあたり，Meyssonnier [2008]；Brewer [2010]；手塚 [1927]；中川 [2013] をあわせて参照されたい.

4)　Turgot [1766 d], p. 598.

富は土地それ自体と交換可能な価値を有する」のなかで行っている説明はもっともと言わなくてはならない．テュルゴーの曰く，

　　土地の耕作あるいはさまざまの産業や商業のあらゆる分野にあっては，膨大な**資本**（capitaux）が駆けめぐっている．資本はまずあらゆる職業階級の各分野の企業者によって前貸しされたものであるから，一定の利潤をともなって企業者のもとに年々歳々回収されなくてはならない．このような資本の前貸しと回収の継続こそが**貨幣の循環と呼ぶべきもの**を構成する．〔中略〕貨幣の循環はゆたかで有益であり，社会のさまざまの職業を活発にする．〔中略〕ここに〔貨幣の循環を〕動物の体内の血液循環と比較考量する大きな理由がある[5]（文中のゴチック体は原文イタリック体．以下同）．

　だから，テュルゴーは『諸省察』第58節で「資本の形成」をこう規定す

---

5)　*Idem*, p. 575. 文献史上，貨幣の循環を動物の血液循環に明示的にたとえたのはテュルゴーがはじめてである．従来はイングランド出身のウィリアム・ハーヴェイ（1578-1657）らの血液循環論に着想を得て，医師であるケネーが『経済表』で用いたとする解釈が「通説」とされてきた．だが，血液循環論についてはハーヴェイよりも以前に，ジャン・カルヴァンとかれの忠実な信徒による神権政治の犠牲者（生木で火炙りにした）であるイスパニア出身の神学者・医学者・人文学者ミーケル・セルヴェートゥス（ミカエル・セウェートゥスともいう）（1511-53）の名を逸することができないが，それだけではない．そもそも，当のケネーにしてからが血液循環論よりもむしろ，フランス中部の商業都市リヨンの名門グロイエ家の所蔵する珍品や研究書の数々――グロイエ・コレクション（Collection Grollier）――に着想を受けた結果であるといわれており，イングランドの医学者云々のくだりはフィジオクラート派の面々がのちにケネーを神の如くに持ち上げるために創作した神話にすぎない――という，ロイク・シャルルやハンス・リーターらの研究の功も手伝って「通説」はその見直しを余儀なくされている．なお，以上に関しては，Loïc Charles, "The Virtual History of the 〈Tableau Économique〉", *European Journal of the History of Economic Thought*, 10/4, 2003；Hans Rieter, "Quesnay's Tableau Économique als Uhren-Analogie", *Studien zur Entwicklung der ökonomischen theorie*, IX, Berlin, 1990 を参照されたい．このほか，Murphy [2009a], p. 124；中川 [2011], 91-3 ページも参照されたい．

る．つまり，

> あらゆる貨幣的資本（tout capital en argent），あるいは何がしかの価値
> の総額は，その〔事業活動によって生み出される〕額と一定割合で等価
> となる収入を生み出す土地と等しい価値をもっている．資本の第1の使
> 途は土地ストック（fonds de terre）の購入である．〔中略〕自ら所有する
> 土地の収入〔地代〕によってであろうが，自己の労働あるいは勤勉によ
> る賃金・報酬（salaires）によってであろうが，年々歳々自らの消費す
> る以上の，より多くの価値（plus de valeurs）を受け取る人間たちは，
> たとえそれがだれであろうと，その超過分（superflu）をそこから留保
> し蓄積することが可能である．このようにして蓄積された価値を資本と
> いう[6]．

　一方，スミスの『国富論』における「資本」の初出は第1篇第9章「資本^{ストック}
の利潤について」であるが，実際には「資本の性質，蓄積，用途について」
と題された第2篇において詳細が論じられる．スミスは第2篇の冒頭――
「序論」で"資本（stock）"を導出するにさいして以下のようにのべている．
すなわち，

> 分業がなく，交換がめったに行われず，すべての人が自分でいっさいの
> 物を調達している未開状態の社会では，この社会の業務を遂行してゆく
> うえに，どんな資本^{ストック}も，あらかじめ蓄積され，またはたくわえられてい
> る必要はない．〔中略〕ところが，いったん分業が徹底的に導入されて
> くると，一人の人間の労働の生産物は，そのときどきのかれの欲望の，
> ごく小さい部分しか充足できない．欲望の大部分は，他の人々の労働の
> 生産物によって満たされるのであって，かれはこれを，かれ自身の労働

---

6)　Turgot［1766d］, p. 567. この点については，Murphy［2008］, pp. 146-7 もあわせて
　　参照されたい．

の生産物で，または同じことであるが，その生産物の価格で，購買するのである．しかしこの購買は，かれの労働の生産物が，ただ仕上がったというだけでなく，売られたのちにはじめて可能となったのである．それゆえ，少なくとも右のふたつのことが生じるまで，かれを扶養し，かれにその作業の材料と道具を供するのに十分なだけのさまざまな種類の財貨のストックがどこかにたくわえられていなければならない[7]．

　以上のことから，アンヌ゠クレール・ホイングはテュルゴーもスミスも同様に，人間がどの生産セクターで労働をしようが自らの労働で生活することができる以前に十分な投資の分枝が必要とされると考えていたことが読み取れるという．彼女はこれを「生産と分配の過程における投資の重要性」[8]と呼んでいる．別言すれば，テュルゴーがフィジオクラート派の主張に優越するとすれば，それはテュルゴーがただ単に農業の前貸し価値に固執しなかったからというだけではない．貯蓄（または節約）が投資を促進することをはっきり示していたからであるという[9]．スミスはこのことを『国富論』第2篇第3章「資本の蓄積について」の一節のなかでつぎのようにのべている——．

　　年々貯蓄されるものは，年々消費されるものと同じように規則的に消費され，またはほぼ同じ期間内に消費される．ただそれを消費する人々が違う．富裕な人々の収入のうちかれが年々消費する部分は，たいていは，怠惰な客人や家事使用人によって消費されるのであって，この人たちは自分たちが消費するのと引換にあとにはなにも残さない．／ところが，富裕な人が年々貯蓄する部分は，利潤を獲得するためにただちに資本として用いられるのであるから，右とほぼ同じ期間内に消費されることに

---

7)　Smith［1776］, p. 280. 訳233ページ．
8)　Hoyng［2015］, pp. 54–5.
9)　*Idem*, p. 55.

なるが，しかし，右とは異なった一群の人々，すなわち，労働者，製造工，手工業者によって消費されるのであって，この人たちは自分たちの消費の価値を利潤とともに再生産するのである[10].

　ここで引用したスミスのパラグラフは，ヨーゼフ・A. シュンペーター，ピーター・D. グレーネヴェーゲンをはじめ多くの経済学者の関心の的となってきた．とくにスミスのいわゆる「富裕な人が年々貯蓄する部分は，利潤を獲得するためにただちに資本^{キャピタル}として用いられる」のくだりはテュルゴーのそれと一致するし，そしてそのテュルゴーはといえば，かれがリモージュ地方長官時代に創設した懸賞論文制度の入賞者である"農村フィジオクラート（physiocrate rural）"派の論客ジャン・ニコラ・マルスラン・ゲリノー・サン＝ペラヴィ（1735-89）の草稿に関する「所見（Observations sur le mémoire de Saint-Péravy）」と題する論稿のなかでもほぼ同じように記述していることを認めることができる．テュルゴーやスミスのいう「貯蓄と投資」の関係を，シュンペーターが未定稿の個人的読書ノート『経済分析の歴史（*History of Economic Analysis*）』のなかでいう「テュルゴー＝スミスの貯蓄投資理論（Turgot-Smith theory of saving and investment）」と命名して高く評価するのもゆえなしとしない[11]．ホイングもシュンペーターらの主張を大筋として受け容れているように思われる．

　たしかにスミスのいう「ただちに資本^{キャピタル}として用いられる（immediately employed as a capital）」は，テュルゴーの上記論稿でいう「企業者はすべて，貨幣をかれらの企業の依存するさまざまにあい異なる資産に即座に（sur-le-champ）転化するほかの使途に用いることはない」[12] というパラグラフを彷

---

10)　Smith［1776］, p. 321. 訳307ページ．ちなみに，スミスは引用文のすぐ前でこういっている．すなわち，「勤勉ではなく，節約が資本増加の直接の契機（immediate cause）である」（*Idem*. 訳，同上）．

11)　Schumpeter［1954］, p. 324. この点に関するシュンペーターの解釈は，グレーネヴェーゲンらの支持するところとなっている．さしあたり，Groenewegen［1969 (2002)］ を参照されたい．

彿とさせる．それに，スミスの "immediately" がテュルゴーの "sur‑le‑champ" に着想を得たものであることは，オーストリア出身の経済学者オイゲーン・フォン・ベーム＝バーヴェベルクこのかた定説となっている[13]．しかしホイングは明記していないが，ここでのテュルゴーとスミスの符合はそれにとどまらない．

ひとつには，スミスのいう "employed as a capital" という表現のシンタックス上の意義である．スミスの「資本」は『国富論』第 1 篇ではすべて土着の "stock" であったが，第 2 篇では土着語の "stock" と並行して "capital" という外来のタームが頻繁に混用されるようになる[14]．ラテン語の

---

12) Turgot［1767d］, p. 601.

13) Lundberg［1964］, pp. 66-8. ちなみに，ルンドベリによると，オーストリアの経済学者オイゲーン・フォン・ベーム＝バーヴェルクはスミスの "capital"，"capitaux" というタームの使い方がフランス語に由来すると指摘した初期の研究者のひとりであり，かれは『資本積極理論（*The Positive Theory of Capital*）』のなかで，スミスの用語法はもっぱらテュルゴーの『諸省察』の字句や言葉から借用されたものであるといっている（Lundberg［1964］, pp. 5-7 and 65）．いまベーム＝バーヴェルク本人をして語らしめるならつぎのとおりである．すなわち，簿記・会計の世界で生まれ落ちてさまざまの意味を持つに至った「capital という用語の概念はテュルゴーによって最終的に書き換えられた」（Böhm-Bawerk［1891］, p. 25）．そのことはまた，テュルゴーこそは "capital" という用語を資本相当の意味に用いた歴史上最初の人物といい換えることができる．ベーム＝バーヴェルクの言い分がもしも正しいとすれば，スミスをはじめブリテン島の研究者が土着語の "stock" にとって代わって "capital" という用語法を受け容れたのは，もっぱらテュルゴーのお蔭をこうむるといわなくてはならない．ルンドベリ批判をヒステリックなまでに展開するグレーネヴェーゲンであるが，どういうしだいか，オーストリアの経済学者によるテュルゴーの理解と解釈に関しては一言たりとも言及していない．むしろ避けているようにさえみえる．なお，以上の点については，Gallais-Hammano［1982］もあわせて参照されたい．

14) スミスの『国富論』における "capital" と "stock" の使い分けはかならずしも明確でないし，時に "capital stock" というタームも登場する．その解釈として，数ある『国富論』の邦訳のうち中央公論社「世界の名著」シリーズの邦訳者である大河内一男は「序論および本書の構想（Introduction and plan of the work）」の「有用で生産的な労働者の数は〔中略〕，どこにおいても，かれらを就業させるために用いられる資本ストックの量に比例し，また資本ストックがそのように用いられる場合の特定の方法に比例する」（Smith［1776］, p. lvii. 訳 68 ページ）に訳注を付している．やや長くなるが，スミスの資本理論を理解するために引用しておきたい．大河内の日

第 2 章　テュルゴー『諸省察』とスミス『国富論』の符合と異同　　55

"capitalis" を語源とする "capital" というタームは多義的であり，ジョン・ローやリシャール・カンティヨンの時代では，「大金」または「〔貸付金の〕元本」，「有価証券（主に公債）」を意味し，さらに遡れば，古代語の "caput" から "capitalis" というタームを生み出したフィレンツェやヴェンツィアの商人たちのように「資本金」の意味で用いられていたのである．

　だが，ルンドベリ，のちにギャレ＝アモノらのいうように，仮に "capital" が "intérêt (interest)" と同様に「有価証券」を意味するタームであったとすれば，これを組み合わせてつくられる構文は「発行」や「売買」ということになる．また元本ないし大金であれば，「貸付」，「返済」，「回収」などとなろう．「用いる (employer/employ)」という単語の用法は "capital" が「資本」という意味でなければシンタックス上成立しないといってよい[15]．しかもそのような意味で定義したのは，サー・ジョサイア・チャイ

く，「『国富論』では，資本にあたる概念として，capital と stock と capital stock の３つが使われている．とくに前二者は，同じ文中で，まったくの同義語として用いられているほどに混用されている．しかし，第２篇など一部においては，capital は，貨幣のかたちをとる資本，stock は，原料，食料品，機械など現物のかたちをとる資本，すなわち資本的資財としてやや意識的に区別されている場合もある．同時に，capital は，revenue と対比される語であって，revenue が収入として不生産的労働を養うのにたいし，capital は生産的労働を働かせて利潤を生むという意味で使われることもある．capital stock は，生産的労働を働かす資本的資財という語感がとくに強い」（前掲大河内訳『国富論』，69 ページ）．だからといって，大河内はブリテン島における "stock" と "capital" の語義や用法の変化をめぐる歴史的経緯については何も教えてくれない．とりわけ，資本相当の意味でもちいられるタームが『国富論』第１篇の "stock" から第２篇の "capital" へと転換したのは，スミスの発案なのかどうかさえ問おうしない．あるいは，あえて踏み込むことを躊躇したのかもしれない．

15)　Lundberg [1964], pp. 68-73. ブリテン島における "capital" というタームの用法の歴史的分析を行ったエドウィン・キャナンの研究を踏襲した藤塚知義は，かれの代表作『アダム・スミスの資本理論』のなかで，リシャール・カンティヨンが『商業一般の本性に関する論説』（以下『商業論説』と略記）において "capital" というタームを「資本」相当の意味で５回用いているとのべている（藤塚 [1990]，104-5 ページ）．しかしながら，カンティヨンのいわゆる "capital" は貸付元本，有価証券であって，「資本」相当の意味ではただの一度も用いられていない．藤塚説は戸田正雄のカンティヨン『商業論』の邦語訳の誤訳にミスリードされたものであるが，馬場 [2008] もある程度まで藤塚とご同類である．なお，藤塚説および馬場説の問題点に

ルドの『新商業講話』における"capital"に着想を得て精緻化したグルネー，そして最終的にはグルネーの「新しい富」の概念を継承したテュルゴーその人であった．「資本」概念はかれらの思想的な営みの賜物であって，カンティヨンでもケネーでもなかった．ましてやスミスやヒュームをはじめとするブリテン島の研究者たちでもなかった[16]．実際，スミス以前に"employed as a capital"という表現をこの島の研究者の書物に見出すことはできない．『国富論』におけるスミスの言葉の定義，言葉遣い，文法や構文が1766年の前と後で大きく異なるといわれるのは一にこの点にかかっている[補注]．

　だが，問題はそれにとどまらない．いまひとつ，より重要な点であるが，先に引用したテュルゴーの「企業者はすべて，貨幣をかれらの企業の依存するさまざまにあい異なる資産に即座に（sur-le-champ）転化するほかの使途に用いることはない」の一節のもつ意味に関するものであり，シュンペーターはこれを「テュルゴー＝スミスの貯蓄投資理論」といって高く評価したが，はたしてそういってよいであろうか．この一節は，テュルゴーのいうように，貯蓄（節約）が手元にある貨幣を流通から引き揚げることによって行われるとすれば「貨幣の価値は低下する」と説くサン＝ペラヴィらフィジオクラート派の論客の批判に答えたものである．テュルゴーによると，サン＝ペラヴィの説は「すこぶる根拠に乏しい仮説（très gratuitement）」であり，「流通から引き出された貨幣は即座に（sur-le-champ）〔流通に〕復帰する〔中略〕．ここで熟考を要するのは，ただ節約された貨幣の使途だけである」[17]という反論に関してである．

　ついては，さしあたり，中川［2016］（とくに「付論II「『資本』概念成立探究——馬場宏二『資本・資本家・資本主義』と中心にして」）を参照されたい．このほか，久保田［1965（1940）］；山川［1948；1960；1968］も参照されたい．
　16）　Lundberg［1964］, p. 70. このほかにも，Brewer［2010］；Gallais-Hammono［1982］；Jessua［1991］；Meyssonnier［2008］；Murphy［2005；2009a］；中川［2013；2016］などを参照されたい．
　17）　Turgot［1767c］, p. 656.

第 2 章　テュルゴー『諸省察』とスミス『国富論』の符合と異同　　57

　ここでのテュルゴーの主張は一見すると，現代のマクロ経済学のテキスト
にいう「貯蓄のパラドック（paradox of thrift）」に通ずる批判に答えたよう
にみえるが，デュポンが『諸省察』のオリジナルテキストを『市民日誌』に
掲載するさい，貨幣の形態であれ，ストック（物的資財）の形態であれ，そ
もそも「資本蓄積」はこれをまったく認めないという自分自身の所見を「脚
注」のかたちで記したことに対するテュルゴーのサン = ペラヴィへの，ひい
てはフィジオクラート派への反論であったといってよいであろう[18]．のちに
くわしく論じるように，なるほどテュルゴーの反論はサン = ペラヴィやデュ
ポンらフィジオクラート派の面々の主張に足を引っ張られて固定・流動資本
の区別を無視するという難点をもっているように見えなくもない．しかしテ
ュルゴーは固定資本と流動資本とを区別する視角をもっていたし，実際にも
『諸省察』第 86 節のつぎに掲げる一節はそのことを雄弁に物語っている．テ
ュルゴーの曰く，

　　農業，製造業，商業に用いられた貨幣は，これらに使用されたのと同額
　　の資本（capital）を土地に投下して得る収入，もしくはこれと同額の貨
　　幣の貸付から生じる利子よりも多くの利潤をもたらすであろう．けだし，
　　農業，製造業，商業における資本（capital）の使途は，前貸し資本
　　（capital avancé）のほか，多くの勤勉と労働を必要とするので，仮にも
　　しそれらがより多くの利益を生まないとすれば，何もせずとも享受でき
　　るのと等しい〔貨幣や土地所有から生み出される〕収入を手にするに如
　　くはないからである．これによって，企業者は年々歳々自らの手にする
　　資本（capital）〔中略〕の利子〔に相当する額〕のほか，かれの勤勉，
　　労働，資質，リスクを償い，それにまた企業者がすでに負担している前
　　貸しの年ごとの償却分（dépérissement annuel des avances）を支弁する

---

18)　デュポンはいう──．「収入の支出を節約することによってではなく，支出を有効
　　に用いることによってこそ，資本は形成されるのである」（Turgot [1766c], pp. 582-
　　3. ただし，引用文は『テュルゴー全集』の編集者ギュスターヴ・シェルの脚注から）．

利潤を確保しなければならないのである[19].

みられるとおり，うえの引用文でのテュルゴーの説明は，ケネーのいわゆる「原前貸し（avances primitives）」，「年前貸し（avances annuelles）」と言明こそしていないものの，しかしながらケネーの議論を受けて，事実上両者を，したがってまた「固定資本（設備資金）」と「流動資本（運転資金）」とを明確に区別していたと考えられる．だが，それにもかかわらず「流通から引き出された貨幣は即座に（sur-le-champ）〔流通に〕復帰する」，あるいは「ただ単に資本として用いられる」ということによって，資本の投資・回収における固定・流動資本の機能と役割を軽視する結果となったのはなぜか．そのカギを握るのが「資本の使途」をめぐる議論のなかにあるといってよい．そしてそのことはまた，テュルゴーの『諸省察』とスミスの『国富論』との間における資本の使途の符合をまったく認めようとしないグレーネヴェーゲンの所説の難点をも明らかにするものである．

2. 資本の使途をめぐる諸問題

テュルゴーは，貨幣が資本の形成・蓄積過程で決定的な役割を演じることを主張した歴史上初の経済学者であるが，その一方でかれはフランソワ・ケネーやかれの門弟たちのように，土地が「あらゆる富の最初の，そして唯一の源泉」[20] であるとのべている箇所もあるにはある．だがテュルゴーにとって，それは「貨幣を知る以前」の「農業社会」にあってのことであり，かたや貨幣を前提とした「商業社会」においては土地も生産要素のひとつにすぎず，貨幣タームで尺度されることになる．テュルゴーが『諸省察』第29節で貨幣的資本を導出し，これを「資本の一般定式」としたのもゆえなしとい

---

19) Turgot [1766d], p. 591.
20) *Idem*, p. 564. なお，関連する記述として，第7節（*Idem*, p. 538) および第69節（*Idem*, pp. 575-6）も参照されたい．

ない．そして第 58 節以下で貨幣的資本の使途を 5 つに整理しておのおのの使途の解説を行っている．こうした貨幣的資本の使途こそがいうところの「資本前貸し（capital avancé）」に相当する[21]．

すなわち，①土地ストックの購入，②工業ないし製造業への投資，③農業への投資，④商業への投資，および⑤貨幣貸付——の 5 つである．いまこれらの使途を摘要すれば，①は貨幣的資本の土地ストックへの転化にすぎず，それ自体新たな収入を生み出すわけではない．しかしそうとはいえ，新たな土地所有者がその保有する土地ストックの全部または一部を借地農業者に貸し付けるとすれば，それによって新たな収入（地代）を生み出すから，土地ストックの購入もまた広い意味で「前貸し」，すなわち「投資」に相当するといわなくてはならない．つづく②，③および④はそれぞれ産業——工業・農業・商業への資本の直接投下であると考えてよい．別言すれば，貨幣的資本は前貸しされる産業企業の特性に応じた資本ストックへと転化し，それぞれ特殊固有の活動のなかから新たな収入を生む．企業利潤である．そして最後の⑤貨幣の貸付であるが，これも土地ストックの購入（①）と同じように，それ自身産業への資本の直接的投下または投資——資財的資本あるいは生産的資本への転化を意味するものではない．それというのも，投資または消費を目的として「貯蓄〔または節約〕された貨幣」を使用する可能性のある人間に対する資金の提供（貸付）を意味するとはかならずしもいえないからである．しかし，資本所有者したがってまた資本家は自らの所有する資金を必要とする企業者にこれを貸し付けることによって利子収入を得ることになる．

これに対して，アダム・スミスの資本は一義的には資財（stock）ないし物品（denrée）のケースが多い[22]．別言すれば，『国富論』で「資本」が標題となる場合，第 1 篇第 9 章がそうであるように，現物タームとしての資本，

---

21) *Idem*, p. 567 et suivre.

22) "denrée" という単語はふるくは物品を指していたが，時代が下ると商品を意味する "marchandise" や "article" と区別なく用いられるようになったという．この点については，中川［2016］を参照されたい．

すなわち現代の経済用語の「資本ストック（capital stock）」であり，貨幣ターームの資本は第2篇になってようやく登場するにすぎない．このことから，シュンペーターはのちに『経済分析の歴史』のタイトルで刊行される未定稿のプライベートな読書ノートのなかで，スミスの資本はフランソワ・ケネーのそれに近似しており，ここにスミスがテュルゴーの『諸省察』――すくなくともニコラ・ボードー神父の後任としてデュポンが編集者を務めていた『市民日誌』に掲載されていた『諸省察』――を知らなかったと信じるに足る理由のひとつがあるという[23]．そのうえシュンペーターの主張を裏づけるかのように，スミスの「資本の使途」はテュルゴーのそれよりもひとつすくない4つとされ，『国富論』第2篇第5章「資本のさまざまの用途について」のなかで論じられている．

　資本があくまでも「貨幣的資本」であるとするテュルゴーとは異なり，スミスが資本を現物タームの「資本的資財」，つまりケネー流の「前貸し資本」ないし資本ストックの意味で定義することは何もスミスのオリジナリティというわけではない．18世紀半ばのヨーロッパにあって，資本ストックが貨幣的資本の使途，つまり貨幣的資本の転化した姿態と捉える資本理論はグルネー――テュルゴーの系譜に属し，当時のブリテン島では，サー・ジェイムズ・ステュアートの『経済学原理』に至るまで存在しなかった．

　いまひとつ，スミスの資本理論についてみておくべき点は，原料，食料品，機械などの現物のかたちをとる"stock"としての資本ないし資本ストックへの強い心情的シンパシーであり，「生産的労働」を働かせて利潤を生むという資本的資財の語感が強いということである．この点，スミスは『国富論』第4篇第9章「農業システムについて」において，土地の生産物が「すべての国の収入の源泉」と説く「農業システム（agricultural systems）」[24]の

---

23) Schumpeter［1954］，pp. 323-3. ただし，のちにシュンペーターはこうした主張を事実上修正している．

24) Smith［1776］，p. 627. 訳465ページ．なお，詳論は他の機会に譲るとして，"agri-cultural systems"は大河内のような「農業システム」という邦語のほかに，「農業

第 2 章　テュルゴー『諸省察』とスミス『国富論』の符合と異同　　61

誤った学説の作者としてフランソワ・ケネーを非難するかたわら，「〔ケネーの学説は〕おそらくこれまでに発表されたもののうちで，最も真理にせまったものであり，またそれゆえに，このきわめて重要な科学の諸原理を細心に検討しようとするすべての人々の考慮に十分値する」25) といって，かれとかれの支持者であるフィジオクラート派の主張を一定程度評価している．という意味はこうである．すなわち，

　　農業経営者や農業労働者も，節約しないでは，自分たちの社会の真実の
　　収入，すなわち土地と労働の年生産物をふやすことはできないが，その
　　点では，手工業者，製造業者，商人の場合と異なるところはない．どん
　　な社会でも，その土地と労働の生産物は〔中略〕，第一に，その社会内
　　で現実に維持されている有用労働の生産力を多少とも改善するが，それ
　　も第二に，この労働の量を多少とも増加するか，である26).

　スミスにあっては，資本は，あるいは貨幣のかたちをとろうが，あるいは現物のかたちをとろうが，生産的労働または有用労働を働かせて利潤を生む

　　学説」という訳をつけることも可能である．スミスが『道徳感情論』のなかでさまざ
　　まの「学説」を論じるとき "system" という術語を使うケースが多いのもそのためで
　　ある．ただ大河内はこの点きわめて曖昧であり，自身の手になる邦訳『国富論』
　　（中公版「世界の名著」31）の第 4 篇では "agricultural systems" を「重農主義」と
　　訳出している場合もある（邦訳，465 ページ以下）．"mercantilism" などの語彙と比
　　較すれば，一見対をなすと考えられなくもないし，間違いとはいえないものの，わが
　　国では「重農主義」というタームはもっぱらケネーとその一門の学説として流布して
　　いるので，読む人をミスリードする危険性がきわめて高い．なお，この点については，
　　本書の付論「『資本』概念生成・成立再論── E. キャナンのアダム・スミス『資本』
　　理論の批判的考察」を参照されたい．
25)　*Idem*, p. 642. 訳 474 ページ．スミスはこのあとこう付け加えている．すなわち，
　　「この学説の最も明快で，いちばんよくまとまった説明は，一時マルティニックの知
　　事をした〔ピエール = ポール = フランソワ・〕ル・メルシエ・ドゥ・ラ・リヴィエー
　　ル氏の書いた『政治社会の自然的・本質的秩序』（原注）という題の小著に見ること
　　ができる」（*Idem*, p. 643. 訳 477-8 ページ）．なお，フィジオクラート派の理解につい
　　ては，久保田 [1960 (1945)] もあわせて参照されたい．
26)　Smith [1776], pp. 641-2. 訳 473 ページ．

という語感が強くあらわれている．シュンペーターのいうように，それはスミスがテュルゴーの『諸省察』を「知らなかった」[27]結果であったというわけでは断じてない．資本が「有用労働の生産力」を改善するという機能を担うことを，スミスはケネーやテュルゴーよりもはるかに意識していた証左と考えることができる．はたしてそのように考えられるとすれば，スミスが「資本の用途」を，テュルゴー「資本の使途」に倣いながらもそれよりもひとつすくない4つを指摘したことは当然と言えば当然の成り行きであった．そして，ここにスミスなりの「オリジナリティ」が潜んいるといわなくてならないのである．

　すなわち，スミスが『国富論』第2篇第5章で指摘した「資本のさまざまな用途」とは，①土地，鉱山または漁場の改良や開発を企てるすべての人たちの資本，②製造業におけるすべての雇主の資本，③すべての卸売商人の資本，そして④すべての小売業者の資本――の4つである．スミスはこのあと，これら4つ以外で用いられる資本の「どれにも分類されないような方法で用いられる資本というものは，これを考えることができない」[28]と結んでいる．だが，それにもかかわらずテュルゴーが5つの資本の使途で指摘した「貨幣貸付」と「土地ストックの購入」とについて，スミスはすぐ前の第2篇第4章でふれているから，これを完全に排除しているとはいいがたい[29]．

　ただ，貨幣のかたちをとる資本を「資本の一般定式」と定義したテュルゴーとは異なり，スミスの場合，ひとつには農業経営者や農業労働者であれ，手工業者，製造業者，商人であれ，「節約しないでは，自分たちの社会の真実の収入，すなわち土地と労働の年生産物をふやすことはできない」といっているように，貨幣の貸し借りから生じる収入である利子は「自分たちの社

---

27)　Schumpeter［1954］, pp. 323-3.
28)　Smith［1776］, p. 341. 訳 330 ページ．
29)　スミスは「土地ストックの購入」はともかく，「貨幣貸付」については，藤塚知義のいうように，「直接生産的労働のエンプロイメントに連結しては捉えられておらず，資本の用途の問題からは除外（あるいは抽象）されている」（藤塚［1990］, 120 ページ）と考えていたといえるかもしれない．

会の真実の収入」[30]と看做さなかったことを指摘しなくてはなるまい．しかるに，貨幣資本の排除または捨象に関しては，スミスがもとはといえば論理学や道徳哲学の教師であったがゆえに，有利子貨幣貸付を禁じるキリスト教神学者の教条主義的教義に与した結果ではもちろんありえない．スミスをして資本の使途としての貨幣貸付を「考えることはむずかしい」といわしめるに至った決定的事件があった．そういうのはアイルランド出身の経済学者アントイン・E. マーフィーである．

　その事件とは，スミスが『国富論』を執筆中の1772年にスコットランド南西部の港町エアで起きた民間銀行エアバンク（Ayr Bank）の経営破綻である．同行はスミスの物心両面での後見人であったバックルー公爵ヘンリー・スコットが口座を開設していた主要取引銀行（メインバンク）であった．エアバンクの経営破綻はまことにもってスミスの心肝を寒からしめる衝撃的事件であり，これがもとで貸金業者や銀行家などの行う信用業務へのスミスの不信感がいやましたというのである[31]．

---

30) Smith [1776], p. 627. 訳465ページ.
31) Murphy [2009b], pp. 176ff. この事件がスミスを崇める向きには，通俗心理学の用語でいう「無言の威圧」となって，スミス流の資本理論の再検討を阻んだという．ただスミスといわず，テュルゴーも新興の製造業企業者，金融業者，商人などに対して不信とまでいわないが，猜疑の目でかれらを見ていたことは否定できない．例えば，テュルゴーが1766年2月20日に友人のピエール＝サミュエル・デュポンに書き送った書簡のなかでこう書き記している．テュルゴーの曰く，「貴君〔デュポン〕は工業が非生産的（stéril）であることを証明することに悦びを見出しているようです（工業が非生産的というのは誤解にもとづく考えです．見栄っ張りの工業家たちの鼻を明かそうとする行為に似ています．とはいえ，そうした工業家たちへの不満はかえってかれらを利するだけです）〔中略〕貴君は〔ヴァンサン・ド・〕グルネー氏が手厳しく攻撃した〔中略〕工業の各分野を制約する障碍を打破することを忘れています」（Turgot [1766a], pp. 506-7）．しかし遡れば，グルネーがかれの支持者たちに手に取ることを強く勧めたリシャール・カンティヨンの『商業一般の本性に関する論説』に淵源があったといえるかもしれない．カンティヨンは，企業者を市場における供給を需要に順応させることができないために生じる商品価格の不断の変動の調整者として需給のミスマッチを修正する機能をはたし，結果として社会的資源の配分を適正に行う経済主体と定義しつつも，それはあくまでも企業者たちが「リスクテイカー（risk-taker）」としての経験や勤勉や才覚に依存して行動する限りのことであって，そうでないケースもないではない．だから，カンティヨンはいうのである．すなわち，

64

むしろここで重視すべきは，スミスの「商業」の取扱いであり，かれはこれを「卸売」と「小売」とに区別する．これに対して，テュルゴーは『諸省察』第 67 節で「売って買う（acheter pour vendre）」[32] という「商業一般の本性（la nature du commerce en général）」に鑑みてスミスのように両者をことさら区別しなかった．のちに詳述するように，テュルゴーにおいて，商業の要諦とは，卸売業であろうと小売業であろうと「商品を安く買って高く売る」というところにあり，両者を区別する理由が存在しなかったためであろうといってよいであろう．

　見方を変えていうなら，フランス東部のメス大学で言語学を講義していたジャニーヌ・ギャレ゠アモノが喝破したように，テュルゴーは「フィジオクラート派の金科玉条とする自然秩序という思想を放棄し，代わりに〔リシャール・〕カンティヨンが人間の『欲求（besoin）』から生まれる「〔商品の〕交換（échange）」と呼ぶアイディア〔中略〕の助けを借りて『人間社会（sociétés d'hommes）』という機構を解明する」[33] ことを試みたといえるかもしれない．

　以上を要約すれば，グレーネヴェーゲンらの主張するように，スミスがテュルゴーの資本理論を超えるような議論を展開しているか――と問われれば，

　「世間では，企業者とはなべて，その職業上可能なことはなんでもごまかし，また顧客に一杯食わせようとする連中と考えられているに違いない．しかし，それ〔を論ずること〕は本書〔『商業論説』〕の主題ではない」（Cantillon [1775], p. 31）．はたしてカンティヨンが『商業論説』で試みた原理の枠を超えて，この問題をさらにつき詰めて究明していけば，市場はアプリオリに効率的で「予定調和」的であるどころか，いつでも機能不全――いうところの「市場の失敗（market failure）」に陥るリスキーで，不安定かつ不確かな性質をそれ自身に内包していると考えられる．言葉を換えていうなら，企業者による市場の調節が『国富論』第 4 篇第 2 章「国内でも生産できる財貨を外国から輸入することにたいする制限について」におけるアダム・スミス流の「見えざる手に導かれて，みずからは意図していなかった一目的〔社会一般の利益の増進〕を促進することになる」（Smith [1776], p. 423. 訳 388 ページ）とは異なり，カンティヨンにあっては「企業家の見える手」によって導かれるものであるということにほかならない．

32)　Turgot [1766d], p. 574.
33)　Gallais-Hamonno [1982], p. 82.

答えは否，断じて否である．ありていにいえば，スミスの４つの資本の用途の中身はテュルゴーの説くところと大差ない．フランスの経済学者ティエリー・ヴィソルは「アダム・スミスは〔テュルゴーの資本理論を模写したにすぎず，言葉の正しい意味で〕資本理論の精緻化の名に値するような貢献はこれを何ひとつ行わなかった」[34]とまでいい切っている．何よりまず，資本の「用途（employment）」それ自体が，テュルゴーやグルネーといったフランスの経済学者の思想的な営みの成果であることを忘れてはならない．それは，「資本のさまざまな用途」が５つであろうが，４つであろうが，変わらない真実である．

3. 資本の貸借をめぐる諸問題

筆者は，本節前項におけるアントイン・E.マーフィーの所説を高く評価するものであるが，しかしながらいまひとつ考慮しなくてはならない論点があるように思われる．それはテュルゴーの資本理論に内在する重大な問題でありながら，これに倣ったがゆえに，スミスもまた避けられなかった問題である．すなわち，テュルゴー資本理論の最大の難点は，その根幹をなす貨幣的資本の機能を重視しながらも，結果として貨幣形態での資本の形成と蓄積の可能性を「消極化」するかのような論理を展開しているところにある．

既述のように，テュルゴーは貨幣一般ではなく，「節約された貨幣」，したがってまた農業，工業，商業のあらゆる部門の企業者における貨幣の蓄積が資本を形成することを明らかにし，そしてそれが企業者による富の形成と分配，つまり生産的労働による前貸し資本（投下された資本ストック）の回収部分とこれを超える生産物——余剰生産物もしくは純生産物の生産と流通を通じて資本が蓄積されると論じている．そのことはまた企業者が自らの貨幣のみならず貨幣を貸し付ける貨幣貸付資本家から資金を採り入れて，かれま

---

34) Vissol［1982］, p. 47.

たは彼女の企業活動を行うことを想定していた．だが，それにもかかわらず
テュルゴーは『諸省察』最終の，第100節の一節でつぎのようにのべている
が，それでは従前の議論の否定といわないまでも，すくなくとも修正の必要
性を説いているかのように思われる．テュルゴーの曰く，

> ほとんどすべての節約〔または貯蓄〕は貨幣のかたちで行われる．すな
> わち，土地所有者が手にする収入，それにあらゆる種類の企業者に還流
> する前貸しと利潤は貨幣のかたちにおいてである．したがって，かれら
> が節約するのは貨幣であり，年々の資本の増加も貨幣のかたちであらわ
> される．しかし，企業者はあげて，かれらの運営する企業にさまざまに
> 異なる性質の資産（effet）に貨幣を即座に（sur-le-champ）転化するほ
> かに使途はない．こうしてこの貨幣は流通に回帰する．そして，資本の
> 大半はこのようにさまざまの性質を有する資産のかたちでのみ存在する
> のである[35]．

　テュルゴーの議論の要旨は，企業者は自らの手にした利潤のかたちで蓄積
する余剰をかれらの手によって前貸しする──つまり投資するということで
あるが，マーフィーはこれを称して「自己金融型貯蓄・投資モデル（self-
financing saving-investment model)」[36]と命名している．別言するならば，
企業者は自らの必要とする資金を獲得するために貨幣市場に参入する必要が
ないということでもあるかもしれない．すくなくとも貨幣貸付資本家に資金
を仰ぐ必要がないと読める[37]．はたしてそうであるとすれば，テュルゴーが
『諸省察』第29節で規定した「資本の一般定式」としての貨幣的資本や，第
53節以下で展開された資本の5つの使途を一体どのように理解したらよい
のであろうか．貨幣貸付資本家の存在は企業利潤の内部留保を前提にした自

---

35)　Turgot［1766d］, p. 601.
36)　Murphy［2009b］, p. 147.
37)　Idem.

第 2 章　テュルゴー『諸省察』とスミス『国富論』の符合と異同　　67

己金融型モデルではなく，すくなくとも貨幣市場における資金調達，したがってまた「外部金融型貯蓄・投資モデル」を提示できたはずである．テュルゴーをしてこのように論理一貫性を欠いた貯蓄・投資モデルを提起させるに至った理由の一斑を知る手がかりが『諸省察』第 99 節にある——．

　　土地の耕作企業者たちはほとんど借り入れを行わず，そのすべての経営
　　はかれらの資本だけで成り立っている．自らの財産をゆるぎないものと
　　することを欲するためである．〔中略〕借入資金による経営に意を用い
　　る〔工業，商業などの〕他事業の企業者たちは失敗する危険性がきわめ
　　て高い[38]．

　テュルゴーによる貨幣的資本の消極的な評価は，例えば渡辺恭彦の説くように，テュルゴーの資本理論の「重農主義的限界」でもなければ，「農業純生産物論と全企業における資本蓄積論とは相矛盾するものであることに気付きながら，後者を前者の枠のなかに戻して，両者の調整を計ろうとした」結果でもない[39]．ここは，マーフィーのいうように，テュルゴー資本理論に内在する問題と考えなくてはならないのである．
　いまひとつ，如上の議論とも関連するが，ジョン・ローの冒険事業を支えた紙幣発行を通じた信用創造へのテュルゴーの度し難いまでの不信感である．すでにみたように，テュルゴーのローへの不信感や嫌悪の情は比較的早くから認められ，例えばソルボンヌ学寮時代に知遇を得たシセ兄弟の長兄ジャン゠バティスト゠マリー・シャンピオンに宛てた 1749 年 4 月 7 日付書簡のなかに認めることができる．曰く，

　　国王陛下〔ルイ 15 世〕が金貨や銀貨の代わりに〔ローの冒険事業が生
　　んだ〕紙幣（papier-monnaie）を用いるとはまったく信じられません[40]．

---

38)　Turgot [1766d], p. 601.
39)　この点については，さしあたり，山口 [1930] および渡辺 [1967] を参照されたい．

かくいうテュルゴーは，前年 1748 年に作成した「著作作成構想（Liste d'ouvrage à faire）」のなかで「ロー・システム（Système de Law）」を論じる計画であったがはたせなかった．そればかりか，1770 年 2 月 6 日付デュポン宛て書簡にあるように，ロー・システムとその背後にある政策的主張を「呪いの言葉（grimoire）」といって剣突を喰らわせるのである．事実，マーフィーが指摘するように，テュルゴーは『諸省察』のなかで今日の経済学のテキストや解説書に間違いなく登場する経済用語の「『信用』や『銀行』などにはまったく言及していない」[41]．

ただマーフィーは明示的に指摘していないけれども，テュルゴーが 1770年に作成した「貨幣貸付に関する覚書」と題する論稿——テュルゴーの任地に隣接するアングレームで起きた「高利告発事件」とも「高利詐欺事件」ともいわれる金銭トラブルの原因究明のためにパリの中央政府の長ジョゼフ＝マリー・テレー師の命によって作成された公的報告書——においては，むしろ「銀行」や「信用」の効用を積極的に論じているから，これらを意図して自らの作品から排除したというわけにはいかない．

ばかりか，『諸省察』第 99 節にみられる「土地の耕作企業者たちはほとんど借り入れを行わず，そのすべての経営はかれらの資本だけで成り立っている．自らの財産をゆるぎないものとすることを欲するためである．〔中略〕借入資金による経営に意を用いる〔工業，商業などの〕他事業の企業者たちは失敗する危険性がきわめて高い」というような主張は行っていない．ことほどさように，テュルゴーは中央政府への報告書のなかでつぎのようにいっている．すなわち，

> 企業者が貨幣を借り入れないような商業の地はこの世に存在しません．他人の懐中物（bourse de l'autrui〔貨幣貸付〕）に頼らなくてもすまされるというような商品取扱い業者はおそらくただのひとりもおりません．

---

40) Turgot［1749］, p. 147.
41) Murphy［2009b］, p. 140.

第 2 章 テュルゴー『諸省察』とスミス『国富論』の符合と異同 69

もっとも豊富に資本を保有する人間たちでさえ，こうした資源〔貨幣貸
付〕を必要としないと自らが進んで確信できるのは，遊休資金（fonds
loisifs）の一部を保持している場合，したがってまた自己の事業規模を
縮小する場合に限られます[42].

みられるように，テュルゴーはかれが『諸省察』第 99 節のなかでいう
「土地の耕作企業者たちは借り入れを行わず，そのすべての経営はかれらの
資本だけで成り立っている」ことを実質的に否定しているのである．「もっ
とも豊富に資本を保有するもの」でさえ，時と場合によっては，テュルゴー
のいわゆる「他人の懐中物」──貸付資金に頼らざるを得ないというのが，
それである．はたしてそうであるとすれば，農業以外の「失敗する危険性が
きわめて高い」工業や商業などの産業分野の企業者はもとより，「もっとも
豊富に資金を保有する」土地所有者や農業資本家的企業者もまた，時と場合
によっては「他人の懐中物」つまり貨幣貸付資本家の資金に依存することが
避けられない──われらがリモージュ地方長官はそういうのである．
　テュルゴーの「覚書」は，かれの貨幣的資本とその積極的機能を理解する
うえでの第一級の資料でありながら，その本格的な研究は 19 世紀の曙が昇
るまで待たなくてはならなかった．その一半の理由は，この論稿が一義的に
はパリの中央政府への公式の報告書であったという点にもとめられる．この
論稿の執筆直後にこれを目にすることのできたのが，中央政府関係者をのぞ
けば，ごくわずかであったことは，テュルゴーが 1770 年 1 月 30 日にピエー
ル゠サミュエル・デュポンに書き送った書簡からもうかがい知ることができ
る．テュルゴーの曰く，

　　わたしは貴君が『富〔の形成と分配に関する諸省察〕』の原稿のごく一
　　部しか受け取ったにすぎないということを知っているかどうか分かりま

---

42)　Turgot［1770a］, p. 168.

せん．わたしは〔1770年の年初に〕**貸金業**（usure〔または利息〕）に関する論稿を一本仕上げました．これは**有益**（utile）な論稿です．貴君にこれを〔お送りしようにも〕お送りすることはできません．この論稿のなかで〔デュポンがテュルゴーに断りなく削除した『諸省察』のオリジナルコピー第75節のテーマである〕"mutuum date [nihil inde sperantes]"に関する議論を取り入れました．わたしは大法官〔モープウ公爵ルネ・ニコラ（1714-92）〕と財務総監〔ジョゼフ＝マリー・テレー師（1715-78）〕に，アングレームのすべての商取引を根柢から覆すことを試みた巧妙な盗人ども（fripons）の詐欺事件のおりに作成したこの論稿をこれから送るところです[43]（文中ゴチック体は原文イタリック体）．

---

43) Turgot [1770c], p. 372. テュルゴーがここでいう「財務総監」とはジョゼフ＝マリー・テレー師であり，ほぼ1カ月前にエティエンヌ・メノン＝ダンヴォー（1721-1801）からその職を受け継いだばかりであった．テレー師は穀物貿易の自由化に乗り気でなく慎重な姿勢を堅持するなど，前任のメノン＝ダンヴォーやテュルゴーとは異なる経済思想の持ち主であったとはいえ，難事に逢っても逡巡するような性格の人物ではなく，財務総監在任中は破綻寸前の国家財政の再建と王国の復興に意を注いだ．ところが，テレー師がそのために提案した20分の1税や人頭税の徴収の見直しをめぐってパリ高等法院などと鋭く対立してはたせず，国王がルイ15世からルイ16世（1754-94）へと代替わりする1774年8月に辞任を決意する．奇しくもテレー師のあとを継いだのは，別人にあらず，その3カ月前にモールパ伯ジャン＝フレデリック・フェリポー（1701-81）の推挙により海軍大臣に抜擢されたばかりのテュルゴーその人であった．ちなみに，ギュスターヴ・シェルは自身の編集した『テュルゴー全集』の各巻冒頭でテュルゴーの年代記と作品を解説しているが，テュルゴーがリモージュの地方長官に就任した旨の報告を受けたヴォルテールは「貴君が財務総監になる日がやがてくるであろう．余はその時この世にはいないだろうけれども」（Schelle [1914], pp. 1-2）と書き送った．それから12年後の1774年8月，フェリックス・カデによれば，「テュルゴー財務総監就任」の報を受けたヴォルテールは「なんと不幸な報せをよこしたことか！」と大声で叫び嘆き悲しんだといわれる（Cadet [1869] 参照）．テュルゴーが清濁併せ呑む人間であっても，清廉な人柄であったうえ，あまりに若くして「伝統社会（société traditionnelle）」の要職に就き成果をあげたことがヴォルテールのいわゆる「不幸」の謂である．なるほどテュルゴーの生涯をふり返ると，若干20歳でソルボンヌの代表に就任，直後に尊父ミシェル＝エティエンヌの死によって法曹界に入り，リモージュ地方長官の得たのが35の歳，そして財務総監の職を国王ルイ16世より拝命したのが47歳であった．かれの「不幸」は，ヴォルテールが予想したとおり，2年足らずでその職を退いたことにではなく，教会，法曹界，

第 2 章　テュルゴー『諸省察』とスミス『国富論』の符合と異同　　71

　テュルゴーのいわゆる「論稿」が，くだんの「覚書」であることは前後の
脈絡からみて疑いを入れないが，ここで重要なことは「覚書」が「有益」と
テュルゴーがいっていることであり，しかもこの論稿と『諸省察』との関係
に言及していることである．テュルゴーがこの論稿のなかで『諸省察』の議
論を踏まえて作成されたというように読めるとしても想像力の働かせすぎと
はいえないであろう．前年 12 月にテュルゴーがデュポンに書簡を送り，『諸
省察』の『市民日誌』に掲載するさいのかれの編集方針を厳しく批難してい
ることを思えば，「覚書」における貨幣利子に関する議論が『諸省察』の理
解と解釈にとって「有益」であることをあらためてのべた——それをデュポ
ンが理解できたどうか，おそらく理解できなかったであろう——と考えても
あながち穿ちすぎとはいえないかもしれない[44]．そしてそうであればなおの

　　政界といった「伝統社会」ではあまりに若くして「トップに上り詰めた」ところにあ
　　る．テュルゴーはその若さのゆえかれの功績に相当の評価をあたえられなかっただけ
　　でなく，かえって周囲の小人・凡人の妬み嫉みのターゲットになった．ヴォルテール
　　はその意思に反して，テュルゴーの財務総監の「就任と失脚」までみることになった
　　ことを「不幸」と見付けたかもしれない（Lundberg [1964], pp. 1-2）．

44)　テュルゴーにしてはきわめて稀なことであるが，かれは 1770 年 1 月 30 日にデュポ
　　ンに送った書簡のなかでいったのとまったく同じことを，1771 年 9 月 10 日付書簡で
　　もくり返している（Turgot [1771b], pp. 495-6）．つまり，テュルゴーにしてみれば，
　　『諸省察』は 1766 年の時点では完結していなかったということであり，1770 年に作
　　成された「貨幣貸付に関する覚書」は『諸省察』の完成にとっての重要かつ決定的ス
　　テップであったといってよい．ちなみに，ピーター・D. グレーネヴェーゲンは "筆
　　まめ（épistolier）" なテュルゴーの数ある書簡のなかから，主として経済問題を論じ
　　た 45 の書簡を英語に翻訳（ただし抄訳）して小冊子にまとめシドニー大学経済学部
　　「経済思想史研究所叢書」の一冊として出版している（Groenewegen [1992]．この
　　うち，ジョン・ヒル・バートンの編集した『著名人諸氏のデイヴィッド・ヒューム宛
　　て書簡集』（Burton [1849]）に収録された 7 通をのぞく）．かれの意図はこれを評価
　　するにやぶさかではないが，うえで紹介したデュポンに宛てた 1771 年 9 月 10 日付書
　　簡が漏れているのは解せない．この書簡は，テュルゴーの他の書簡と比べると短文で
　　あるが，『諸省察』の理解と解釈にとってきわめて重要な位置を占めるからである．
　　なお，蛇足ではあるが，グレーネヴェーゲンの翻訳技量に対して "?" と首を傾げた
　　くなる箇所が少なくない．例えば，テュルゴーが 1770 年 3 月 23 日にデュポンに書き
　　送った書簡のなかで，フィジオクラート派の教義を "oh! esprit de secte!"（Turgot
　　[1770a], p. 384）と論難している箇所がそうである．これと同様の非難の言葉はテュ
　　ルゴーが 1771 年 2 月 15 日にデュポンに送った書簡のなかでも認められる（Turgot

ことテュルゴーが『諸省察』第100節で書いた「企業者はあげて，かれらの運営する企業のさまざまに異なる性質の資産に貨幣を即座に（sur-le-champ）転化するほかに用途はない」[45] のフレーズに疑問を禁じ得ない．

もちろん，テュルゴーがこの一節でのべていることは，企業者は自らの手にした利潤のかたちで蓄積する余剰を前貸しするというようにも読めないではない．仮にそうであるとすれば，先にのべた貨幣貸付資本家が企業者に資金を提供する余地はなくなるであろう．けだし，アントイン・E. マーフィーがこれを評して自動的「自己金融型貯蓄・投資モデル（self-financing saving-investment model）」と命名したのもゆえなきことではない．別言すれば，テュルゴーはこの一節をもって企業者が「他人の懐中物」に依存する必要がないこと——つまり貨幣貸付資本家ひいては貨幣市場における資金調達の途を塞ぐことになりかねない．かれが『諸省察』第29節で提示した「資本の一般定式」としての貨幣的資本とその機能と役割を前提にすれば，マーフィーのいうように，貨幣貸付資本を恃みとする「外部金融型貯蓄・投資モデル」が可能であったはずであるが，この点，テュルゴーは「覚書」のなかでは一言半句も割いていないのである．

はたしてそのように考えられるとすれば，ヨーゼフ・A. シュンペーターのいわゆる「テュルゴー＝スミスの貯蓄投資理論」の当否があらためて問われるはずである．テュルゴーが1770年1月にデュポンに宛てた上記書簡か

[1771a], p. 474). グレーネヴェーゲンはこれに "oh! this spirit of sectarianism" (Groenewegen [1992], p. 41) の訳語を充てている．なんのことはない，今風の表現をすれば，"sectarisme/sectarianism" すなわち党派主義で事足りるはずである．とはいえ，当節では「わたしは朝食を抜く主義，揚げ物はできるだけ摂らない主義」とか「ぼくは残業をしない主義だ」とかなんでもかんでも御大層な「主義」にしたがる御仁が多く，"—— isme/ism/ismus" も随分と軽くなったから，グレーネヴェーゲンのような「○△主義の精神」とか「○×教の精神」とかというあざとい表現で「主義」の二文字に重みを加えるのもひとつの方便かもしれない．今風の表現を借りていい換えるなら，「主義²」または「主義×主義」である．

45) Turgot [1766a], p. 601. というよりは，むしろテュルゴーは「貨幣貸付に関する覚書」のなかで『諸省察』第99, 100節の考え方を最終的に修正したというべきであろう．

ら察せられるように，デュポンはいうに及ばず，スコットランドはグラスゴー大学で教鞭を執った偉大な思想家もまた，この段階で「覚書」を知る立場になかったと推察される．それゆえ，スミスの貯蓄・投資モデルが，マーフィーのいう「自動的自己金融型貯蓄・投資モデル」から 1 ミリたりとも踏み出ことができなかったのは当然といえば当然である．

その意味からすれば，20 世紀に入ってギュスターヴ・シェルの手によって『テュルゴー全集』が刊行されていることに思いを致せば，フィジオクラート派の思想に潤色されたデュポン版『テュルゴー氏全集』を拠り所としたシュンペーターのテュルゴー＝スミスの貯蓄・投資理論の理解と解釈はあまりに皮相かつ手前みそといわなくてはなるまい．

テュルゴー 1770 年の作である「貨幣貸付に関する覚書」は，時の中央政府の命によって作成された公式の報告書であり，当時その内容を知る人間はきわめて限られていたにしても，価値・価格論，競争論などとともに，あるいはそれ以上にテュルゴーとスミスとの間の理論的異同を理解するうえで欠くことのできない第一級の資料である．その最大のポイントは，『諸省察』の不十分な論点が明確にされている点にある．だが，それにもかかわらずシュンペーターの皮相かつ手前みそな解釈によって，あたかもテュルゴーとスミスの貯蓄・投資理論があたかも同じ性格であるかのような誤った説を喧伝する結果になったのである[46]．

[補注]　イー・セェー・ルンドベリが 1964 年に上梓した *Turgot's Unknown Translator*（『諸省察』の匿名の翻訳者）は，そのサブタイトル "*The Réflexions* and Adam Smith（『諸省察』とアダム・スミス）" が雄弁に物語るように，1793 年版の "匿名の翻訳者" すなわち "名無しの権平" 氏が『国富論』の著者スミスであるという謎を解き明かすミステリーにも似た作品である．ただミステリーとはいっても，ルンドベリの手法は経済学のロジックと言語学——とくにシンタックス（syntactique/syntax）との組み合わせによる大胆な謎解きの試みにあり，おなじみのマルティ

---

46)　テュルゴーの価値・価格論，競争論などについては，さしあたり，Faccarello et Cot [1992]；Hutchison [1982；1988]；Ravix et Romani [1997]；Brewer [2010] などを参照されたい．また，中川 [2013] もあわせて参照されたい．

ン・ベックやクルト・ヴァランダー，ましてやスヴェン・イェルセンのそれとは異なる．資料や情報の蒐集と科学的解析による証拠の積み重ねの妙味が冴えわたる点では，歴史上初の科学者探偵ジョン・イブリン・ソーンダイク博士にすこぶる近いといえるかもしれない．

　もとより，それ自身きわめて興味をそそられるテーマであるが，本論の直接の課題ではないので，ここではとりあえずつぎの諸点だけ確認しておきたい．本文でもみたように，1793 年に訳者のクレジットなしで出版された英語圏初のテュルゴー『諸省察』の翻訳者が『国富論』の著者であるとルンドベリは推理するのである．はたしてルンドベリのいうとおりであるとすれば，テュルゴーがフィジオクラート派の機関雑誌『市民日誌』に掲載されたテキストではなく，オリジナルテキストの「抜刷」を作成するようピエール＝サミュエル・デュポンに要求したのが 1770 年であるから，『国富論』刊行前の 1775 年までの 5 年の間に『諸省察』の英訳がなされたことになる．なぜなら，エピグラフとして古代ローマの詩人ウェルギリウスの *Æneis*（アエネーイス）中の一文が 1793 年版『諸省察』の冒頭を飾っているからである．このエピグラフは 1788 年にフランスで出版された『諸省察』——ギュスターヴ・シュルの編集した『テュルゴー全集』に収録されたテキストもこの版である——でも採用されているが，スミスの年齢を考慮するに 1788 年版『諸省察』を英語に翻訳するさいの底本としたというのはあまり現実的な考えとはいえないであろう（詳しくは，本論末尾の付録 1「テュルゴーおよびアダム・スミス年譜」を参照されたい）．

　こうして 1793 年版の翻訳者を特定するにしても，テュルゴーの作品をどうして翻訳したのか，その目的はなんであったのか——といった問いがつぎに頭に浮かんでくる．これらの問いにルンドベリは明確に回答していないが，それでも最低限つぎのように推理することは可能である．すなわち，1770 年から 75 年の間にスミスが『諸省察』を翻訳し得たとしても，それはルンドベリ，のちにジャニーヌ・ギャレ＝アモノやアンヌ＝クレール・ホイングらがより適切に伝えるように，“capital”に象徴されるフランス経済学の言語と文法の習得のためであって，自ら翻訳した『諸省察』を世に問うといった意思はなかったであろう．その甲斐あって，パリのサロンでは“モリエールの言語”——フランス語——での会話は時に「不評を買った」ものの，『国富論』では『諸省察』の言語と文法を完璧に英語に翻訳しおおせている．アダム・スミスこそは，ブリテン島ではじめて資本の形成，資本の蓄積，貯蓄と投資の相互関係といった言語と文法を用いてフランス流の経済分析を行った経済学者であり，またそうすることによって同胞でライバルのサー・ジェイムズ・ステュアートの『経済学原理』に一矢報いることができたといえるかもしれない．

　それでもなお疑問が残る．何よりもまず，アダム・スミスが訳を付けたテュルゴーの『諸省察』を世に送りだしたのは，一体だれであったのか——．スミスときわめて親しく，しかもかれの仕事に通じていた人物であろうと推測できるが依然として謎のままである．謎といっても，イー・セェー・ルンドベリからジャニーヌ・ギャレ＝アモノ，アンヌ＝クレール・ホイングに至る情報収集と解析の成果に思いを致せば，

第 2 章　テュルゴー『諸省察』とスミス『国富論』の符合と異同　　75

文献学やシンタックスの手法を物語化したかのような，ロサ・リーバスとザビーネ・ホフマンの秀作『偽りの書簡』（*Don de Lenguas*, 2013）の最後の一文は今後真相を読み説く手がかりとなるであろう．曰く，「結局何もかもいままでと変わらないけれど，それでも何ひとついままでと同じではなかった」（宮崎真紀訳，創元推理文庫，2016 年）．そうであるとすれば，ルンドベリがスミスの刊行物を洗い直して作成した以下のリストは根拠がないとはいえまい（以下，Lundberg［1964］, p. 84 より引用）．すなわち，

1. In a periodical called the Edinburgh Review, published in 1755, for a few numbers, a Review of Dr. Johnson's Dictionary, and Observations on the State of Learning in Europe.
2. Theory of Moral Sentiments and Dissertation on the Origins of Language, 1759.
3. Inquiry into the Nature and Causes of the Wealth of Nations, 1776.
4. A volume of Essays, published posthumously, containing—
    A History of Astronomy
    A History of Ancient Physics
    A History of Ancient Logic and Metaphysics
    An Essay on the Imitative Arts,
    On Certain English and Italian Verses,
    On the External Senses.
5. Reflections on the Formation and Distribution of Wealth, by Mr. Turgot, Translated from the French, 1793.

第3章
テュルゴー＝スミスの交流の誤謬とミステリーと謎

　前章では，資本の形成と資本の使途をめぐる諸問題を中心に，アンヌ・ロ
ベール・ジャック・テュルゴーとアダム・スミスとの間，したがってまた
『富の形成と分配に関する諸省察』（以下，『諸省察』と略記）と『国富論』と
の間にみられる「符合」と「相違」およびそのインプリケーションついて論
じてきた．そこで明らになったことは，スミスが『国富論』の執筆の過程で
テュルゴーの経済理論にかなりの程度影響を受けたということであった．そ
れは，アンヌ＝クレール・ホイングの想定したとおりの結果であったし，遡
れば，ジャニーヌ・ギャレ＝アモノ，イー・セェー・ルンドベリらの所説の
正当性を証明したといえるかもしれない．

　だが，それだけでは盾の半面を説明したにすぎない．残る半面，すなわち，
ホイングによると，スミスが『国富論』のなかでテュルゴー，したがってま
た『諸省察』に多大の影響を受けたにもかかわらず，『諸省察』のタイトル
はおろか，著者テュルゴーの名前にさえ言及しなかったのは一体なぜであっ
たのか──その原因を究明しなければならない．そしてそのためにはつぎの
5つの疑問に答える必要があるというのである．ホイングのいわゆる5つの
疑問とは，

①スミスはテュルゴーの『諸省察』を所有していたのか，
②スミスとテュルゴーは学問的に同じ考えを抱き，なんらかのかたちで協
　力し合う関係にあったのか，

③スミスとテュルゴーにはふたりの出会いをお膳立てした共通の知人や友人がいたのか，

④スミスとテュルゴーはパリで知遇を得たのちも作品をたがいに交換し合っていたのか，

⑤ふたりは書簡のやり取りや書籍や資料の照会などのかたちで交流をつづけていたのか，

の5つである．

　ホイングの提起したこれらの疑問は相互に密接に関連しているが，そのうち何にもまして問われるべきことは，テュルゴーとスミスは 1766 年のパリで知己を得たのちも交流をつづけていたのかどうか，はたして交流があったとすれば，それはどのようなものであり，どれくらいつづいたのであろうか——という疑問である．他のすべての問いは一にこれらの問いと答えに依存し，他の問いと答えのカギを握る重要な問いであるといっても決して過言ではない．

1. テュルゴー＝スミスの交流の誤謬

　テュルゴーとスミスは 1766 年のパリで知遇を得たのちも交流をつづけたのかどうか，もしふたりの交流がつづいたとすれば，どのようなものであったのであろうか——．答えはこうである．すなわち，テュルゴーとスミスが 1766 年以降ふたたび相見えることがあったかどうかはさて措き，時に手紙のやり取り，時に書籍や資料などを贈るといった，いわば儀礼以上の交流がふたりの間にあったと考えられるということである．

　すでにみたとおり，テュルゴーとスミスが 1766 年にパリで知遇を得たことは何人も否定すべからざる事実である．これに関連して，ふたりの邂逅の経緯と事情についてはのちにあらためてふれることにしたいが，問題はパリでの邂逅後のふたりの交流がほとんど知られていないという事実である．何

第 3 章　テュルゴー＝スミスの交流の誤謬とミステリーと謎　　79

よりもまず，ふたりの交流を裏づける記録（書簡類，メモなど）が存在しない．

　というよりはむしろ，テュルゴーとスミスがフランスもしくはブリテン島のいずれかの都市で再会した記録がないだけでなく，テュルゴーからスミスへの，またはスミスからテュルゴーへの書簡が再三にわたる大がかりな発掘調査にもかかわらずいまだに 1 通も発見されていない．テュルゴーが1781年に没して，ノルマンディーのテュルゴー家累代の居城（ラントゥイユ城）でかれの遺品の整理を託された大親友のクレティアン＝ギヨーム・ド・マルゼルブしかり[1]．コンドルセ侯爵，ピエール＝サミュエル・デュポンしかり．さらに 19 世紀にはデュポンの衣鉢を継ぐユジェーヌ・デールやイポリート・デュサールしかり．自身の微に入り細を穿つ発掘作業の結果をつづったレオン・セーもその例に漏れない．かたやスミスにあっても，遺品を整理したデュガルド・ステュアートはスミスとテュルゴーとの間の書簡類はなかったと断言していた[2]．

　もちろん，これまでまったく成果がなかったわけではない．例えば，デュポンは未発表の論稿や書簡類を発掘し，その一部をかれの編集する『テュルゴー氏全集（*Œuvres de Mr. Turgot*）』に収録し，これを 1808 年に世に送り出した．その後，ユジェーヌ・デールとイポリート・デュサールのふたりはデュポンの衣鉢を受け継いでふたたびテュルゴーの遺品を調査したが，その

---

1)　以下，断りのない限り，Schelle［1913, 1914］の記述にもとづく．ギュスターヴ・シェルによると，マルゼルブはテュルゴーの未定稿草稿，書簡（写しをふくむ），公文書などを整理して蔵書目録——いわゆる「マルゼルブ目録（inventaire de Male-sherbes）」——を作成したといわれる．このなかには，テュルゴーの署名のあるもののほか，ペンネームのもの，さらには匿名でもテュルゴーの作と確認可能のものなどがふくまれる．　ちなみに，『諸省察』の執筆者 “X 氏（M. X）” を別にすれば，テュルゴーのペンネームとしてよく知られるのは “アージュ・ド・ブルネー神父（abbé Aage de Bournais）” であり，ソルボンヌ時代には “ローヌ神父（abbé de Laulne）” というサインも用いており，さらに後年にななると “テュルゴー・ド・ブリュクール（Turgot de Brucourt）” という署名もみられる（Hoyng［2015］, p. 134）．以上については，Gignoux［1945］, p. 11 et suivre もあわせて参照されたい．

2)　Stewart［1799］, p. 46.

80

結果，デュポンの知り得なかった書簡や草稿などを発見し，これらを自らの編纂する『主要経済学者作品集（*Collection des pricipaux économistes*）』の一部として 1844 年に世に問うた．世にいうデール＝デュサール版『テュルゴー全集』である．

　さらに 19 世紀後半になると，シャルル・アンリがコンドルセ公爵とテュルゴーとの間で交わされた書簡約 250 通を発見し，『コンドルセ＝テュルゴー未公開書簡集——1770-1779 年（*Correspondence inédite de Condorecet et de Turgot 1770-1779*）』のタイトルで 1882 年に刊行している[3]．この書簡集は，『テュルゴー氏の生涯』と並んで，コンドルセ自身とかれが"メントール"と慕ったテュルゴーとの知的交流を知る第一級の資料といってよいであろう．

　それから 5 年後の 1887 年，フランス自由主義経済陣営の旗手レオン・セーが自著『テュルゴー（*Turgot*）』のなかで，国王ルイ 16 世が時の財務総監オーヌ男爵に宛てた書簡 2 通を収録している．いずれもテュルゴーが財務総監の職にあったおりの小麦および小麦粉の取引——いわゆる小麦戦争——に関するものであるが，かれの甥の孫というエティエンヌ・デュボワ・ド・レスタン（1855-1909）によると，レオン・セーの発表した国王書簡はいずれもラントゥイユ城のテュルゴーの遺品の一部であった[4]．このようにテュルゴー文書のあいつぐ発見にもかかわらず，テュルゴーとスミスとの交流を示す証拠は依然として未知の領域に属していたといわなくてはならない．それは，ギュスターヴ・シェルが 1913 年から 10 年の歳月をかけて刊行した『テュルゴー全集（*Œuvres de Turgot et documents le concernant*）』全 5 巻についてもいえる．

　シェルは全集の編集過程で，フランス大革命の最中アメリカに渡ったデュポンの子息エルテール＝イレネー（1771-1834）——米化学大手デュポン社の

---

3) Hoyng［2015］, p. 129. このうち，コンドルセ書簡の発表の経緯については，Perrot［1991］, pp. 254 et 362-3 を参照されたい．

4) Hoyng［2015］, p. 132. このへんの事情は，Morellet［1821:, pp. 237-34. 訳 301-6 ページにくわしい．

第 3 章　テュルゴー＝スミスの交流の誤謬とミステリーと謎　　81

創業者——の末裔とコンタクトを取ってリモージュ地方長官時代（1761-74年）のテュルゴーが父ピエール＝サミュエルに送った書簡 300 余通を譲り受け，その一部を自身の編集する『テュルゴー全集』に収録した．だが，そのなかにもスミスとの交流を書き留めた書簡は存在しなかった[5]．テュルゴーが 1778 年 3 月，ウェールズ出身の宗教家・哲学者のリチャード・プライス博士に宛てた書簡のなかにスコットランド出身の偉大な思想家の名のみを見るだけである[6]．

　ギュスターヴ・シェルは 1 世紀以上に及ぶ徹底したテュルゴー文書発掘作業の殿であり，フランス・サイドの発掘作業からは，テュルゴーとスミスとの間で取り交わされた書簡類をついに発見するに至らなかった．もちろんだからといって，ブリテン島でのスミス研究者たちにこの分野で新たな資料を発掘する作業に精を傾けることを期待することもできない相談であった[7]．

---

5)　Schelle［1913］, p. 6. シェルによると，譲り受けた書簡はピエール＝サミュエル・デュポンがテュルゴーの知遇を得た 1750 年代後半から亡くなるまでの約 20 年間に交わされたものであるが，そのなかには純然たる私信のほか，ケネーやかれの支持者たちへの批判を旨とするものもふくまれていたという．デュポンとしては公表の意思がなかったか，できれば人目にふれることをこのまない性質の書簡類がかなりの数に及んだがゆえに，デュポンにはむすこのエルテール＝イレネーの渡米をこれらの書簡を持ち出す絶好の機会と映ったのかもしれない．

6)　Turgot［1778］, p. 588. すでにみたように，テュルゴーがアンヴィル公爵夫人に宛てた書簡で 2 度，また後述するように 19 世紀半ばにジョン・ヒル・バートンが編集した『著名人のデイヴィッド・ヒューム宛て書簡集』のなかで 1 度だけだが，スミスの名前が登場する．

7)　ルンドベリの研究によると，テュルゴーとスミスとの交流を示す書簡類の発見はなかったものの，アダム・スミスの最初の蔵書目録の編者ジェイムズ・ボナーが「テュルゴーの手書きのフランス国家予算（1776 年）の写し（コピー）」がスミスの所蔵するところとなっていたこと，また，財政や農業に造詣のふかいサー・ジョン・シンクレア（1754-1835）が『国富論』でスミスの参照したジャン＝ルイ・モロー・ド・ボーモンの書籍の入手経路について訊ねた書簡に対するスミスの返信（1778 年 11 月 24 日付），すなわち「財務総監を務められたテュルゴー氏からちょうだいしました」——を紹介している（Lundberg［1964］, p. 43）．いずれも間接的ではあるが，テュルゴーとスミスは「交流を途絶えることなくつづけていた」ことを示す事例と考えられてよい．なお，スミスのシンクレア卿宛て書簡はモスナー＝ロス編『アダム・スミス書簡集』に再録されている（Mossner and Ross (eds.)［1977 (1987)］, pp. 235-6）．ま

82

ピーター・D. グレーネヴェーゲンならずとも，スミスとテュルゴーのふたりがそもそも交流なぞ存在しなかったのであるから，ふたりの交流の証となるような書簡は存在するはずがない——デュポンやコンドルセやモルレなどの主張は，所詮，フランス・サイドの戯言にすぎないという料簡である[8]．テュルゴー＝スミス書簡が発掘されなかったことを尻目に溜飲を下げたというのが，アルビオン島サイドの研究者たちの偽らざる心境であったのかもしれない．

　ところが，思いがけないところから，間接的ではあるが，テュルゴーとスミスとの交流を物語る 200 通余の書簡の写しが発見された．1976 年にベルギーのルーヴァン・カトリック大学出版局から出版された『テュルゴー書簡集（アンヴィル公爵夫人宛て）——1764-74 年および 1777-80 年』が，それである．もともと，フランス国立図書館（BnF）の上級司書アンリ・オマンが同書簡の写し（コピー）を保管していたものであり，ギュスターヴ・シェルをはじめ多くの研究者が閲覧を願い出たのは当然であった．ところが当のオマンはといえば，自身の手でくだんの書簡を世に送り出すことを夢見て閲覧希望者の願いをことごとく退けた．とどの詰まり，テュルゴー書簡は BnF の保管室でほこりだらけになっていたのであるけれども，オマンがドイツ占領下の1940 年に亡くなったのとほぼ軌を一にして，BnF から忽然と姿を消し行方知らずとなった．

　テュルゴー書簡の所在が判明したのは第 2 次世界大戦後，それもベルギーはルーヴァン市内の大学図書館に保管されていた．詳細はのちに譲るとして，この書簡を実際に発見したのは，ルーヴァン・カトリック大学中央図書館で書簡の発掘作業に当たっていたジョゼフ・リュヴェ率いる発掘チームであった．その後，リュヴェはマリー＝ポール・ドプーオン＝ニナンおよびポー

　　た，レーも『アダム・スミス伝』でスミスとシンクレア卿とのやり取りを伝えている
　　（Rae［1895］, pp. 343-4. 訳 431-3 ページ）．
　8）　コンドルセ侯爵は自著『テュルゴー氏の生涯』のなかで，テュルゴーがスミスに宛
　　てて書簡を何通も書き送ったことを主張している．例えば，Condorcet［1786］, p.
　　201 を参照されたい．

第3章　テュルゴー＝スミスの交流の誤謬とミステリーと謎　　83

ル・セルヴェのふたりの協力を得て校訂・編集作業を行い，『テュルゴー書簡集（アンヴィル公爵夫人宛て）』のタイトルで1976年にルーヴァン・カトリック大学哲学・文学部叢書の16番目の作品（Travaux de la Faculté de Philosophie et de Lettres de l'Université Catholique de Louvain-XVI）として同大出版局から世に送り出した．これがうえで紹介した書簡集であるが，そのなかにはテュルゴーがアダム・スミスの名を書き記した書簡がふくまれるなど新たな発見もすくなくない．テュルゴーのアンヴィル公爵夫人宛て書簡が，コンドルセとテュルゴーとの未公開書簡以来の"大発見"と称されるゆえんである[補注]．

　テュルゴーと公爵夫人とのやり取りから読み取ることができる点は，新たに発見された事実やこれまで確証を得られなかった情報が，いうところの"エビデンス・ベース"で裏付けられるなどして，ひさしく厚いベールに包まれたテュルゴーとスミスとの交流ないし交友関係が，1766年のパリでの邂逅から絶えることのないものであったといわなくてならない．ことほどさように，テュルゴーが1773年9月にアンヴィル公爵夫人に宛てた書簡のなかで，アダム・スミスの『道徳感情論』をフランス語訳して出版することに前向きに返答したことは，前年の春アンドレ・モルレがドーバー海峡の対岸に渡り，かれと懇意のデイヴィッド・ヒュームはもとより，アダム・スミスなどにも会ってパリの友人や知人の消息を伝えたことに思いを致せばまぎれもない事実である[9]．そして，同書簡中の話題の主である"スミス"氏が，

---

9)　Morellet［1821］, pp. 235-6（邦訳書は抄訳のため当該箇所未訳出）；Hoyng ［2015］, p. 90. 開明的で国際的商人のヴァンサン・ド・グルネーの信奉者らしくモルレもテュルゴーに勝るとも劣らずブリテン島に友人が多かったが，1772年の渡英のさい北米植民地の科学者にしてのちに新生アメリカ合衆国の政治家として活躍するベンジャミン・フランクリン（1706-90），ウェールズ出身の宗教家で経済にも造詣のふかい商人坊主ことジョサイア・タッカーとかれの同胞で宗教家・道徳哲学者のリチャード・プライスなどと新たに知己を得た（Idem, p. 99）．もっとも，アンヴィル公爵夫人と子息ルイ＝アレクサンドルがテュルゴーに相談までして練り上げたフランス語版『道徳感情論』の出版計画は，ルイ＝アレクサンドル自ら1778年3月3日スミスに宛てた書簡——スミスの教え子デュガルド・ステュアートの『著作集（Works of

84

ラ・ロシュフーコー家の"賓客（so steady a guest）"にして後年『国富論』を著わすアダム・スミスであって，同書にただ一度名のみ登場する"チャールズ・スミス"といい張るグレーネヴェーゲンの伝が屁理屈でしかないこと

Dugald Stewart）』が初出（Stewart［1799］, p. 46）——のなかで，ジャン＝ルイ・ブラヴェ神父訳『道徳感情論』（1775年出版）に先を越されたため「当方，貴下〔スミス〕のもっとも優れた作品の第1部を訳出しておりました」が「〔これ以上の翻訳作業を〕断念せざるを得なくなりました」（Mossner and Ross（eds.）［1977（1987）］, p, 233）と伝えているように，テュルゴーやモルレなどの助力があったものの上々の首尾とはあいならなかった．ちなみに，モルレは後年スミスの『国富論』の仏語訳を手掛けることになるのであるが，この時スミスはまだ知らない．モルレがスミスの著書を翻訳するきっかけはこうである．すなわち，この間，テュルゴーの大親友のクレティアン＝ギヨーム・ド・マルゼルブが検閲長官であった時以来の伝統にしたがって，1778年から翌年にかけてオランダで出版されたとされる，訳者不詳のフランス語版『国富論』全4巻（*Recherches sur la nature et les causes de la richesse des nations*, traduit de l'anglois de M. Adam Smith. Par M***, A La Haye, 1778-1779, 4 vols.）——通称ハーグ（ラ・エ）版——がフランス国内で読まれていたが，フランス語版『道徳感情論』の翻訳者ブラヴェがこれとは異なる『国富論』の翻訳を，1778年から約2年の間フィジオクラート派の機関雑誌『農業・商業・工業・財政雑誌（*Journal de l'agriculture, du commerce, des arts et des finances*）』に発表した．ブラヴェの意図はハーグ（ラ・エ）版とは異なる翻訳を出版することであり，訳出が完了したのち製本・刊行，その一組をパリ西郊のサン＝ジェルマン・アン・レーに巣くう"ジャコバイト（Jacobites）"の知人を介してアダム・スミスに寄贈，そのスミスは1782年7月23日翻訳者に鄭重な礼状をエジンバラから送っている．それによると，スミスは，名誉革命の影響によって誕生直後イングランドを逐われフランスに亡命したジェイムズ2世の子で"老僭王"ジェイムズ3世（1688-1733）の長男，"チャールズ3世"ことチャールズ・エドワード・ステュアート（1720-88）の個人秘書アンドリュー・ランスデン（1720-1801）を通してブラヴェ訳『国富論』を受け取った旨伝えたうえで，「小生，貴兄の手になる前作『道徳感情論』のフランス語訳にことのほか満足しておりましたが，このたびの翻訳にはそれを上回る満足を覚えます」（Mosner and Ross（eds.）［1977（1987）］, pp. 259-60）としたためている．ところが，語学に堪能でマルチリンガルなモルレはブラヴェ訳に「満足を覚える」どころか，不満このうえなかったようである．かれはブラヴェが前掲『雑誌』に翻訳を発表しはじめた直後から，先の『道徳感情論』と同様あるいはそれ以上の不出来と酷評し，ブラヴェを「〔著者の思想に背く〕不実の翻訳者（Traducteur Traditore）」呼ばわりしている（Morellet［1821］, pp. 235-6. 邦語訳は抄訳のため当該箇所未訳出）．そのモルレが『国富論』の翻訳を手掛けたのは，ブラヴェの翻訳に代わるフランス語版『国富論』の刊行を企図したためであり，遅くとも1780年には翻訳を完成させたといわれる（*Recherche sur la nature et les causes de la richesse des nations*, 1779-1780?, Bibliothèque Municipale de la Port-Dieu, Lyon）．しかしながら，かれは生前つい

第 3 章　テュルゴー＝スミスの交流の誤謬とミステリーと謎　　85

はあまりにも明白である[10)11)].

　スミス晩年の 1785 年 11 月，ルイ＝アレクサンドル・ド・ラ・ロシュフー
コー公爵に書き送った書簡のなかでいみじくも書き記しているとおり，スミ

───────────

　　にこれを刊行することはなかった．なお，『国富論』のフランス語版については，モ
　　ルレの前掲『回想録』のほか，フラマリオン版『国富論』（Smith［1996(1776)］）の
　　翻訳者・編集者ジェルマン・ガルニエの「序文（Présentation）」にくわしい．また，
　　邦語の研究については，篠原［2008］を参照されたい．

10)　Lundberg［1964］, p. 35. グレーネヴェーゲンが「テュルゴーとアダム・スミス
　　（Turgot and Adam Smith）」と題する論文を発表したのは 1960 年代末であったが，
　　その後テュルゴーとコンドルセやアンヴィル公爵夫人とのやり取りがあいついで発表
　　されたことにより，テュルゴーとスミスとの交流が絶えることなくつづいていたこと
　　がしだいに明らかになった．つれてフランス国内はもとより，アンドリュー・ブリュ
　　ワー，テレンス・ウィルモット・ハチソン，アントイン・E. マーフィーなどに代表
　　されるように，イングランドやアイルランドでもテュルゴー研究が進み，「アダム・
　　スミスは経済学の父」といったお仕着せに代わる研究業績が散見されるようになって
　　きている．だからというわけでもないであろうが，テュルゴーとスミスの交流を頭ご
　　なしに否定する研究者たちは新しい研究状況のなかにあって自説の見直しや再構築を
　　余儀なくされていった．グレーネヴェーゲンはその最右翼であり，かれのテュルゴー
　　学説批判，とくにスミスへの学問的・思想的影響に話が及ぶや，それがどのような説
　　であろうと端から受け容れることを拒むことによって，最終的にスミスの，ひいては
　　イングランドの経済思想や経済学説の優越性を主張してきた．スコットランド出身の
　　偉大な思想家には指一本たりともふれさせはせぬというグレーネヴェーゲンは，リシ
　　ャール・カンティヨンの発見を勿怪の幸いとばかりに「経済学の国籍」をイングラン
　　ドに定めたジェヴォンズと同じ性質の「イギリス魂（Britishness）」──その際立っ
　　た一面である “Rule, Britannia!（統べよ，ブリタニア!）”──スコットランド出身の
　　ジェイムズ・トムソン（1700-48）の詩に，ロンドンはコヴェントガーデンに生まれ
　　育った音楽家のトーマス・アーン（1710-78）が 1740 年に曲を付けて誕生したといわ
　　れるイギリスの愛国歌のタイトル──を地で行く英連邦諸国民（Commonwealth
　　citizen），それも愛国心にあふれた模範的な国民というべきかもしれない．

11)　グレーネヴェーゲンは意図的に黙殺しているが，ジョン・レーは自著『アダム・ス
　　ミス伝』において，ラ・ロシュフーコー公爵が 1778 年 3 月 3 日スミスに宛てた書簡
　　──前記脚注 8 でみたようにデュガルド・ステュアートの『著作集』が同書簡の初出，
　　のちに『アダム・スミス書簡集』に収録──を紹介している．すなわち，「このたび
　　ラ・ロシュフーコー公爵〔フランソワ 6 世〕の著書『マキシム』（Maxime de la Ro-
　　chefoucauld）の新版を出版しました折に，〔中略〕母〔アンヴィル公爵夫人〕ならび
　　に小生〔ルイ＝アレクサンドル〕より一部進呈させていただきたく存じます．貴下
　　〔スミス〕は『道徳感情論』のなかで彼〔フランソワ 6 世〕を酷評されておられます
　　が，にもかかわらずこの本をお送りするわけでありますから，これで当方に遺恨なき
　　ことはご了承頂けましょう」（Stewart［1799］, p. 46 ; Rae［1895］, p. 339. 訳 426 ペー

スとテュルゴーは「友情と尊敬の念（friendship and esteem）」をもって接する仲であり，スミスはこれを誇りに思っているともいっている[12]．また，スミスがこの書簡で，テュルゴーからパリ高等法院の親裁座（Bed of Justice/

ジ；Mossner and Ross (eds.) [1977 (1987)], p. 233. ただし，引用文は邦訳と同じではない．以下同じ）．これを受けて，レーはつぎのようにのべている．つまり，「この手紙にたいして，スミスが早速どのような返事を書いたか分からない．彼が，この手紙の差出人の先祖〔フランソワ6世〕にたいする当てこすりを1781年の『道徳感情論』の新版〔第5版〕で修正せず放置しておいたことは確かだ．しかし結局，『マキシム』の著者にたいして〔バーナード・〕マンデヴィル（1670-1733）にたいしてと同じ非難を浴びせたのは不公平だったと考えるようになったので，1789年にデュガルド・ステュアートがパリを訪れたとき，この人に頼んで，〔フランソワ6世〕ラ・ロシュフーコー公爵にたいし，あんなことをしたことにたいして心から遺憾の意を表明し，その誤りは目下準備中の次の版〔第6版，1790年刊〕で訂正する旨申しいれた（原注）．これは実行された．そして最後の版ではラ・ロシュフーコーにたいする当てこすりは完全に削除され，非難はマンデヴィル一人にたいしてだけになっている」（Stewart [1799], p. 46 ; Rae [1895], p. 340. 訳427-8ページ）．ここでレーがいうのは，スミスが道徳哲学の諸学説について論じた同書第7部第2篇第4章「放縦なる諸学説について（Of Licentious Systems）」の記述に関してであり，「悪徳と美徳との間の区別を全く取り除くように思われ，したがってそのためにその傾向が全然有害であるところの別の学説が存在する」（Smith [1790 (1979)], p. 308. 訳643ページ）のセンテンスである．スミスは1759年の初版から第5版までの間，その代表例として「ラ・ロシュフーコー公爵とマンデヴィル博士の学説」を挙げていたが，最終の第6版では「ラ・ロシュフーコーにたいする当てこすりは完全に削除され，非難はマンデヴィル一人にたいしてだけ」になった．それではスミスが長年にわたってラ・ロシュフーコー公爵にあてつけがましい言辞を吐いたのはなぜであろうか．按ずるに，例えば『マキシム』237はスミス先生にはお気に召さないこと請け合いである．アンヴィル公爵夫人の敬愛する祖父であるわがフランソワ6世の曰く，「何人も悪意の人となりうる強さを持たない限り，善良さを称えられるに値しない．それ以外のあらゆる善良さは，殆どつねに惰性か，さもなければ意志の薄弱にすぎない」（La Rochefoucauld [1678], p. 435. 訳81ページ）．ところが，スミスは『道徳感情論』の初めの5つの版で，マンデヴィルの「放縦さ」はラ・ロシュフーコー公爵に比べて「一層組織的（the most methodical）」（Smith [1790 (1979)], p. 308. 訳656ページ）であったといい，それが結果として最終版でフランソワ6世への「当てこすり」を「完全に削除」する理由であったのかもしれない．だが，かくいうスミスの『マキシム』の読み方は決して褒められるような代物ではない．そのことを理解するためには，アンヴィル公爵夫人の祖父が，その評伝小説『ラ・ロシュフーコー公爵傳説』の作者である堀田善衞の口をして語らしめたつぎのことばに思いを致すべきである──．「私の『マキシム』にも，人間性についての考察に，容赦がなさすぎると言われる．そういう個所が往々にしてあることは，私自身自覚している」（堀田 [2005 (1998)], 418-9ペ

第3章　テュルゴー＝スミスの交流の誤謬とミステリーと謎　　87

Lit de Justice）における6つの勅令の登録に関する議事録の写しを譲り受け
たと書いているが，スミスのいう「友情と尊敬の念」が通り一遍の，あるい
は外交辞令ではなかったことを包み隠さず伝えている．

ーージ）．ただし，われわれが公爵どのはこういっている．すなわち，「紳士佳人（hon-
nêtes gens）との会話は，最も私の心を動かす喜びの一つである．私はその会話がま
じめなもので，人生の考察（モラール）の大部分を占めることを好む」（同上，418ページ）．これ
は堀田の創作ではなく，プレイヤード版『ラ・ロシュフーコー全集』所収の「ラ・ロ
シュフーコーの手になる自画像（1658年）」からの一節である（“Portrait de la
Rochefoucauld fait par lui-même (1658)?”, dans : La Rochefoucauld, Œuvres
complètes, Bibliothèque de la Pléiade, Paris, Éditions Gallimard, mars 2010, p. 4）．
ちなみに，『道徳感情論』第1部第3篇第2章「野心の起源ならびに身分の区別につ
いて」において，スミスが『マキシム』490から引いた「ラ・ロシュフーコー公
〔爵〕」によると，人はしばしば愛情を野心に変じるが，野心が再びもとの愛情に戻る
ことはほとんどない（“Love,” says Lord Rochfaucault [La Rochefoucauld], “is
commonly succeeded by ambition ; but ambition is hardly ever succeeded by
love”）」（Smith [1790 (1979)], p. 57. 訳142ページ．ただし引用文は訳書と同じでは
ない）――は，「野心というあの情熱が一旦人心を完全にとりこにしてしまえば，それ
は競争者をも許さなければ後継者をも許さない」（Idem. 同上）という「人生の考察（モラール）」
の真髄を究める箴言と評価され削除をまぬかれたのであろう．もっとも，『道徳感情
論』の邦訳者の米林富男の指摘するように，スミスのフランス語訳は「自己流」でと
きに公爵どののいわんとするところから大きく懸け離れてしまうこともすくなくない
（米林富男訳『道徳情操論』147ページの訳者注6を参照）．正真正銘われらがフラン
ソワ6世の言葉をここで紹介しておこう．“On passe souvent de l’amour à
l’ambition mais ne revient guère de l’ambition à l’amour” である（La Ro-
chefoucauld [1678], p. 467. 訳132ページ）．おそらくスミス自身は承知していないと
信ずるものであるが，『マキシム』の著者のラ・ロシュフーコー公爵がかくいうのは，
自らは「野心に悩まされることはまずない」からである．スミスがかの「自画像」に
おけるつぎのフレーズを知っていれば，長年にわたってわれらが公爵どのに浴びせた
非難や「当てこすり」がいかに不当かつ不公正で誤ったものであるかを思い知ったに
相違ない．われらがフランソワ6世の曰く，「私は野心に悩まされることはまずない．
私は物や事を恐れることはめったになく，死も全く恐れない．憐憫の情というものに
も動かされない，出来ればまかり間違ってもそんなものに動かされたくない．とはい
え私は苦しんでいる人を助けるためには，どんなことでもせずにはおかない」（La
Rochefoucauld, “Portrait de la Rochefoucauld fait par lui-même (1658)?”, op. cit.,
p. 5. 堀田 [2005], 419ページ）．ラ・ロシュフーコー公爵フランソワ6世の敬愛する
“モンテーニュ”ことミシェル・エイケム（1533-92）に勝るとも劣らぬモラリスト
（人生の考察者）の謂ではある．

12)　Lundberg [1964], pp. 44-5. この書簡はモスナー＝ロス編『アダム・スミス書簡集』
に再録されている（Mossner and Ross (eds.) [1977 (1987)], pp. 286-7）．

ただ本来であれば，スミスはジャン゠ルイ・モロー・ド・ボーモンの著書
『ヨーロッパにおける税と租税制度』や 1776 年のフランス王国の国家財政の
写しなどの話をラ・ロシュフーコー公爵にしてしかるべきであったろう．こ
とほどさように，スミスは『国富論』を上梓して 2 年後の 1778 年 11 月 24
日にジョン・シンクレア卿に書き送った書簡のなかでモロー・ド・ボーモン
の著書（の写し）を「フランスの財務総監を務められたテュルゴー氏からちょ
うだいしました」と答えていた．

はたしてスミスが「テュルゴー氏からちょうだいし」た書籍や資料類がこ
れですべてであったかどうかはいまのところ知る由もない，いやむしろ知る
べき材料がない，というほうが適切であろう[13]．一方のスミスはといえば，

---

13) アンヴィル公爵夫人親子やサー・ジョン・シンクレアにはテュルゴーから書籍や資
料を送ってもらった旨の書簡が残っているにもかかわらず，テュルゴーには礼状はこ
れを送らなかったのであろうか．なるほどデュガルド・ステュアートはスミスが存命
の時からテュルゴーの送った書簡類の破棄を指示されたことはないといっていた
（Stewart [1799], p. 47）．それにはスミスが生前テュルゴーに書き送った書簡（もし
くはその写し）もふくまれるかもしれない．だからといって，そのことはスミスがテ
ュルゴーのその種の書簡を送らなかったという理由にはならない．もしそうであれば，
スミスにテュルゴーを紹介する労を厭わなかったデイヴィッド・ヒュームと好対照で
ある．ヒュームは，かれがフランス滞在中に見知った偉大な思想家にして大親友のジ
ャン・ルロン・ダランベールにつぐ友人のテュルゴーを「誠実かつ思慮深い政治家
（honnest and thoughtful statesman）」（Burton [1846], p. 111）と形容し，書簡では
最大級の敬意を払って "my dear Sir" と呼びかけ，はたまた自身の受け取った書簡
の返信が遅れれば遅れたで "I have delayed answering your Letters…" と鄭重な謝
辞をしたためてから本題に入る（Greig [1932 ii], pp. 179-80）．スミスはテュルゴー
と違って "筆不精（poor letter writer）" であったことはつとに知られるところであ
るが，テュルゴーのような地位の人間——もちろんテュルゴーが自身の出自や役職を
鼻にかけた事実はない——から手紙を受け取っても返信をしないはおろか，貴重な文
献や資料を提供されても礼状ひとつしたためない無礼な "筆不精" であったのであろ
うか．スミスがアンヴィル公爵夫人親子に向かってテュルゴーとは「友情と尊敬の
念」をもって接していたはずであるから，筆不精居士のスミスの書面が何らかの理由
で現存しない，あるいはいまに至るもいずこにか埋もれて気づかないだけと考えるの
が順当であろう．シェル版『テュルゴー全集』全 5 巻に収録された書簡中，「アダ
ム・スミス」の名前が登場するのはただ一度，テュルゴー晩年の 1778 年 3 月 22 日に
ウェールズ出身の宗教家・哲学者ドクター・リチャード・プライスに宛てた書簡だけ
であるが，そこではイギリス政府の植民地政策を批判するスミスを評価する旨プライ
ス博士に伝えている（Turgot [1778], p. 533）．いい換えると，われわれがスミスか

第 3 章　テュルゴー＝スミスの交流の誤謬とミステリーと謎　　89

自著『道徳感情論』（第 2 版）をテュルゴーに寄贈したことが確認されている．スミスはテュルゴーに贈るにさいして「著者よりテュルゴー氏へ（à Mr. Turgot de la part de l'auteur）」の献辞のほか，本文中の誤記・誤植を手書きで訂正している[14]．ただし，スミスはテュルゴー氏への献本の日時を書き留めていない．それゆえ，スミスがいつ自著をテュルゴーに寄贈したのかは定かではないものの，このテキストの第 2 版が 1761 年に出版されているから出版されてすぐに著者からテュルゴーの手に渡ったか，またはスミスがテュルゴーと出会った 1766 年に手ずから献本したか，それともスミスのパリ訪問が決まりテュルゴーとの邂逅を予期して事前に贈ったか，つまり 1761 年から 66 年の間のいずれかであろうと考えられる．あるいはまたふたりの邂逅ののちということもまったくあり得ない話ではないかもしれない．

　このようにみていくと，テュルゴーとスミスの交流は 1766 年のパリでの運命的な出会い以来，途絶えることのない「友情と尊敬の念」をもって接する仲であったとの考えを排除するものではない．そしてその意味するところは，ドーバー海峡によって隔てられた英仏両国のふたりの偉人が直接交わした書簡の存在をたとえ現在まで知らずとも，ふたりのどちらかが友人や知人に宛てた書簡，あるいは双方の友人同士のやり取りを通して間接的ではあるがテュルゴーとスミスのふたりの「友情と尊敬の念」にもとづく交流をあらためて確認することができるということである．

　ちなみに，名著『コンドルセ（Condorcet）』の著者であるエリザベート・バダンテールとロベール・バダンテールによると，ラ・ロシュ・ギオン城主アンヴィル公爵夫人と子息のルイ＝アレクサンドル・ド・ラ・ロシュフーコ

　　らテュルゴーへの返信（礼状をふくむ）を目にすることがないからといって，テュル
　　ゴーがスミスに悪感情を抱いていたとするに当たらないと考える．
14)　　Hoyng [2015], p. 141. なお，ホイングはわが国の書誌家である津田内匠の『テュル
　　ゴー蔵書目録（*Catalogues des livres de la Bibliothèque de Turgot d'après le cata-*
　　logue manuscrits conservé dans la Bibliothèque Nationale）』のなかに，スミスが贈
　　った第 2 版のほか，1767 年刊の第 3 版もテュルゴーのライブラリーに所蔵されてい
　　たと記している（Hoyng [2015], pp. 141 et 202）.

ー・ダンヴィル公爵が切望した『道徳感情論』のフランス語訳の作業は，結果として，コンドルセ侯爵夫人ソフィー゠マリー゠ルイーズ・ド・グルーシー（1764-1822）の手に託されるかたちとなった．同書の出版は，テュルゴーの大親友にして国王 16 世の弁護を買って出たクレティアン゠ギョーム・ド・マルゼルブが断頭台の露と消え，夫のニコラがジロンド派粛清のあおりを喰らって「反革命」のレッテルを貼られて不幸な死（一説ではジャコバン派による獄中での毒殺）をとげた 4 年後の共和暦 VI（1798）年のことである[15]．アダム・スミスはパリ滞在中の 1766 年にテュルゴーの住まいでコンドルセを紹介されているが，スコットランド出身の偉大な思想家はこの時，公爵とは 20 歳ほど年下の未来の夫人とは出会っていない．しかしながら，才色兼備の誉れ高いソフィー・ド・コンドルセが『道徳感情論』の仏語訳を手掛けるさいに，ドーバー海峡の対岸のアルビオン島のスミスと直接あるいはアンヴィル公爵夫人かラ・ロシュフーコー公爵を介して間接的にコンタクトを取ったであろうことは推察にかたくないとはいえ，バダンテール夫妻は

---

15) Badinter et Badinter [1988], p. 248 ; Raphael and Macfie [1976 (1979)], p. 30. ソフィー・ド・コンドルセの仏語訳の扉にはこう記されている．*Théorie des sentiments moraux ou essai analytique sur les principales des jugements que portent naturellemenet les hommes d'abord sur les actions des autres, et ensuite sur leurs propres actions ; suivi d'une Dissertation sur l'originel des langues* par Adam Smith, traduite de l'Anglois sur la septième et dernière édition par S. Grouchy, veuve Condorcet. Elle y a joint huit lettres sur la Sympathie. A Paris, chez F. Buisson Imprimereur-Libraire, rue HauteFeuille no 20, an VI [1798], deuxième volumes in-8°（ソフィー・ド・コンドルセ訳は 1860 年に第 2 版が出版されている）．ここでもわれらがシドニー大学名誉教授の意に相違して，アダム・スミスはパリでの交友関係を広げていく様子を認められるのであるが，かくいうバダンテール夫妻はソフィーが『道徳感情論』の翻訳にさいしてスミスとどのようなコンタクトをとったかを特定する資料を明記していない．ちなみに，コンドルセ未亡人については，アンドレ・モルレがその『回想録』のなかで "Mme de C..." の翻訳・出版作業として紹介しており，しかもかれ自身 "Mme de C..." に当初助言をしていたようであるが，のちにモルレと出版社とが口論になり最終的には手を引いた旨伝えている．"噛みつき坊主（mord-les）"——Morellet と "彼奴らに噛みつけ" を意味する "mord-les" とは同音の "モルレ" であり，転じて "噛みつき坊主" と称された——の面目躍如である．なお，以上の経緯については，さしあたり，Morellet [1821], pp. 422-3 et 475-6 を参照されたい（邦訳書は抄訳のため当該部未訳出）．

第3章　テュルゴー＝スミスの交流の誤謬とミステリーと謎　　91

この点に関する資料をつまびらかにしない．

　話をテュルゴーとスミスにもどそう．いわゆる"筆まめ（épistolier）"の
テュルゴーに対して，"筆不精（poor letter writer）"のスミスという好対照
な偉人ふたりがドーバー海峡を挟んでどのようなやり取りをしていたかとい
うことを知ることはすこぶる興味のあるところではあるけれども，いまのと
ころその興味を満たしてくれそうもないことを認めなくてはならない．だが
そのことは，くり返しになるが，ふたりがそれぞれに書簡を送らなかったと
いうことを意味するはわけでは断じてない．実際にもふたりの取り交わした
書簡類が存在しないのは，おたがいの直筆のやり取りなるものが憶測でしか
なく，実際には存在しなかったからではない．そう考えるのは思考の短絡で
あり，明らかな誤謬といわなくてはならない．テュルゴーからスミスへ，ま
たはスミスからテュルゴーへと直接交わされた書簡もさることながら，テュ
ルゴーがスミスに送った書籍や資料などを手がかりに，ふたりの交流もしく
は交友関係が継続していたことをうかがい知ることは十分可能である．

［補注］　テュルゴーのアンヴィル公爵夫人宛て書簡集の編集者ジョゼフ・リュヴェは
巻頭の「序文」で，約200通の書簡の（再）発見から出版に至る経緯を説明している．
それによると，ここに収録された200通余の書簡のほとんど（うち，1772年11月6
日付書簡の1通だけは，アンリ・オモン（後出）が1895年10月にエティエンヌ・シ
ャラヴェー商会より15フランで購入した私物）は，テュルゴー家累代の居城ラント
ゥイユ城に所蔵されていたものであり，時のフランス国立図書館（BnF）の上級司
書にして手稿管理部門の最高責任者のアンリ・オモンが1895年（または1891年），
同書簡の閲覧とコピーをテュルゴーの甥の孫に当たるエティエンヌ・デュボワ・ド・
レスタンに要請し，テュルゴー家が不承ながらもこれを許可した．この結果，オモン
の所属するBnF手稿管理部の所蔵するところとなっていた．
　リュヴェによると，オモンは同時にデュボワ・ド・レスタンにアンヴィル公爵夫人
がテュルゴーに宛てた書簡の有無を問い合わせている．なぜなら，テュルゴーがアン
ヴィル公爵夫人の問いに答えるさい，問いそのものが判らないために答えを理解でき
ないケースがすくないからである．例えば，1773年7月22日に公爵夫人に宛てた書
簡で，テュルゴーは「小生，〔アダム・〕スミス氏の2番目の疑問をいまだ調べては
おりません」（Ruwet (sous la dir. de)［1976］, p. 82）と返信しているが，「スミス氏
の2番目の疑問」なるものが不明だというだけでなく，テュルゴーがその疑問を「い

まだ調べていない」のはなぜかということも判らずじまいだからである．あるいはテュルゴーが公爵夫人の問いに"oui"または"non"しか答えていない場合，なぜそうなのか，そうでないのか判らない．その意味からすれば，オモンの要求は当然といえば当然であろう．

これに対して，当時ラントゥイユ城のテュルゴー文書を管理していたエマニュエル＝アンリ・ド・グルーシー子爵がデュボワ・ド・レスタンに代わって「アンヴィル公爵人のテュルゴー宛て書簡なるものはラントゥイユ城の所蔵するところではない」旨の返信をしている（ド・グルーシー子爵の1891年11月オモン宛て返書）．その意味するところは，そのような書簡が過去にあったが，テュルゴーが死去してのちに「破棄」されたから存在しないということではない．端からラントィユ城にはなかったというのである（ちなみに，グルーシー子爵なる人物は，テュルゴーを"メントール"と仰ぎ敬慕したコンドルセ侯爵の夫人ソフィーの旧姓が"ド・グルーシー"であったから，彼女の後裔もしくは遠縁にあたる人間の末裔と考えられる．はたしてそうであるとすれば，グルーシー子爵なる人物はテュルゴー家とも浅からぬ縁の持ち主といえるかもしれない）．

ギュスターヴ・シェルが自身の計画する『テュルゴー全集』に収録するため1910年にオモンにテュルゴーの書簡の閲覧許可を願い出たのは，オモンの手元にテュルゴー書簡（写し）があることを知っていたといって間違いのないところである．実際，シェルはオモンに対して書面でその旨問い合わせている（シェルのオモン宛て1910年12月11日付書簡）．オモンはその翌々日シェルに返信を送り，持って回った遠回しの言い方でシェルの願いを退けている（オモンのシェル宛て1910年12月13日付書簡）．一言でいうなら，オモン自身がテュルゴーのアンヴィル公爵夫人宛て書簡を世に送り出すことを企てていたものと推察される．結局，シェルが1913年から1923年の10年の歳月を費やして世に送った『テュルゴー全集』（全5巻）にテュルゴーのアンヴィル公爵夫人宛て書簡200余通を収録することはできなかった．

ところが，そのオモンにしてからが，第1次世界大戦の勃発によってテュルゴーの書簡集を刊行するという希望を打ち砕かれただけでなく，戦後の混乱を経て1939年にはふたたびヨーロッパ各国が戦火を交え，フランスも戦さに参戦するも1940年5月にパリ陥落，直後に第1次世界大戦の英雄ペタン元帥を首班とする対独協力政権がヴィシーに誕生したため，世の中は書簡集の出版どころの話ではなくなってしまった．それから約半年経った1940年12月，オモンは失意のうちにこの世を去った（享年83歳）．オモンの死後，テュルゴー書簡の包みはフランスを離れ所在がひさしく伏されていた．第2次世界大戦後の1948年ないし49年にベルギーのルーヴァン・カトリック大学中央図書館の所蔵するところとなっていたことが知られるようになったが，だからといってただちに発掘作業が開始されることはなかった．爾来四半世紀の星霜を経たのちの1971年，同大学中央図書館の蔵書類を整理する過程で，ジョゼフ・リュヴェを長とするチームによって"行方知らず"のオモンの梱包した包み（書簡類）が発見された．世にいうテュルゴーのアンヴィル公爵夫人宛て書簡である．

第3章　テュルゴー＝スミスの交流の誤謬とミステリーと謎　　　93

　この 200 余通のテュルゴー書簡中，約 100 通はかれがリモージュ地方長官（知事に相当）の職にあった 1764 年 7 月 24 日から 1774 年 1 月 24 日の 10 年余にわたってアンヴィル公爵夫人に書き送ったものである（ただし，リュヴェの編集した『書簡集』の冒頭は 1762 年 1 月 12 日アンヴィル公爵夫人の尊父アレクサンドル・ド・ラ・ロシュフーコー公爵に宛てた書簡であるが，この書簡はテュルゴーとラ・ロシュフーコー家との付き合いがはじまった経緯を示すものである．その意味からすれば，テュルゴー書簡が晴れて日の目を見たからといって，"恐喝王"チャールズ・オーガスタス・ミルバートンのような輩を恐れるには当たらないであろう）．残余の 100 余通は，テュルゴーが 1776 年財務総監の職を辞した事件——いわゆる「テュルゴーの失脚（la disgrâce de Turgot）」の翌年 6 月から死の前年の 1780 年 11 月までの書簡が収められている．

　テュルゴーがアンヴィル公爵夫人に書き送った用箋の質は同じではなく，またその大きさも統一されておらず，最大で 24 センチメートル×18 センチメートルのものを用いている．また，テュルゴーは文末にサインをしていないものが多いが，形式ばった署名をする必要がないと判断したものといわれる．なお，最後にテュルゴー書簡をクロノロジックにと並べると以下のとおりである．

　　　　　［1761-74 年　リモージュ地方長官］
アレクサンドル・ド・ラ・ロシュフーコー公爵宛て　　1762 年（1 月）I（1 通）
アンヴィル公爵夫人宛て1764 年（6 月−11 月）　　　　　　II-VI（5 通）
　　　　　　　1765 年（5 月−9 月）　　　　　VII-XI（5 通）
　　　　　　　1766 年（1 月−4 月）　　　　　XII-XVI（5 通）
　　　　　　　1767 年（10 月）　　　　　　　XVII-XVIII（2 通）
　　　　　　　1768 年（5, 6 および 9 月−12 月）XIX-XXX（12 通）
　　　　　　　1769 年（5 月−12 月）　　　　　XXXI-XLIX）（19 通）
　　　　　　　1770 年(1 月−12 月）　　　　　L-LXVI（16 通）
　　　　　　　1771 年(1 月−8 月）　　　　　LXVII-LXXIX（13 通）
　　　　　　　1772 年（8 月−12 月）　　　　　LXXX-XCI（12 通）
　　　　　　　1773 年(1 月および 6 月−12 月）　XCII-CXXIV（34 通）
　　　　　　　1774 年(1 月）　　　　　　　　CXXV-CXXVII（3 通）
　　　　　［1774-76 年　海軍大臣，財務総監］
　　　　　　　1777 年（6 月−12 月）　　　　　CXXVIII-CLVII（40 通）
　　　　　　　1778 年（5, 8, 10 および 12 月）　CLXVIII-CLXXV（8 通）
　　　　　　　1779 年（4, 6, 10 および 11 月）　CLXXVI-CLXXXIII（10 通）
　　　　　　　1780 年（5 月−11 月）　　　　　CLXXXIV-CCXX（37 通）
　　　　　［1781 年 3 月 18 日死去］

　　　　　　　　　　　　　　（表中のローマ数字は書簡番号を示す）

2. テュルゴー＝スミスの交流のミステリー

アダム・スミスは晩年の 1785 年 11 月パリのルイ゠アレクサンドル・ド・ラ・ロシュフーコー公爵に書き送った書簡のなかでつぎのように記していた．すなわち，「小生はテュルゴー氏が小生宛てに書簡をお送りくださるという栄誉に浴しました．〔中略〕故テュルゴー氏の〔スミスへの〕友情と尊敬の念を誇りに思っております．同氏はパリ高等法院の親裁座（Bed of Justice/Lit de Justice）における 6 つの勅令の登録に関する議事録の写しを送ってくださいました」[16]．

このほかにスミスがテュルゴーから受け取ったものとしては，フランス王国の国家財政（1776 年）やジャン゠ルイ・モロー・ド・ボーモンの著作の写しなどがあるが，かてて加えて『富の形成と分配に関する諸省察』の「抜刷（tirage à part）」をテュルゴーから寄贈されたのであろうか．はたしてテュルゴーがスミスにくだんの「抜刷」をもし仮に贈らなかったとしても，『国富論』が出版される 10 年前の 1766 年にテュルゴーとスミスとの邂逅のおり，スミスがテュルゴーから『諸省察』の内容に関するレクチャーを受けていたことは，多くの人間たちの“証言”するところである．

テュルゴーの『諸省察』の草稿は，かれの友人ピエール゠サミュエル・デュポンが編集人を務めるフィジオクラート派の機関雑誌『市民日誌』の 1769 年 11，12 月および 1770 年 1 月の 3 回に分けて掲載された．当時，この雑誌を定期購読していたスミスがテュルゴーの作品——それがたとえデュポンの手でフィジオクラート派流に潤色されてオリジナルテキストどおりではなかったとしても——の全篇またはその一部を読んでいたと考えるのが自然であろう[17]．ともあれいずれにしても，スミスは『諸省察』を読んで中身

---

16) Lundberg [1964], pp. 44-5 ; Mossner and Ross (eds.) [1977 (1987)], pp. 286-7.
17) スミスがフランスの経済学者の作品を数多く読んでいたことはよく知られるところである．スミスがその情報源として『市民日誌』を定期購読していたことは，ジェイ

第 3 章　テュルゴー＝スミスの交流の誤謬とミステリーと謎　　95

を知っていたとみてまず間違いはない．それどころか，スミスはテュルゴー
の代表作を参照してそこから多くの着想を得て『国富論』のなかで活用した
と信じる材料は決してすくなくない．はたしてそうであるとすれば――ある
いはたとえそうでなくとも同じことであるが――スミスが『国富論』のなか
でテュルゴーという人物と作品に対して完全なる暗挑（だんまり）を決め込んだ理由とは
一体なんであったのだろうか．これまでこの問いに対して多くの研究者が適
切な答えを見出すべく奮闘するもいまだはたせないでいるというのが偽らざ
るところである．

　もちろんだからといって，この問題が依然として五里霧中かと問われるな
ら，答えは否（ノン），断じて否である．というよりも，アメリカはニューヨーク市
立大学ハンター校で経済学の教鞭を執っていたスウェーデン系の経済学者イ
ー・セェー・ルンドベリは，その学位請求論文の付論（Appendix to a doc-
toral dissertation）として執筆し 1964 年に上梓した『テュルゴーの匿名の翻
訳者――『諸省察』とアダム・スミス（*Turgot's Unknown Translator : The
Réflexions and Adam Smith*）』における微に入り細を穿つ研究の結果，この
問題のかなりの部分に回答し得ていると考えられる．

　ルンドベリは 1770 年 3 月 23 日と 29 日にデュポンに送った書簡のなかで
オリジナルテキストどおりの『諸省察』の「抜刷」の寄贈先リストにもとづ
き，いくつか興味ぶかい推理を働かせているが，北欧系の碩学が自著『テュ
ルゴーの匿名の翻訳者』のなかで披歴した所説は約 50 年の歳月が経過した
今日なお有益であることに変わりはない．ジャニーヌ・ギャレ＝アモノやア
ンヌ＝クレール・ホイングなどの研究業績に思いを致せばなおのことそうで

ムズ・ボナーこのかたスミスの蔵書目録からも確認できるが，ホイングは水田洋の
『スミス蔵書目録』にもとづき，『市民日誌』1769 年 11, 12 月号に掲載された『諸省
察』第 1 節から第 72 節についてはすくなくとも承知していたに相違ないとのべてい
る（Hoyng [2015], p. 124；Lundberg [1964], pp. 46-7）．とはいえ，ここでいう『諸
省察』の最初の 77 節の内容は，ギュスターヴ・シェル編集『テュルゴー全集』第 2
巻に収録されている『諸省察』とはかなり相違する．両者の異同については，本論末
尾の付録 2「テュルゴー著『富の形成と分配に関する諸省察』目次」および付録
3「アダム・スミス著『国富論』目次」を見られたい．

ある．ルンドベリの先駆的業績なくしてかれらの研究は決して生まれなかっ
たであろう．

　まず，テュルゴーの書簡にある『諸省察』の「抜刷」の寄贈先としてリス
トアップされた人物を紹介すればつぎのとおりである[18]．すなわち，フラン
ソワ・ケネー博士，アンドレ・モルレ神父，ニコラ・ボードー神父，ミラボ
ー侯爵ヴィクトール・リケッティ，ピエール＝ポール＝フランソワ・ル・メ
ルシエ・ド・ラ・リヴィエール，ジョサイア・タッカー，ブロンデル夫人
（エリザベート＝サビーヌ・ジョゼフ・バタイユ・ド・フランセス・ダヴィ
ーユ）（1725-1808），アンヴィル公爵夫人（ルイーズ＝エリザベート＝ニコ
ール・ド・ラ・ロシュフーコー），クレティアン＝ギヨーム・ド・マルゼル
ブ，ジョゼフ＝アルフォンス・ド・ヴェリ神父（1725-99），ルイ＝アレクサ
ンドル・ド・ラ・ロシュフーコー公爵，ガブリエル・ボノ・ド・マブリ神父
（1709-85），ギヨーム＝フランソワ・ルトゥロンヌ（1728-80），ジャン・ニ
コラ・マルスラン・ゲリノー・サン＝ペラヴィ，アントワーヌ＝ベルナー
ル・カイヤールである[19]．

---

18)　以下詳細は，Turgot［1770d］，pp. 382-3 および Turgot［1770e］，pp. 385-6 を参照
　　されたい．また，Lundberg［1964］，p. 51；Hoyng［2015］，p. 127 もあわせて参照さ
　　れたい．ちなみに，「抜刷」といっても，われわれ大学教員・研究者におなじみの紀
　　要，学会誌に掲載した自らの論稿部分を抜き出して別に印刷し，白地の表紙でくるん
　　だ小冊子のことをいうのではない．テュルゴーは 1770 年 3 月 23 日付書簡のなかで
　　『市民日誌』の編集者デュポンに対して 150 部ほどのオリジナルテキストどおりの
　　『諸省察』の「抜刷」の作成を要求したが，うち 3 部はなめした牛革のカバーに金で
　　打ち抜いた文字をあしらった高級装丁とし，これを著者の Y 氏（テュルゴー），ア
　　　　　　　　　　　　　　　　　　　　　　　　　　　　　　　　　イグレック
　　ンヴィル公爵夫人，ブロンデル夫人の 3 人に 1 部ずつ寄贈すると記したうえで，さら
　　に普通装丁──といっても白表紙の小冊子ではない──の抜刷 2 部をふたりの貴婦人
　　に寄贈するよう指示している（Turgot［1770d］，p. 383）．ケネー，ミラボー侯爵以下
　　の大方には普通装丁の抜刷の寄贈を指示しているからテュルゴーの両夫人への尋常な
　　らざる配慮のほどをうかがい知ることができる．

19)　ねんのため，リストアップされた人物の何人かについて解説しておこう．ブロンデ
　　ル夫人はパリ市南のメース（Maisse）の名家バタイユ家の出身で，長じて芸術愛好
　　で名を馳せたブロンデル家に嫁してのちパリでサロンを主宰したが，アンヴィル公爵
　　夫人の友人でフィジオクラート派の支持者でもあった．ヴェリ神父はソルボンヌ時代
　　からのテュルゴーの友人で神学者．マブリは啓蒙思想家で『人間認識起源論（*Essai*

第 3 章　テュルゴー＝スミスの交流の誤謬とミステリーと謎　　97

　もちろんこれがすべてというわけでは断じてない．このあと，テュルゴー
は「このほかの寄贈先は後日貴君〔デュポン〕にお送りします」20) と書いて
いる．しかし，シェルは上記以外の寄贈先を記したリストはこれをつまびら
かにしない．それゆえ，最終的な人数がどのくらいになり，うち国外の寄贈
分は何部になったのか——などの諸点についてはこれを知り得る材料をもち
あわせていない．しかしながら，テュルゴーはデュポンに対して 100 ないし
150 部の抜刷を作成するよう要求したとされるから，上記の 15 名の寄贈 30
部ほど（ひとりに複数の寄贈あり）を差し引いても，残部は 100 部を下るこ
とはあるまい．すくなく見積もってもさらに 100 前後の人間たちに寄贈する
ことができたと推察される．

　いまはたしてこの仮定が正しいとすれば，アダム・スミスといわずドクタ
ー・リチャード・プライスやデイヴィッド・ヒュームなどの国外の知人・友
人に寄贈しても十分御釣りが来たはずである．何よりもまず国外の寄贈先が
ジョサイア・タッカーだけというのも解せない．テュルゴーのとの交友関係
の広さを考慮すれば，くだんの商人坊主もさることながら，ドクター・プラ
イス，ヒューム，そして何にもましてスミスの名を挙げても一向に不可思議
ではあるまい21)．むしろそのほうがはるかに自然と考えられる．

　ところが，アダム・スミスの蔵書目録には，肝心のテュルゴー『諸省察』

---

　　sur l'origine des connassaines humaines)』の著者エティエンヌ・ボノ・ド・コン
　　ディヤック（1714-80）の長兄にして政治家・歴史家・思想家，しかも実弟と同様に
　　“フィジオクラート派嫌い”で名を馳せた．対照的に，ルトゥロンヌは法律家・行政
　　官・経済学者でドクトゥル・ケネーとミラボー侯爵の熱烈な支持者であった．
　20)　Turgot [1770d], p. 383.
　21)　テュルゴーがデュポンに「後日お送り」するといった抜刷の寄贈先のなかに，デイ
　　ヴィッド・ヒュームの名があったかどうか興味のあるところである．ヒュームがテュ
　　ルゴーに最大級の敬意を払っていたのと同様に，テュルゴーもまたヒュームに並々な
　　らぬ敬意と友情の念を抱いていたから，テュルゴーが抜刷を送らないことは考えがた
　　く，アダム・スミスの先覚ヒュームの名前が見えないことは不可思議である．テュル
　　ゴーとヒュームとの交友関係に思いを致せば，よしんばスミスに抜刷を送らずとも，
　　ヒュームに送らなかったとは到底考えられない．按ずるに，テュルゴーはすでに本国
　　に帰国しているヒュームには別ルート——例えば，サン・ジェルマン・アン・レーの
　　ジャコバイトの手を借りて——で寄贈したのかもしれない．

の抜刷は見当たらない．もちろん，ヨーゼフ・A. シュンペーターのように，スミスが『諸省察』を書架に加えなかったことはおろか，その存在をさえ知らなかったというのであれば，話はまことにもって単純明快このうえない．あるいはピーター・D. グレーネヴェーゲンのいうように，スミスはパリ逗留中にテュルゴーと顔を合わせる機会はごくわずかであり，ましてやパリを離れてのちはテュルゴーとの交流などあろうはずがない——たとえふたりの交流がつづいたとしても「儀礼的」なものにとどまるというのであるが，はたしてそうであるとすれば話はなおさら簡単である．

　ことほどさように，グレーネヴェーゲン一流の計算では，スミス自身 2 回目のパリ逗留となる 1765 年 11 月から翌年 10 月までにテュルゴーと出会ったのは，任地リモージュからテュルゴーがパリにもどった 1766 年 7 月から 9 月の間のことであり，しかもこの間ふたりがもし顔見知りになっても短い期間のこと，おたがい親しく交流するところとはならなかったであろうというのである[22]．

---

22)　Groenewegen［1969（2002）］, p. 364. ちなみに，スミスの評伝としては古典的名著の誉れの高い『アダム・スミス伝』のなかで，著者のジョン・レーはテュルゴーとスミスとの出会いから交流についてくわしく紹介している．長くなるが引用しておきたい——．「スミスは〔レピナス嬢のサロンで〕たびたびテュルゴーに会った．実際テュルゴーとは，行く先々で顔を合わせた．スミスはフランスで随分と友人をつくったが，この偉大な思想家にして政治家であった人ほど楽しく交際ができ，その精神と性格とに深い尊敬を払った人はいなかった．〔アンドレ・〕モルレとの対話は主として政治上経済上の問題にかんするものであったが，テュルゴーとは同じ話題についてもっと広範囲に話しあえたに相違ない．〔中略〕彼等〔テュルゴーとスミス〕の交際についてはなにひとつ痕跡が残っていない，にもかかわらず，何人かの批評家は，彼らの交際の成果はその書物〔『諸省察』や『国富論』〕のなかに非常に大きく示されていると主張している」（Rae［1895］, p. 202. 訳 250-1 ページ）．なお，筆者はイアン・S. ロスが 1995 年に上梓した『アダム・スミス伝（The Life of Adam Smith）』（Ross［1995］）も参照したが，グルーネヴェーゲンの資料を無視した当て推量や強弁を論破するいくつかの材料にお目にかかったほか特段新しい発見はなかった．ただし，グレーネヴェーゲンのいうとおりであるとすれば，テュルゴーが 1766 年 7 月 27 日にヒュームに書き送った手紙のなかでグラスゴー大学の元教員を「われわれの友人スミス氏（notre ami M. Smith）」（Turgot［1766c］, p. 136）と称した理由が解せない．そもそも，バックルー公爵の家庭教師兼随員の「スミス氏」をテュルゴーに引き合わせるうえで重要な役割をはたした人物のひとりがヒュームであったことに思いを馳せれば，

第 3 章　テュルゴー＝スミスの交流の誤謬とミステリーと謎　　99

　たしかにテュルゴーはリモージュ地方長官の任にあって多忙をきわめていたのであったが，アンヴィル公爵夫人に宛てた書簡のなかで同年 4 月に公務で上京する旨伝えているほか，かれの友人で地理学者のニコラ・デマレ（1725-1815）に書簡を送り 5 月に再度上京する予定であるとしたためている．そのうえ 8 月には，これまた友人のデイヴィッド・ヒュームに宛ててノルマンディー地方の一族の居城に逗留する旨の報告している[23]．ダウンアンダーの経済思想・経済学説の研究者ピーター・D. グルーネヴェーゲンの意に相違して，この年テュルゴーは任地のリモージュと首都パリの間を頻繁に往復していたのである．

　先にのべたとおり，テュルゴーとスミスとのはじめての出会いが 1766 年 7 月 21 日に作家のジュリー・ド・レピナス嬢の主宰するサロンであったことは，彼女が熱烈に支持したジャン・ルロン・ダランベールの証言するところである．それによると，テュルゴーがスミスとヘルヴェティアはジュネーヴ出身の哲学者・啓蒙思想家ジャン＝ジャック・ルソーの被害妄想のためイングランドの外交官と仲違いをした事件——世にいう"ルソー＝ヒューム事件（L'affaire Rousseau-Hume）"について話し合ったと報告している．また，テュルゴーのソルボンヌ時代からの友人モルレは哲学者で百科全書派の論客エルヴェシウスの主宰するサロンでふたりと出会ったといい，ほかにも 7 月 27 日にはオルバック男爵ポール＝アンリ・ティリー（独語名フォン・ホルバッハ）男爵のサロンなどでもテュルゴーとスミスが談笑する姿が目撃されている[24]．

───────────────

　　同郷の後進の「スミス氏」がテュルゴーに引き合わせるだけの価値をもつ人物であるとヒュームが判断したからではなかったろうか．

23)　Hoyng [2015], pp. 88-9.

24)　*Idem*, pp. 88 et 158-9. われらが親愛なるドクトゥル（ケネー）の中二階サロンにスミスがしばしば姿を現わしていたから，ヴェルサイユでテュルゴーと遭遇したこともあり得ないではない．このほかにも，オルレアン公フィリップ 2 世（1674-1723）の愛人として名を馳せたデファン侯爵夫人マリー・ド・ヴィシー・シャンロン（1697-1780）のサロンには，ヒュームをはじめ，サー・ロバートの 4 男ホレイス・ウォルポール（1717-97），『ローマ帝国衰亡史（*The History of the Decline and Fall of the*

ここでのテーマであるスミスと『諸省察』との関係に話をもどそう．スミスは『市民日誌』を定期講読するほどの熱心な読者であるから，『諸省察』の第1節から第77節に相当する部分を掲載した『市民日誌』1769年11月号と12月号の2冊を保持していただけというのでは筋が通らない．つまり，『諸省察』は最初の77の節に目を通してテュルゴーの議論を知っていても，残余24節は読んでいないのでかれの主張を知らなかったという料簡であるらしい．同誌1770年1月号はスミスの書架になく，残余24節の中身はこれを知らなかったというのであろうが，後述のようにスミスの言葉の選び方や言い回しや表現の仕方など——とくに貯蓄と投資との関連を論じた文章のシンタックス上の相似性などから推測するなら『諸省察』後半の20余節（第78-101節）にも目を通していた（であろう）ことを完全に排除するものではない[25]．

それでは，スミスがテュルゴーとかれの代表作『諸省察』にかたくななまでに沈黙するのはなぜであろうか．ひとつは，ジョゼフ・J.スペングラーのいうように，スミスの時代には自ら著わす作品のなかで参照文献を「明記す

Roman Empire)』の著者として著名な歴史家エドワード・ギボン（1737-94）などの多くの英国人が出入りしており，スミスもヒュームを通じて訪れたことを考えれば，ここでふたりが出会ったこともあり得ないではない（テュルゴーはダランベールを介してデファン侯爵夫人のサロンに顔を出すようになるが，のちに侯爵夫人はテュルゴーの"政敵"となり，国王ルイ16世によってかれが財務総監の職を解かれたおりには彼女のサロンの取り巻き連とともに祝杯をあげたという）．また，スミスはパリ滞在中マリー=テレーズ・ロデ・ジョフラン（1699-1777）のサロンにも出入りしていた．ホイングはスミスがさまざまのサロンの常連であったテュルゴーと出会った可能性があると主張する『アダム・スミス伝』の著者ジョン・レーの推理を紹介している．ところが，ホイングの調査によると，サロンの女主人であるジョフランは1766年の大半をポーランド旅行に費やしていたから，スミスが彼女のサロンに足繁く出入りしていたとは考えがたいといってレーの言い分に異議を表明している（以上，Hoyng [2015], Annexe I: Les salons influents de la deuxième moitié du XVIIIe siècle, pp. 149-67にくわしい）．

25) マーク・ブローグ（ブラウグ）は「『国富論』の最初のふたつの篇のスケルトンは〔テュルゴーの『諸省察』〕のなかにある」（Blaug [1991], p. x）といい切っているが，かれの言い分はけだしスミスがすくなくとも『諸省察』全101節を知っていたということを前提にしている．

第 3 章　テュルゴー＝スミスの交流の誤謬とミステリーと謎　　　101

ることが義務づけられていなかった」[26]というのも一考かもしれない．だからというわけでもないだろうが，スミスが『国富論』で行っている引用のありようは一貫しておらず，時に大雑把，いや，お座なりでさえある．

　一方，テュルゴーはといえば，ラ・ブレード＝モンテスキューの男爵どのの名著『法の精神』からの引用——すくなくともそれを彷彿とさせる記述——についてはこれを明記していない．そもそも，例えば『諸省察』にも何度か登場する「純生産物（produit net）」論や，かれの「基本価値（valeur fondamentale）」論に着想をあたえた「内在価値（valeur intrinséque）」論は，それぞれフランソワ・ケネー，リシャール・カンティヨンのアイディアである．テュルゴーもまた他人の著作物の利用に関する意識は現代人ほど潔癖ではなかったといえるかもしれない．もちろん，だからといって引用符を指示しなくてもいいというわけでは断じてない．

　結論を急ごう．筆者は「チャイルド—グルネー—テュルゴー」と題する論文のなかでこう書き記した．すなわち，「テュルゴーはスミスのように論理学なり道徳哲学なりを講義して生計を立てるような職業教師ではなかったのであるから，斯界で権威を気取り名を成すことなど思いもよらなかったであろう．ましてや後世ウィリアム・スタンレー・ジェヴォンズのいうような，スミスの著作『国富論』にその名を刻むことをこのうえない名誉などとは考えだにしなかったであろう．ありていにいえば，コンドルセ侯爵やピエール＝サミュエル・デュポンらのいう，スミスがテュルゴーの資本理論を『剽窃』したかどうかの問題追及など，当のテュルゴーにあってはどうでもいい，まったくの"perparvus（些末事）"であったに相違あるまい．『国富論』が刊行された 1776 年——すなわち 10 年前に刊行された『諸省察』の著者『X 氏（Mr. X）』がテュルゴーであり，スコットランド出身の道徳哲学の教師であった人物がその著作のなかで名を引かずとも『X 氏』ことテュルゴーの経済理論を踏襲していることぐらい，当時，知識層に属する人間たちであれ

　26）　Spengler［1984］, p. 69.

ば容易に察しがついたであろう．『国富論』刊行の年，財務総監というフランス王国の最高行政責任者のポストにあったテュルゴーとかれの政治・社会思想的背景に思いを致せば，周囲がどう思おうが『社稷墟トナル』（『淮南子』人間編より）王国の行く末——ありていにいえば王家の，ではなく，故国フランスの行く末——を案ずることのほうがはるかに大事であったろうことは推測にかたくない」[27]．

　テュルゴーの気質に照らしていうならば，スミスの僥倖はこれを祝福こそすれことさら非難すべきことではなかったと考えていたようである．学問の分野では徹底した世俗主義を貫いたテュルゴーではあったが，私生活では敬虔なカトリック教徒らしく，『国富論』刊行の年にグラスゴー大学の教師，バックルー公爵ヘンリー・スコットの家庭教師からエジンバラ市の関税委員に“栄転”したスミスに向かって“Dominus tecum（主のみ恵みがありますように）”といったとしても不思議ではない．実際，そのことは政界引退後の1778年3月下旬にウェールズ出身の哲学者・宗教家リチャード・プライス博士に宛てたテュルゴーの書簡のなかのスミスへの低からぬ評価からも裏づけることができる[28]．ジャン＝ルイ・モロー・ド・ボーモンの著書やテュルゴー改革の核心を示す資料などをスミスに寄贈していたことは，テュルゴーのスミスに対する「友情と尊敬の念」が途絶えることのなかった証左といえないであろうか．

　しかるに，デュポンやコンドルセらのいう「剽窃」とは，畢竟，スミスそ

---

27)　中川［2013］，224ページ（初出は青山学院大学経済学会『青山経済論集』第62巻第2号，2010年9月．のちに，中川［2013］付論Ⅰとして再録）．ねんのため付言すれば，テュルゴーは1770年3月23日デュポンに送った手紙では，『諸省察』の著者を「X氏」ではなく「Y氏（M.Y）」といっている（Turgot［1770d］, p. 383）．なお，『諸省察』が公式にテュルゴーの作として世に知られるのは，オリジナルテキストどおりの1788年版が最初である（後出の『諸省察』（1788年版）の扉を参照されたい）．

28)　テュルゴーのスミス評価については，Turgot［1778］p. 588を参照されたい．くり返すが，シェル版『テュルゴー全集』に収録された書簡中，スミスの名が登場するのはリチャード・プライス博士に宛てた書簡だけである．

第3章　テュルゴー＝スミスの交流の誤謬とミステリーと謎　　103

の人に対してではなく，スミスがテュルゴーの名や作品を明記しなかったこ
とを勿怪の幸いとばかりに，すべてをスミスの手柄に仕立て神棚に奉安した
「スミスの弟子（Smithians）」を気取る後世の連中に対して吐くべき言葉で
あろう．ありていにいえば，ゲーリー・アンダーソンとロバート・トリソン
のいわゆる「作為的なステュアート隠し（purported neglect de Steuart）」の
焼き直しあるいは二番煎じ（réchauffé）と考えられないでもないが，筆者は
その張本人をアダム・スミスと特定する材料を持ち合わせていない[29]．

　はたしてそうであるとしても，"Veritas filia tempris（真実は時の娘）"
──今日ではスミスがテュルゴーの『諸省察』の全節に目を通したばかりか，
自著『国富論』のなかでテュルゴー流の用語法，構文などを見出すことは可
能である．このことは，ほぼ半世紀前に，ルンドベリの考証したところであ
り，やがてジャニーヌ・ギャレ＝アモノの研究によってもはや動かしがたい
ものとなったと考えられる．そしてそれはまた，テュルゴー＝スミスの交流
ないし交友関係のミステリーの全部ではないにしても，かなりの部分を解き
明かすものでもあった．

3.　テュルゴー＝スミスの交流の謎：英語版『諸省察』を中心に

　現在では経済学の研究者のほとんどが知るとおり，経済学の分野でcapi-
talという術語を「資本」相当の意味で用いる伝統は18世紀フランスで培わ

---

29)　アンダーソン＝トリソンの所説については，Rashid [1986] を参照されたい．スミ
　　スがステュアート以上にテュルゴーの知的成果から多くを吸収したであろうことは否
　　定しようのない事実である．別言すれば，スミスがテュルゴーの資本理論を知らなか
　　った風を装ったのかどうか定かではないものの，同時代人は当時相当の評判になった
　　"X氏"ことアンヌ・ロベール・ジャック・テュルゴー氏の『諸省察』を知ったうえ
　　でスミスが論を展開したと思ったであろう．しかるに，馬場宏二が前記「資本・資本
　　家・資本主義」のなかでいう，スミスが「〔テュルゴーなどの先行説を〕必要なのに
　　挙げないばかりか主要な著者文献を意図的に隠蔽」（馬場 [2008]，ivページ）する
　　のに長けているとの評価は，サー・ジェイムズ・ステュアートの事例に思いを致する
　　ならば，その言い分にも一理あることを認めるにやぶさかではないものの，さりとて
　　厳しすぎるきらいがあるように思われる．

れたものである．資本の形成，資本の使途，貯蓄と投資の相互関係といった
今日では当たり前のタームもフランス人——とくにヴァンサン・ド・グルネ
ーとテュルゴーの知的営みのお蔭をこうむることを否定するものはほとんど
いない．そしてこうしたタームと用語法はやがてイングランドをはじめヨー
ロッパ各地でも研究者たちによって採り入れられて世界的に定着したのであ
るが，イングランドはこの用語のほとんど最初の輸入国であり，その最大の
功労者こそ，別人にあらず，アダム・スミスであったこともまた広く認めら
れるようになっている．

　例えば，この分野の研究のパイオニアであるイー・セェー・ルンドベリは
『テュルゴー『諸省察』の匿名の翻訳者——『諸省察』とアダム・スミス』の
なかでつぎのようにいっている．すなわち，

①1767 年以前，emploi des capitaux および employer les capitaux, la
　formation des capitaux, l'accumulation des valeurs そして accumuler
　un capital のような言葉の選択や言い回しをこのんで用いた著述家はテ
　ュルゴーのほか見つからない，それゆえスミス『国富論』の言い回しは
　テュルゴーを典拠としていた，
②1793 年に出版された英語圏初の英訳『諸省察』の翻訳者は不明である
　が，①で指摘した emploi des capitaux などの英語の言い回しや『国富
　論』においてそれらに該当する字句を比較考量すれば，くだんの『諸省
　察』の英訳者と『国富論』の著者は同一の人物，すなわちアダム・スミ
　スを措いてほかにない，
③仮に②のとおりであるとすれば，英訳『諸省察』の出版年次は 1793 年
　とされるが，翻訳作業は『国富論』の執筆に先行する，そして，
④英語圏初のテュルゴー『諸省察』の翻訳者が底本としているのは 1788
　年に出版されたものよりもふるい版——つまり『市民日誌』に掲載され
　たテキストか，もしくはテュルゴーがデュポンに作成を強く要請したオ
　リジナルテキストの「抜刷」であると推察されるが，そのどちらであれ，

第3章　テュルゴー＝スミスの交流の誤謬とミステリーと謎　　105

1795 年の英語版も 2 年前の 1793 年に刊行された英語版に酷似する内容
となっている[30].

　ちなみに，20 世紀に入ってロナルド・L. ミーク，ピーター・D. グレーネ
ヴェーゲンのふたりの英語圏の研究者が 1973 年と 1977 年にそれぞれ『テュ
ルゴー――進歩・社会学・経済学について（*Turgot on Progress, Sociology
and Economics*）』，『A.R.J. テュルゴーの経済学（*The Economics of A.R.J.
Turgot*）』のタイトルでテュルゴーの『諸省察』をはじめかれの主要な論稿
や書簡などを英訳したテキストを出版している．このうち『諸省察』につい
ては，ふたりはともにテュルゴーのオリジナルテキストに近似していること
などを理由に，テュルゴー没後の 1788 年に出版された『諸省察』（出版社の
社名は不明）を底本としている[31].

---

30)　Lundberg［1964］, p. 73. ちなみに，ルンドベリはギュスターヴ・シェルの『諸省
　　察』冒頭のエピグラフに関するコメントにもとづき，フランス語版では「抜刷」の内
　　容とほぼ同一の 1788 年版のほかでは見られることがなく，一方，英語版では訳者不
　　明の 1793 年版以外には付されていないという（*Idem*, p. 20. なお，シェルの見解は，
　　『テュルゴー全集』第 2 巻収録の『諸省察』冒頭の編集者注 3（Turgot［1766d］, p.
　　534）で記されているので参照されたい）．はたしてシェルやルンドベリのいうとおり
　　であるとするならば，1793 年版の「匿名の翻訳者」は『諸省察』の「抜刷」を所有
　　していた人物か，すくなくとも「抜刷」もしくはこれと内容が相違しないテキストに
　　目を通した人物と推察できる．既述するとおり，シェルは『諸省察』の「抜刷」の最
　　終的な寄贈先をつまびらかにしないものの，ルンドベリの推理するように，テュルゴ
　　ーがアダム・スミスに「抜刷」を寄贈したとすれば，1793 年版の「不明の翻訳者」
　　がスミスである可能性はますます高くなるであろう．なお，『諸省察』冒頭のエピグ
　　ラフは，古代ローマの代表的詩人ウェルギリウス（前 70- 前 17）の叙事詩 *Æneis*
　　（アエネーイス）の第 6 巻からの引用で，トロイア王家のアンキーセースがむすこで
　　ローマ建国の祖アエネーアースに向かって発した言葉であるである．曰く，"Osten-
　　dent terris hunc tantum fata（かくて運命が蒼 穹のもとにかの者を現しむ）."ここで
　　いう "hunc（かの者）"こそ，テュルゴーそのひとである．
31)　ミークはルンドベリのいう訳者不詳の 1793 年版については一言もコメントもしてい
　　ない．かたやグレーネヴェーゲンは前掲脚注 11 でみた『諸省察』のエピグラフに
　　言及したほか前後 3 箇所でルンドベリについてコメントしているが，いずれもルンド
　　ベリの立論や推理に関するものではない．ミーク，グレーネヴェーゲンの『諸省察』
　　の英訳に関する見解については，さしあたり Meek［1973］, Appendix B: The
　　early edition of the "Reflections", pp. 36-40 および Groenewegen［1977］, pp. 17 ff

話を先に進める前に，『諸省察』の翻訳事情をすこしく補足しておこう．
テュルゴーの『諸省察』は比較的早くからフランス以外の国ぐにでも読まれ
ていたようであり，1775 年にヘルヴェティア（スイス）はルガーノ州で初
の独語訳が刊行されたが，英訳が出版されるまでにさらに約 20 年の歳月を
要した．前者は，フランソワ・ケネーおよびフィジオクラート派に強いシン
パシーを抱くドイツ南部の都市ライプツィヒ生まれのヤーコプ・モーヴィヨ
ン（1743-94）なる人物が，*Untersuschung über die Natur und den Urs-chieden der Reichthümer und ihren Vertheilung unter den verschiedenen Gliedern der bürgerlichen Gesellschaft* のタイトルで翻訳したものである．
かたや英語訳の訳者は匿名，つまり"名無しの権平"氏であり，さらにまた
1795 年の第 2 版の出版にさいしても翻訳者のクレジットはない．

以上とは異なる英語版が 1801 年に，*Reflections on the Fomation and Distribution of Riches by Mr. Turgot, Sometime Intendant of the Finances of France* のタイトルで出版されたものの，約半世紀後の 1859 年には 1793
年版が再版されている（ちなみに，英国の銀行家・政治家のオーバーストン
卿（1796-1883）が強くのぞんだことが 1793 年版の再版につながったのであ
るが，経済学者のジョン・ラムゼー・マカロック（1789-1864）を編集・出
版の責任者の役に就かしめ，かつ出版後は A Select Collection of Scarce and Valuable Economic Tracts の第 6 巻に付け加えた）．

さらに 1898 年には 3 番目の英語訳が *Reflections on the Formation and Distribution of Riches. By Turgot. 1770* のタイトルでマクミラン社から
"Economic Classic" シリーズの一巻としてロンドンとニューヨークで刊行
された．これまた訳者は不詳であるが，編集の労を取ったのはウィリアム・
J. アシュレーであり，かれは巻頭 10 ページほどの紹介文を寄稿している[32]．

を参照されたい．ちなみに，グレーネヴェーゲンはこれとは別に 1992 年にテュルゴ
ーが経済学説や経済問題に言及した書簡 40 通あまりを英訳（ただし抜粋）した小冊
子をシドニー大学経済学部経済思想史研究センターから出版している（Groen-ewegen [1992]）．

はたしてルンドベリのいうとおりであるとすれば，スミスが『国富論』のなかでテュルゴーおよびかれの著書に沈黙したとばかりいうことはできない．のみならず，一方のテュルゴーにしても，スミスがテュルゴー，ひいてはフランス経済学説の華ともいえる資本理論の後継者と看做しこそすれ，「テュルゴー隠し (neglect of Turgot)」の作為的な意図の持ち主などとは考えなかったに相違ない．ありていにいえば，アダム・スミスこそはテュルゴー資本理論を伝え広める伝道師であった——そういって差し支えあるまい．けだし，テュルゴーが1778年にリチャード・プライス博士に宛てた書簡のなかでスミスに高い評価をあたえているのもうなずけるというものである．そしてはたしてそのように考えられるとするならば，テュルゴー＝スミスの交流の謎とミステリーのいくばくかは氷解するであろうことは論を俟たない．

そこで最後に，アンヌ＝クレー

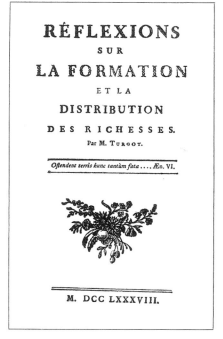

テュルゴー著『富の形成と分配に関する諸省察』(1788年版) の扉

注：オーナメントのうえは古代ローマの代表的詩人ウェルギリウスの叙事詩 *Æneis*（アエネーシス）第6巻からの引用句．トロイア王家のアンキーセースがむすこでローマ建国の祖アエネーアースに向かっていった言葉．"Ostendent terris hunc tantum fata（かくて運命が蒼穹のもとにかの者を親しむ）."

出所：I. C. Lundberg, *Turgot's Unknown Traslator : The Réflections and adam Smith*, The Hague, Martin Nijhoff, 1964, p. VII より引用．

---

32) Groenewegen [1977], pp. 9-11. 第2, 3の英語版の訳者も不詳であるが，そのタイトルから察せられるように，最初の英語版の訳者とは異なる．

ル・ホイングも高く評価するルンドベリのいわゆる「『諸省察』の英訳者と『国富論』の著者は同一の人物，すなわちアダム・スミス」の解釈の正しさを証明する材料を検討して本章の結びとしたい．

　まず1793年の英語版『諸省察』第101節（以下，「1793年版」と記す）──シェル版全集収録の『諸省察』では第100節──で，テュルゴーが，

> Money, no doubt, make always a part of the national capital ; but it has already been shown that it generally makes but a small part, and always the most unprofitable part of it…[33]

と説くパラグラフは，スミスの『国富論』第2篇第2章ではつぎのように記されていた．すなわち，

> …Money, therefore, is the great wheel of circulation, the great instrument of commerce, like all other instruments of trade, though it makes a part and a very valuable part of the capital, makes no part of the revenue of the society to which it belongs…[34]

　両者の間にほとんど差異がないことは明白すぎるくらい明白である．しかしながら，『国富論』第2篇の標題「資本の性質，蓄積，用途について」や「資本の分割について（Division of Stock）」を説いた同第1章におけるスミスの記述は整合的ではない．それというのも，テュルゴーはスミスのいわゆる "stock"──フランス語では "fonds"──に相当するタームを用いていないからである．このため，英語版の翻訳者である "名無しの権平" 氏は英語の "stock" と "capital" のタームを交互に使用ないし混用することによ

---

33)　Lundberg [1964], p. 68 and p. 114. テュルゴーの原文は，Turgot [1766d], p. 530 を参照されたい．

34)　Lundberg [1964], pp. 68 and 115.

第3章　テュルゴー＝スミスの交流の誤謬とミステリーと謎　　　109

って整合性を保つことを試みたようである[35]．いま例を挙げれば以下のとお
りである（以下，上段はフランス語版から，下段は1793年の英訳からの引用を示
す．なお，下線は筆者）[36]．すなわち，

Ce sera un de ces Possesseurs de <u>capitaux</u> ou de valeurs
It must be one of those proprietors of <u>capitals</u>, or...

<u>mobilières</u> accumulées qui les emploiera⋯à mesure que
<u>moveable</u> accumulated property that must employ them⋯ In propor-
tion as

ce <u>capital</u> lui rentre par la vente des ouvrages, il l'emploie
this <u>capital</u> returns to him by sales of his works, he employs it

à <u>de nouveaux achats</u> pour alimenter & soutenir sa Fabrique
in <u>new purchases</u> for supporting his family and maintaining his
manifacture

par cette circulation continuelle : il vit sur <u>ses profits</u>, &
by this continual circulation, he lives on <u>his profits</u>, and

---

35)　*Idem*, pp. 68-9.『諸省察』の翻訳者のためにひとつだけ付言すれば，スミスにとっ
　　て資本としての"capital"は外来語であるが，これを在来の"stock"と同義と解釈
　　したので，このふたつのタームを交互に使用しても特段不整合を生じるとは考えなか
　　ったものと推察される．前出第2章の脚注14で紹介した『国富論』の訳者・大河内
　　一男のスミスの「資本」概念の解説も以上のような意味に解釈すれば整合的に整理す
　　ることができよう．
36)　*Idem*, pp. 68-9. フランス語版は1788年に発行されたテキストであるが，出版社や
　　出版された地名を明記せず，出版年次"M. DCC. LXXXVIII（1788年のローマ数字
　　表記）のみ記載されているにすぎない．

il met en réserve ce qu'il peut <u>épargner</u> pour accroître son
lays by in store what he can <u>spare</u> to increase his

<u>capital</u> & le verser dans son entreprise en augmentant la
<u>stock</u>, and to advance his enterprize by augmenting the

masse de <u>ses avances</u>, afin d'augmenter encore ses profits.
mass of <u>his capital</u>, in order proportionably to augment his profits.

　もっとも，1793 年版『諸省察』と『国富論』との相似性は資本の使途ないし用途に話が及ぶとよりいっそう鮮明となる．既述のように，テュルゴーは「資本の使途」を，①土地ストックの購入，②工業ないし製造業への投資，③農業への投資，④商業への投資および⑤貨幣貸付──の５つに分類していた．これに対して，アダム・スミスは『国富論』第２篇第５章「資本のさまざまの用途について」のなかで４つの「資本の使途」を論じている．その差は資本があくまでも「貨幣的資本」であるとするテュルゴーとは異なり，スミスの場合は資本を現物ベースの「資本的資財」，つまりフランソワ・ケネー流の「前貸し資本」ないし現代の用語である「資本ストック」の語義によって定義するところにあった．その意味からすれば，ルンドベリのいうように，スミスは“三文文士（hack）”でもなければ，“おサルさんのような考えなしの模倣者（slavish imitator）”でもなかったといえるかもしれない[37]．スミスは『国富論』第２篇第５章「資本のさまざまの用途について」においてつぎのようにいっていた──．

　　資本は，すべての生産的労働の維持だけにあてられるにしても，等量の
　　諸資本が活動させることのできる労働の量は，それらの用途の多様性に

---

37)　*Idem*, pp. 67 and 71.

第 3 章　テュルゴー＝スミスの交流の誤謬とミステリーと謎　　111

おうじてひじょうに異なる．これと同じように，その用途が異なれば，
この間の土地と労働の年生産物に付加する価値もひじょうに異なる．/資
本というものは，四つのちがった方法で用いることができる[38]．

　なるほどスミスのいう資本の用途は，テュルゴーの利子付貨幣貸付をふく
めなかった点でまったくのコピーとはいえないが，テュルゴーの資本の使途
をお手本にしていることは否定できない．しかも細かい字句にまで及んでい
ることは，以下に示した『国富論』第 2 篇第 5 章のフレーズを見れば一目瞭
然であろう．すなわち，

　　Unless a capital was employed in furnishing rude produce…
　　Unless a capital was employed in manufacturing that part of the rude
　　　produce…
　　Unless a capital was employed in transporting, either the rude or
　　　manufactured produce…
　　Unless a capital was employed in breaking and dividing certain
　　　portions of the rude or manufactured produce…
　　The persons whose capitals are employed in any of those four ways
　　　are themselves productive labourers…
　　The capital of the retailer replaces, together with his profits, that of
　　　the merchant…
　　The capital of the wholesale merchant replaces, together with their
　　　profits, the capitals of the farmers and manufacturers…
　　Part of the capitals of master manufacturer is employed as a fixed
　　　capital in the instruments of his trade…
　　No equal capital puts into motion a grater quantity of productive

---

38)　Smith [1776], p. 341. 訳 330 ページ．

labour than that of the farmer…

The capital employed in the agricultural and in the retail trade of any society, must always reside within that society…

The capital of the wholesale merchant, on the contrairy, semms to have no fixed or necessary residence anywhere…

The capital of the manufacturer must no doubt reside where the manufactureis carried on…

The capital which is employed in purchasing in one part of the country in order to sell in another…

The capital employed in purchasing foreign goods for home-consumption…

The effects, therefore, of a capital employed in such a round-about foreign trade of comsumption…

The whole capital employed, therefore, in such a round-about foreign trade of comsumption…

スミスは『国富論』第2篇第5章の最初の20近くのパラグラフのうち7つで "capital" と "employed" または "employment" とを結合した構文を作成している．こうした構文はほかでも見受けられるが，ルンドベリの引用した『国富論』第2篇第3章「資本の蓄積について」のなかでイングランドの進歩の原動力を論じたつぎのパラグラフはその最たる事例といってよいであろう．われらがスコットランドの偉大な思想家の曰く，

"The capital, therefore, annually employed in cultivating the land, and maintaining this labour, must be likewise much greater…this capital has been silently and gradually accumulated by the private frugality and good conducts of individuals… 〔イングランドの〕土地を耕作し，この労働を維持するのに年々使用される資本も，同じように

第 3 章　テュルゴー＝スミスの交流の誤謬とミステリーと謎　　　113

はるかに大きいにちがいない．この資本は，〔中略〕個人の私的な節約
や，立派な行動によって，黙々として徐々に蓄積されてきたのであ
る”[39]．

　みられるように，スミスがここでは資本の「用途」だけでなく「蓄積」に
も言及している点は特記すべきである．だが，それはスミス自身のオリジナ
リティにではなく，テュルゴーの経済分析の概念，方法に負うところが大で
ある．ルンドベリの研究を言語学──とくにシンタックス（syntactique）の
面から継承・発展させたフランス東部のメス大学の元言語学教授ジャニー
ヌ・ギャレ＝アモノの表現を借りていい換えるなら，テュルゴーのスミス学
説形成への最大の貢献は，資本をはじめとする基本概念の導入と分析手法に
ある．それによると，テュルゴーは「フィジオクラート派の金科玉条とする
自然秩序（ordre naturel）という思想を放棄し，代わりに〔リシャール・〕
カンティヨンが人間の『欲求（besoin）』から生まれる『交換（échange）』と
呼ぶアイディアの助けを借りて『人間社会（sociétés d'hommes）』という機
構を説明する」[40] ことを試みたというところにある．
　もともと，資本は人間と人間との間の財・サービスの交換ないし売買を旨
とする社会関係から生まれたものでありながら，商業社会では資本が社会的
な富の形成と分配の主要な担い手として人間関係を律することを明らかにし
た最初の経済学者こそは，だれあろう，テュルゴーその人であった．アン
ヌ＝クレール・ホイングのいう「テュルゴーのスミスへの疑う余地のない影
響」のインプリケーションもそのように理解することができる[41]．そのホイ
ングは「疑う余地のない影響」の具体例として，①貯蓄と投資の相互関係，
②経済発展のための資本の動員および③土地のさまざまの耕作方法を挙げて
いるが，ルンドベリ，ギャレ＝アモノらの研究の成果を踏まえこれをさらに

---

39)　*Idem*, pp. 328-9. 訳 316 ページ．
40)　Gallais-Hammono [1982], p. 82.
41)　Hoyng [2015], p. 145.

発展させようとしたものといってよいように思われる.

　イー・セェー・ルンドベリのいうとおり，匿名の翻訳者によって刊行された 1793 年版『諸省察』の言い回しや言葉遣いや表現方法などと，『国富論』においてそれに該当する言葉の選び方や言い回しなどを比較考量すれば，それらすべてのことから匿名の翻訳者が『国富論』の著者，すなわちアダム・スミスを措いてほかにない，ということを示しているといってよい．文章の表現方法，言葉の選択，どのような言い回しをこのんで用いているかといったことはすべて，たとえていえば，ジョン・イブリン・ソーンダイク博士が歴史上初の科学者探偵として鮮烈なデビューを飾った『赤い拇指紋（The Red Thumb Mark）』（1907 年刊）において，事件解決の動かぬ証拠として提示した「殺人現場に落ちていた紙の血染め」の拇指紋のようなものといえるかもしれない.

　ことほどさように，1767 年以前に emploi des capitaux および employer les capitaux, la formation des capitaux, l'accumulation des valeurs そして accumuler un capital のような表現の仕方，言葉の選択や言い回しを多用した著述家はテュルゴーのほかに存在しなかったが，それらはすべてテュルゴーという人物の指紋と同等であり，しかも英語圏初のテュルゴー『諸省察』の匿名の翻訳者氏が底本としたのが 1788 年版よりもふるい版であった——などの事情を考慮すれば，スミスがルンドベリのいわゆる「匿名の翻訳者」である可能性がますます濃厚になったといっても誇張ではあるまい.

　はたしてそういってよければ，サー・アーサー・コナン・ドイル（1859-1930）が短編の冒険譚「緑柱石の宝冠（The Adventure of the Beryl Coronet)」（1892 年刊)のなかでシャーロック・ホームズの口をしていわしめた台詞はまさに金言といわなくてはならない．われらがシャーロックの曰く,

　　　"When you have elimated the impossible, whatever remains, however improbable, must be the truth（不可能を取り除けば，残ったものはすべて，たとえどんなにありそうにない事のようにみえても，真実に違い

ない）．"

　もとより，筆者は1793年の英語版『諸省察』の翻訳者がアダム・スミスであるというルンドベリの所説を肯定も否定もする立場にないし，そうする材料も持ち合わせていない．それでもうえのことから，スミスはテュルゴーの『諸省察』を知らなかった，知っていたとしてもフィジオクラート派の雑誌『市民日誌』1769年11，12月号掲載の第1－77節までであって，テュルゴーからの影響は，それが「影響」と呼べるならきわめて小さかった──という主として英語圏の研究者の間でみられる主張が強弁でしかないことくらいは容易に理解できる．

　英語圏の研究者たちは，未来永劫アダム・スミスを経済学の白亜の神殿の神棚に祭り上げておく料簡であろうが，実際にはテュルゴーとスミスとの交流は，それを明かす資料がいまなお限られているとはいえ，これまで考えられてきたよりも長くそして持続的であったといってもよいように思われる[42]．

---

42)　ギャレ゠アモノは，テュルゴーとスミスの交流を明かす書簡類の有無について，スミスが「テュルゴーの書簡を破棄した」結果現存しないと確信しているが，興味ぶかいのは，そのなかには「ヒューム―スミス―テュルゴーの三者間の書簡（correspondance triangulaire Hume-Smith-Turgot）」もふくまれていたと主張していることである（Gallais-Hammono［1982］，p. 89）．

終章
古典経済学の先駆者テュルゴーと
イギリス古典派開祖スミス

　以上，オランダの新進気鋭の経済学史家アンヌ゠クレール・ホイングのデビュー作『テュルゴーとアダム・スミス』を手掛かりに，経済学の古典形成におけるふたりの偉人の作品，すなわち『富の形成と分配に関する諸省察』と『国富論』の「符合」と「異同」，そしてそのインプリケーションについて検討してきた．もちろんこのテーマは，テュルゴーがかれのメントールであるヴァンサン・ド・グルネーらの待つ彼岸に旅立って間もない 1780 年代中葉テュルゴーの友人コンドルセ侯爵やピエール゠サミュエル・デュポンによって主張されたものであったが，爾後 19 世紀に入ると，レオン・セー，ジークムント・ファイルボーゲンたちが，その後 20 世紀にはヨーゼフ・A. シュンペーター，イー・セェー・ルンドベリ，ピーター・D. グレーネヴェーゲン，アントニー・ブリュワー，アントイン・E. マーフィー，テレンス・ウィルモット・ハチスン，ジャニーヌ・ギャレ゠アモノらに至るまで多くの人間たちによって議論されてきたことは，あまねく知られるところである．

　今日ではスミスがテュルゴーの経済学説や経済思想に多大の影響を受けたのみならず，『国富論』の執筆にさいして『諸省察』から着想を得たことは欧米の研究者の多くの受け容れるところとなっている．ホイングのいわゆる『諸省察』と『国富論』との間の 16 箇所に及ぶ記述上の相似ないし符合はその結果と理解しなければならない．その背景には，ふたりの偉大な思想家・経済学者が 1766 年にパリでの邂逅からこちら，途絶えることのない交流を

つづけてきたことを指摘しなくてはなるまい．これを裏づけるふたりの直接
取り交わした書簡類を目にすることは当面叶わないにせよ，かれらの知人・
友人の証言やふたりの蔵書目録にみる著書の献本や資料提供の跡からある程
度までうかがい知ることができることをこれまで考察してきた．

　だが，それにもかかわらずスミスは『国富論』のなかでテュルゴーとかれ
の著書『諸省察』にまったく言及していないのはなぜか——オランダの気鋭
の経済学史家はこのふるくて新しい問いに答えるべく，セント・メアリ・ミー
ド村の名探偵ミス・マープルばりの推理を働かせ真相に迫ろうと試みた．
それによると，スミスがテュルゴーとの交流を「友情と尊敬の念」にもとづ
くとしながらも，死後その証となる資料を破棄することによって，自らの経
済学説の起源や作品に着想をあたえた文献などについて黙して語らないこと
を選択したというのである[1]．サー・ジェイムズ・ステュアートへの仕打ち
——いうところの「作為的なステュアート隠し（purported neglect de
Steuart）」の焼き直しあるいは二番煎じであるかもしれない．

　もっとも，こうした見解にはわれらがシドニー大学名誉教授ピーター・D.
グレーネヴェーゲンに代表され反論もある．それによると，『諸省察』と
『国富論』との間に似通った字句，言葉遣い，表現方法や言い回しがあるの
は当然のことであり，テュルゴーなりスミスなりが当時の学問や思想の影響
の跡であって，テュルゴーからスミスへの影響という大仰なものでは断じて
ない．そもそも，ふたりは1766年に出会ったといっても，それは偶然のな
せる業であって，ことさら懇意になったわけではないし，さらに邂逅がごく
ごく限られていただけに，ふたりがのちのちまで交流をつづけたという証拠
がこれまで発見されたためしがない——そういってスミス学説の独創性や優
越性を説くのである．

　グレーネヴェーゲンの主張の難解さをここではくり返さないけれども，し
かしかれの言い分は，逆説的ではあるが，『諸省察』と『国富論』との「符

---

1)　Hoyng［2015］, p.146.

終章　古典経済学の先駆者テュルゴーとイギリス古典派開祖スミス　　119

合」と同時に，「異同」にも目を向ける必要性の手掛かりを提供していると
いってよい．価値論を例にとれば，テュルゴーは主観価値説の一種である
「心理経済価値（théorie pscychologique de la valeur）」説ないし「感覚的経済
価値（théorie sensualiste de la valeur）」説──かれの価値論は今日の行動経
済学（Behavioral Economics）のそれときわめて近似している──に立って
立論するのに対して，スミスはブリテン島伝来の労働価値説に与している．

　また，均衡価格や競争についても，両者の主張はかならずしも同じライン
に立つものではない．そうとはいえ，例えばテレンス・ウィルモット・ハチ
ソンは，テュルゴーゆかりの地リモージュで開催されたテュルゴー没後200
年国際シンポジウム「テュルゴー──経済学者
（エコノミスト）
・行政官」（1981年10月8,
9, 10日，於・リモージュ大学法経学部）に提出した論文「テュルゴーとス
ミス（Turgot and Smith）」のなかでテュルゴーを「新古典派の先駆者」と見
做し，価値論におけるテュルゴーのスミスに対する優位性どころか，フラン
ス出身の経済学者レオン・ヴァルラスの先駆者といって高い評価をあたえて
いる[2]．

　これらのテーマについては他の機会で論じたので要点だけを摘記すれば，
グレーネヴェーゲンは19世紀後葉の効用価値説をめぐる論争を射程に入れ
たうえで，テュルゴーの心理経済価値説の根幹をなす商品の「有用性
（bonté）」について，①効用のほかに保蔵性や希少性などをふくむ広い概念
であること，また②ヴァルラスとは異なり「効用を保有される商品の数量の
関数」と見做していないなどの理由によりテュルゴーを「新古典派の先駆
者」とする解釈にあくまでも首肯しない．グレーネヴェーゲンはテュルゴー
の学説をアルフレッド・マーシャルの「実質費用説（real cost theory）の原
初形態」の一種にすぎないといって一蹴する[3]．しかしながら，われらがシ
ドニー大学名誉教授のような主張は，いわゆる「効用関数」を導出するため

────────────

2)　Hutchison［1982 ; 1988］; Faccarello et Cot［1991］; Steiner［1992］; 手塚
　　［1933］; 中川［2016］などを参照されたい．

3)　Groenewegen［1970］, p. 125.

に人間の欲求を一面化した捉え方であって，このような考え方が今日では行動経済学の研究者たちから批判の集中砲火を浴びていることもまたつとに知られるところである[4]．

　このほかにも，ハチソンはテュルゴーの価格変動と資源分配との関連性について，スミスのそれより優れているといってすこしも譲る気配はない．そのことを端的に示すのが，われらが"ジョック（Jock）"も目を通したであろう『諸省察』第 87 節におけるつぎのような記述である．テュルゴーの曰く，

　　何がしかの数量の貨幣の使途から生じる利潤が増加する，もしくは減少するやいなや，資本は〔より多くの利潤を期待して他の使途に用いられている〕資金を引き揚げて〔より多くの利潤の期待できる〕他の産業部門に投じるであろう．このことは資本の年生産物に対する関係を必然的に変化させることになる[5]．

---

4)　スロヴェニア出身のパリ・フロイト派＝ラカン派精神分析家・マルクス主義哲学者のスラヴォイ・ジジェクが『初めは悲劇，二度目は笑劇（*Après la tragédie, la farce!*）』（邦題『ポストモダンの共産主義』）のなかでいうことはきわめて示唆にとむので，やや長くなるが紹介しておきたい．すなわち，「われわれが商品を買うのは，そもそも利便性のためでも，地位の象徴としてでもない．商品が提供する経験を得るため，生活を楽しく有意義なものにするためだ．これら 3 組の関係性から，〔精神分析家・哲学者のジャック・〕ラカン（1901-81）の 3 つの『界』がいやおうなく連想される．〈現実界〉としての直接の効用（おいしくて健康にもよい食品，自動車の品質など），〈象徴界〉としての地位（特定の車種を買うことで自分の地位を示す――ソースティン・ヴェブレン（1880-1960）の視点），〈想像界〉としての楽しく有意義な経験，である．／ポール・ヴァーホーヴェン（1938-）監督のディストピア映画『トータル・リコール（*Total Recall*）』には，脳に理想の休日の記憶を埋めこむサービスが登場する．もはや実際にべつの場所へ旅行するまでもない，旅の記憶を買うだけのほうが，はるかに実用的なうえに安くてすむというわけだ」（Žižek［2011 (2009)］, p. 85. 訳 92-3 ページ．ただし引用は邦訳と同じではない）．ジジェクの言い分に即していえば，数量分析の対象，したがってまた効用関数として導出できるとすれば，それは〈現実界〉としての直接の効用」のみであって，かたや〈象徴界〉としての地位」や〈想像界〉としての楽しく有意義な経験」は数量化がまったく不可能とはいえないまでも，「直接の効用」とは異なるアプローチが必要となるであろうことは見やすい事実である．

終章　古典経済学の先駆者テュルゴーとイギリス古典派開祖スミス　　121

　テュルゴーによれば，市場における商品価格の形成と変動は市場に当該商品を供給する資本間の競争によって生み出される社会現象であり，かつこの現象は資本が同一産業部門内においてもつねに異部門間の競争を前提にくり広げられているということを意味する．商品の生産は個々の資本にとって可能な限り多くの利潤を獲得するための手段でしかなく，それゆえ市場での商品の価格変動とは，ライバルよりも多くの利潤，したがってまた超過利潤の獲得を期待して異なる産業部門間で資本が前貸し（投下）され，資本ストックと生産的労働とによって生産される商品の価格を修正する実質的なプロセスである．そしてそのような資本移動が継続する限り，市場段階では商品の価格は絶えず変動をくり返すことになる[6]．

　別言すれば，市場において財または商品に価格の変動がない状態とは，とりも直さず，当該財または商品を生産するのに要するあらゆる資源が社会的に適正に配分されていることと同義であり，したがってまたより多くの利潤の獲得を期待した資本移動のない――すくなくとも停止した――状態といってよいのであるが，ハチソンはこのようなテュルゴーの均衡論が競争論と不可分の関係にあること[7]，そしてそこに「期待（anticipation/expectation）」理論の萌芽を見出すのである．とどの詰まり，それらはハチソンのいわゆる「フランス〔経済学〕の優越性（French pre-eminance）」と要約できるかもしれない．すなわち，ホイングは貯蓄と投資の関係，経済発展における資本の動員，土地の耕作方法をスミスのテュルゴーから学んだことがらとして整理

---

　5)　Turgot［1766d］, p. 592.
　6)　この点については Ravix et Romani［1997］, p. 51 を参照されたい．また，中川［2013；2016］もあわせて参照されたい．
　7)　18 世紀末から 19 世紀前半に活躍した自由主義的政治家で経済学にも造詣のふかいピエール゠ルイ・ロデレール（1754-1835）が，テュルゴーの説く異部門間の資本移動は超過利潤を動因とすると解釈し，これを「利潤法則（loi du niveau）」と評したのは卓見といわねばならない（Faccarello et Cot［1992］, p. 255）．また，最大利潤を追求する資本の競争が価格の変動をもたらす異部門間の資本移動をつうじて調整され，その結果として社会的諸資源が適正に配分され均衡へと導くと見付けたテュルゴーの理論を，ハチソンは「競争的均衡（competitive equilibrium）」論と命名している（Hutchison［1982］, p. 41）．

したが，ハチソンはさらに進んで「主観的効用（subjective utility）」，「期待（expectation）」のふたつを加える必要があるといっている[8].

アンヌ＝クレール・ホイングは，リモージュ地方長官としての行政手腕や各種の政策立案・施行の経験をテュルゴー学説誕生の重要なファクターと見付けたのに対して，スミスの『国富論』の場合，確固たる歴史的知識に裏打ちされた出来事やその証拠となる資料や例解などがあふれんばかりに詰め込まれていたことが魅力であり，それがスミスの比類のない成功の一因であったという[9]. いまこれをマーク・ブローグ（ブラウグ）の説得力のある言葉によっていい換えるとつぎのとおりである．すなわち，テュルゴーに多くを負っているスミスが後世「経済学の生みの親」と考えられるようになったのは「テュルゴーの〔感情を排した冷徹なものの見方や徹底した理論重視の〕スタイル」にあり，対するスミス『国富論』の最大のメリットは，「優れた理論的考察もさることながら，理論分析につづく例解の読み物としてのエンターテインメント性——歴史，紀行，文学や芸術など——にあった．〔中略〕もし仮にテュルゴーの作品〔『諸省察』〕がスミス一流のエンターテインメント性を有していたならば，テュルゴーとスミスの立場は逆転していたかもしれない」[10].

ブローグのパラグラフは，詩聖ゲーテ（1749-1832）が『ファウスト（*Fausto*）』のなかでメフィストフェレをしていわしめた台詞，「いいかい，親愛なる友よ．すべての理論は灰色で，緑に萌えるは，生命の黄金の樹だ（Grau, teurer Freund, ist alle Theorie/Und grün des Lebens goldner Baum）」といわんばかりである．

テュルゴーは 1776 年に政界を引退してのち，太陽王ことルイ 14 世治下の初代財務総監ジャン＝バティスト・コルベールの設立したフランス碑文文芸

---

8) Hutchison [1988], pp. 308 ff.
9) Hoyng [2015], p. 147.
10) Blaug [1991], p. x. なお，若きテュルゴーの学問的関心や趣味については，ジニュウの古典的名著（Gignoux [1945]）を参照されたい．

アカデミー（Académie des Inscriptions et Belles Lettres）——リシュリューにより設立が認められたアカデミー・フランセーズ（Académie Française）に対して，"小アカデミー（Petite Académie）"の名で親しまれる——の副会長の要職を務めたが，そこでもソルボンヌ学寮・修道院時代からの関心事であった哲学や歴史の読書や，聖職の身にありながらアイザック・ニュートン（1642-1727）に啓発されて，"大"の付く物理学・化学好きのゆえ"ニュートニアン（newtonian）"のあだ名（ニックネーム）を友人たちからちょうだいしただけあって，晩年ふたたび物理学や化学の実験にいそしんだといわれる．

　その意味では，かれなりにエンターテインメント性を発揮できたかもしれない．だが，ヴォルテールが喝破するように，時代が「思想家（penseur）」，「行政官（administrateur）」，「政治家（politicien）」としてのテュルゴーを必要としたためはたせず，結果としてブローグのいわゆる「テュルゴーとスミスとの立場の逆転」を阻んだ．

　その代わり——といっては語弊があるかもしれないが，テュルゴーは『諸省察』によって「古典経済学の先駆者」，「古典経済学の創始者」，「資本主義の理論家」と称されるようになり，かたやアダム・スミスは，「経済学の生みの親」などではなく「イギリス古典経済学の開祖」のように，ふたりの偉人の経済学の古典形成への貢献の見直し作業が一歩一歩，だがしかし確実に進行し成果をあげている．そしてそれらがこの半世紀の間に発表された多くの優れた研究業績の賜物であることもまたたしかなことである．

付録1 テュルゴーおよびアダム・スミス年譜

年	アンヌ・ロベール・ジャック・テュルゴー	アダム・スミス
1723		6月15日に生まれる（スコットランド，カーディフ市）
1727	5月10日に生まれる（フランス，パリ市）	
1737		グラスゴー大学入学（～40年）．道徳哲学のフランシス・ハチスンらに教授
1740		スネル奨学金でオックスフォード大学入学（46年に退学と同時に，帰郷） ・このころデイヴィッド・ヒューム『人生論』を読み，ヒュームに傾倒
1746	パリ大学神学部受験のための年齢免除資格を取得 （ディドロ『哲学思考に関する諸省察』刊行）	
1747	同学位論文口頭審査受験	
1748	サン＝シュルピス神学校入学	エジンバラ大学の哲学協会主催の公開講座で修辞学などを講義（～50年）
1749	ソルボンヌ修道院に加わる ・友人シセ兄弟の長兄に「ジョン・ローの紙幣政策」批判の手紙を送る （テュルゴー初の経済問題論文） （モンテスキュー『法の精神』発表）	
1750	神学士号取得講演をラテン語で行う（7月，12月）	

年	テュルゴー	アダム・スミス
1751	父ミシェル゠エティエンヌ死去（享年60歳）	グラスゴー大学の論理学教授に任命．就任講演「観念の起源」をラテン語で行う
1752	パリ高等法院検事総長補の職に就く．のち同法院参事	道徳哲学教授に転任（ヒューム『政治論集』刊行）
1753	裁判所請願受理院，同請願受理委員などの職を歴任（ディドロ，ダランベールら『百科全書』刊行開始）	ヒューム『商業論』についての講演
1754	商務局商務監督官（当時）ヴァンサン・ド・グルネーと知遇を得る	
1755	ジョサイア・タッカーの自由貿易に関する論文の仏語訳を発表（グルネーら，カンティヨン『商業一般の本性に関する論説』刊行）（モンテスキュー死去（享年66歳））	友人と文芸誌『エジンバラ評論』を創刊（翌年廃刊）
1756		グラスゴー大学出納官に就任
1757	（七年戦争勃発）	
1758	『百科全書』に「大市」などの論稿を寄稿（ケネー『経済表』の「原表」発表）・ケネーのサロンに顔を見せるようになる	
1759	グルネー死去（享年47歳）．テュルゴー，追悼文「ヴァンサン・ド・グルネー頌」を発表	『道徳感情論』初版を刊行・ベンジャミン・フランクリンとエジンバラで会見，アメリカ植民地の現状報告
1760	スイスにヴォルテールを訪ねるなどして行政官職の取得に協力を要請	グラスゴー大学人文学部長就任（～62年）
1761	フランス中部のリモージュ地方長官に就任	『道徳感情論』第2版刊行
1762	ラ・ロシュフーコー家との交際はじまる	グラスゴー大学副総長（このころの講義を筆記した学生のノートが発見

付録1 テュルゴーおよびアダム・スミス年譜

年	テュルゴー	アダム・スミス
	・リモージュの改革を継続する見地からリヨンへの転任を拒否（ルソー『社会契約論』発表）	され，のちにキャナンが校訂・編集，『グラスゴー大学講義』として発表）
1763		このころ『国富論』の草稿執筆開始・政治家チャールズ・タウンゼンドの義理の息子バックルー公爵編ヘンリー・スコットの家庭教師を請われ，スミスこれを承諾
1764	ケネー「租税」論に関する研究ノート作成（ただし未発表）この頃パリと任地間を頻繁に往復	バックルー公爵とロンドンで対面(2月)，直後に渡仏(4月)．この時グラスゴー大学に辞表提出
1765	『市民日誌』編集者ピエール＝サミュエル・デュポンと出会う	フランスからスイスに移動（この時パリに一時逗留）．8月ジュネーヴでヴォルテールを訪問，アンヴィル公爵夫人とその子息らと会う
1766	アンドレ・モルレ神父，デイヴィッド・ヒュームらを介して，フランス滞在中のアダム・スミスと出会う・商務監督官トゥリュデーヌに製造業振興策を献策・『富の形成と分配に関する諸省察』脱稿(11月)(以下『諸省察』と略記)・ノルマンディー地方のオーヌに土地を購入．オーヌ男爵(baron de l'Aulne)	7月下旬からこちらパリでケネー，テュルゴーら思想界の要人たちと出会い交際・10月パリ発，11月ドーバー着
1767	リモージュ農業振興協会の懸賞論文制度を創設（サン＝ペラヴィ論文入選，ナントの調整請負人グラスランは次点）	ロイヤル・ソサイエティ会長に推薦・『国富論』の草稿作成を再開・『道徳感情論』第3版刊行（J.ステュアート『経済学原理』刊行）
1769	モルレの要請で「価値と貨幣」に関する論稿を執筆（ただし未定稿）・フィジオクラート派機関誌『市民	

年	テュルゴー	アダム・スミス
	日誌』に『諸省察』発表(フィジオクラート派機関誌『市民日誌』に『諸省察』発表(11，12月および1770年1月号)．ただし，デュポンがオリジナル原稿を大幅に改竄．テュルゴーは怒り，オリジナルの「抜刷」の作成をデュポンに要求	
1770	アングレームの高利詐欺事件の公式報告書「貨幣貸付に関する覚書」作成，中央政府に送付(テュルゴーはこれを『諸省察』の一部と位置づけ)	『道徳感情論』の初のドイツ語訳刊行
1771	リモージュの飢饉深刻化，パリに出向いて救済策を進言	エジンバラ名誉市民に推薦さる
1773		『国富論』出版のため，ロンドンに向かう．途中衰弱がひどく，ヒュームに「遺言」を告げる．爾後エジンバラからロンドンに転居，生活するようになる
1774	(国王ルイ15世崩御，ルイ16世，新国王に就任) ・海軍大臣(5月)，財務総監(8月)に就任．穀物貿易自由化など改革案を発表 ・ケネー，ヴェルサイユで死去(12月16日．享年80歳) ・穀物政策をはじめテュルゴーの改革案に不満続出	『道徳感情論』第4版刊行
1775	初のドイツ語訳『諸省察』刊行 (・ルイ16世聖別式) (・アメリカ独立戦争起こる)	「リテラリー・クラブ」入会
1776	人頭税の廃止(1月5日)，3月に6つの勅令を国王に献策するも，ルイ16世はこれを拒絶，5月12日テュ	『国富論』刊行 (ヒューム死去(8月25日．享年65歳)

付録 1　テュルゴーおよびアダム・スミス年譜　　　129

年	テュルゴー	アダム・スミス
	ルゴーの職を解く(テュルゴーの失脚). これを機に, 政界から身を引き, フランス碑文文芸アカデミー副会長のポストを引き受けるかたわら, 歴史, 哲学, 文学そして物理学の研究を行う ・『諸省察』刊行(ただし作者匿名)	
1777		ヒューム『自伝』の「あとがき」執筆. スコットランド関税委員に任命
1778	(訳者不詳の仏語訳『国富論』(通称, ラ・エ(オランダ・ハーグ)版)刊行) (ヴォルテール死去(享年 83 歳) (ルソー死去(享年 66 歳))	『国富論』第 2 版出版 ・エジンバラに, 母らとともに定住.
1779	(アンドレ・モルレ, 『国富論』を仏訳(1780 年?の説あり). ただし出版せず)	
1780	(ジャン゠ルイ・ブラヴェ, 1779 年から 80 年に『農工商財雑誌』に『国富論』の仏語訳を発表. 82 年製本してスミスに寄贈)	(ジェイムズ・ステュアート死去(享年 73 歳))
1781	持病の痛風が悪化, パリの自宅にて死去(3 月 18 日. 享年 53 歳). 尊父ミシェル゠エティエンヌと同じ疾病者救済院の墓地に埋葬 (デュポン, 『テュルゴー伝』刊行)	『道徳感情論』第 5 版刊行
1782	(コンドルセ『テュルゴー氏の生涯』刊行)	
1783	(ダランベール死去(享年 66 歳))	
1784	(ディドロ死去(享年 71 歳))	『国富論』第 3 版刊行
1786		『国富論』第 4 版刊行
1788	新版『諸省察』刊行	
1789	フランス革命勃発(7 月 14 日)	
1790		『国富論』第 5 版およびアメリカ版初

年	テュルゴー	アダム・スミス
		版刊行 ・『道徳感情論』第6版刊行 ・エジンバラにて死去(7月17日．享年67歳)．市内キャノンゲート墓地に埋葬
1793	『諸省察』の初の英語版刊行(訳者不詳)	

注：カッコ内は関連事項や出来事を示す．

付録2 テュルゴー著『富の形成と分配に関する諸省察』目次

　以下では，ギュスターヴ・シェル編集の『テュルゴー全集』第2巻所収のテキスト (*Réflexions sur la formation et la distribution des richesses*, 1766, éd. Gustave Schelle, *Œuvres de Turgot et documents le concernant*, tome II, Paris, Librairie Félix Alcan, 1914) を底本とした．このテキストは，ピエール＝サミュエル・デュポン・ド・ヌムールおよびユジェーヌ・デール／イポリット・デュサールの全集に収録されたテキスト (*Œuvres de Mr. Turgot, Ministre d'État : Précédées et accompagnées de mémoires et de notes sur sa vie, son administration et ses ouvrages*, par Pierre Samuel Du Pont de Nemours, en 7 vols., Paris, de l'imprimerie de Delance, 1809 (reprint ; Adamant Media Corporation, 2001 ; *Œuvres de Turgot*, Nouvelle édition classée par ordre de matières avec les notes de Dupont de Nemours augmentée de lettres inédites, des questions sur le commerce, et d'observations et de notes nouvelles, 4 vols, Paris, par Eugène Daire et Hippolyte Dussard, réimpression de l'édition de 1844, Osnabrück, Otto Zeller, 1966) をもとに，シェルが校訂・編集したものである．いずれも100の小節からなり，テュルゴーが1766年に作成したオリジナルテキストは101節からなる．また，各節の標題はデュポンが便宜上付したものであり，オリジナルテキストには標題はない．

Réflexions sur la formation et la distribution des richesses
富の形成と分配する関する諸省察

§ I.　　　Impossibilité du commerce dans la supposition d'un partage égal des terres, où chaque homme n'aurait que ce qu'il lui faudrait pour se nourrir（土地がそれぞれの人間に平等に分配され，そこでは各人がその生存に必要なものしか所有しないと仮定すれば，商業は発生しなかったであろうし，いまもそうである）.

§ II.　　　L'hypothèse ci-dessus n'a jamais existé, et n'aurait pu subsister. La diversité des terrains et la multiplicité des besoins amènent l'échange des productions de la terre contre d'autres produc-

tions（前節で仮定したような事態はこれまで実在したことはな
いし，もし仮に実在したとしても長つづきし得なかったであろ
う．地形や地質は変化にとみ，〔人間の〕欲求は多種多様である
——これらのことが土地生産〔物〕と他の生産〔物〕との交換
へと導くのである）．

§ III.   Les productions de la terre exigent des préparations longues et
difficiles pour être rendues propres aux besoins de l'homme
（土地の生産が人間の欲望に適ったものとなるためには長期間の
苦しい準備が必要である）．

§ IV.   La nécessité des préparations amène l'échange des productions
contre le travail（そうした準備の必要性が〔土地の〕生産
〔物〕と労働との交換へと導く）．

§ V.   Prééminence du laboureur qui produit, sur l'artisan qui prépare
le laboureur est le premier mobile de la circulation des
travaux[1]; c'est lui qui fait produire à la terre le salaire de
tous les artisans（〔土地を〕耕作する耕作者がかれを用いる職
人に対して優越するということが，労働の交換〔または地位や
場所を変えること〕の最初の動機である．あらゆる職人の報酬
を土地から生み出させるのは耕作者である）．

§ VI.   Le salaire de l'ouvirier est borné, par la concurrence entre les
ouvriers, à la subsistance. Il ne gagne que sa vie（労働者の賃
金は，労働者間の競争によって自らの生活の糧に限られる．か
れが手にするのは生活必需品だけである）．

§ VII.   Le laboureur est le seul dont le travail produise au-delà du
salaire du travail. Il est donc l'unique source de toute richesse
（土地耕作者はその労働によって自分の労働報酬を上回る〔生産
物を〕生み出す唯一の人間である．それゆえ，耕作者は〔モン
テスキューのいわゆる「商業社会」に先行する「農業社会」に
おいて〕あらゆる富のただひとつの源泉である）．

§ VIII.   Première division de la société en deux classes : l'une *produtrice*,

---

1)   デュポン版全集の標題，"rééminannce du laboureur qui produit sur l'artisan qui
prépare. Le laboureur est le premier mobile de la circulation des travaux".

付録2　テュルゴー著『富の形成と分配に関する諸省察』目次　　　133

ou des cultivateurs, l'autre *stipendiée*, ou des artisans[2]（社会は
はじめふたつの階級に分化する．すなわち，ひとつは生産的階
級もしくは土地耕作者であり，いまひとつは被雇用階級もしく
は職人である）．

§ IX.　Dans le premier temps, le propriétaire n'a pas dû être distingué
du cultivateur（〔商業社会に先行する人間社会の〕初期の段階
では，土地所有者はこれを耕作者から区別する必要はなかっ
た）．

§ X.　Progrès de la société ; toutes les terres ont un maître（社会が進
歩すれば，あらゆる土地は主人をもつようになる）．

§ XI.　Les propriétaires commencent à pouvoir se décharger du travail,
de la culture sur des cultivateurs salariés（土地所有者は自ら労
働と耕作を賃金で雇用された耕作者に転化することが可能とな
る）．

§ XII.　Inégalité dans le partage des propriétés : causes qui la rendent
inévitable（土地分配の不平等．不平等を不可避とする諸要因）．

§ XIII.　Suite de l'inégalité. Le cultivateur distingué du propriétaire（不
平等の帰結．耕作者は土地所有者と区別される）．

§ XIV.　Partage des produits entre la cultivateur et la propriétaire.
Produit net ou revenu[3]（耕作者と土地所有者との間の生産物の
分配．純生産物あるいは収入）．

§ XV.　Nouvelle division de la société en trois classes : des cultivateurs,
des artisans et des propriétaires[4], ou classe *produtrice*, classe
stipendiée, et classe *disiponible*（社会は新たに3つの階級に分
化する．耕作者，職人それに土地所有者，あるいは生産階級，
被雇用階級および可処分資産保有階級の3つにである）．

§ XVI.　Ressemblance entre les deux classes laboureuses ou non diponi-
bles（ふたつの土地耕作もしくは非可処分資産保有階級の間に存

---

2)　デュポン版全集では，当該パラグラフは"l'autre stipendiée, ou classe des arti-
sans"と表記．なお，邦文
中ゴチック体は原文イタリック体を示す．以下同．

3)　デュポン版全集では，"Produit net, ou revenue"はイタリック体．

4)　デュポン版全集では，"des cultivateur, des artisans et des propritaires"と表記．

134

在する類似性).

§ XVII.　Différence essentielle entre ces deux classes laboureuses（ふたつ
の耕作階級の間の根本的相違）.

§ XVIII.　Cette diffrérence autorise leur distinction en classe productrice
et classe stérile[5]（両者の相違が生産階級と非生産階級との区別
をもたらす）.

§ XIX.　Comment les propriétaires peuvent tirer le revenu[6] de leurs
terres（土地所有者たちがかれらの土地から収入を引き出すこと
を可能とする方法）.

§ XX.　Première manière : culture par des hommes salariés（第 1 の方
法は賃金によって雇用された人間たちによる〔土地の〕耕作で
ある）.

§ XXI.　Seconde manière : culture par des esclaves（第 2 の方法は奴隷た
ちによる耕作である）.

§ XXII.　La culture par esclaves ne peut subsister danns les grandes
sociétés[7]（奴隷たちによる耕作は大規模な社会では存続するこ
とは不可能である）.

§ XXIII.　L'esclavage de la glèbe succède à l'esclavage proprement dit[8]
（耕作奴隷制は本来の奴隷制を継承したものである）.

§ XXIV.　Le vasselage succède à l'esclavage de la glèbe, et l'esclave
devient propriétaire. Troisième manière : aliénation du fonds
à la charge d'une redevance[9]（耕作奴隷制につづくのが封土耕
作制である．そして奴隷は土地所有者となる．第 3 の方法はそ
の使用権の料金と引き換えに土地を譲渡することである）.

§ XXV.　Quatrième manière : colonage partiaire[10]（第 4 の方法は分益小

5)　デュポン版全集では，"en classes *productirices et stérile*" と表記.
6)　デュポン版全集では，"revenue" はイタリック体.
7)　デュポン版全集の標題は，"Portion que la nature assure aux cultivateurs, même
aux esclaves, sur le produit de leurs travaux."
8)　デュポン版全集の標題は，"Combien la culture exécutée par les esclaves est peu
profitable et chèere pour le maître et l'humanité."
9)　デュポン版全集の標題は，"La culture par esclaves ne peut subsister dans les
grandes sociétés."
10)　デュポン版全集の標題は，"L'esclavage de la glèbe succède à l'esclavage propre-

作をつくり出すことである）．

§ XXVI.　Cinquième manière : fermage ou louage des terres[11]（第 5 の方法は小作すなわち借地耕作である）．

§ XXVII.　Cette dernière méthode est la plus avantageuse de toutes, mais elle suppose un pays déjà riche[12]（最後〔5 番目〕の方法があらゆる方法のなかでもっとも有効である．しかしこの方法が可能であるためには，国がすでに富裕になっていることを前提としている．さまざまに異なる方法の要約）．

§ XXVIII.　Récapitulation des différentes manières de faire valoir les terres[13]（土地を有効に活用するさまざまに異なる方法の要旨）．

§ XXIX.　Des capitaux en général et du revenu de l'argent[14]（資本一般および貨幣収入について）．

§ XXX.　De l'usage de l'or et de l'argent dans le commerce[15]（商業における金や銀の使用について）．

§ XXXI.　Naissance du commerce : principe de l'évaluation des choses commerçables[16]（商業の発生．売り買い可能な諸物の評価の原則）．

---

ment dit."

11)　デュポン版全集の標題は，"Le vasselage succède à l'esclavage de la glèbe, et l'esclave devient propriètaire. Troisiéme manaière : aliénation du fonds à la charge d'une redevenance."

12)　デュポン版全集の標題は，"Quatrième manière : colonage partiaire."（シェル版全集では第 25 節の標題）．

13)　デュポン版全集の標題は，"Cinquième manière : fermage ou louages des terres."（シェル版全集では第 26 節の標題）．

14)　デュポン版全集では，"Cette dernière méthode est la plus avantageuse de toutes, mais elle suppose un pays déjà riche."（シェル版全集では第 27 節の標題）．なお，テュルゴーの分析は本節から，テュルゴーも参照したモンテスキューの『法の精神』における人間社会の歴史的分類の最終に当たる「商業社会」を対象とすることになる．最初の 28 の節は，「商業社会」に先行する狩猟，牧畜，農業の 3 つの社会を対象にした解説であり，29 節以降の議論の導入部分といえよう．ただし，デュポンにはそうした認識はまったくなかった．

15)　デュポン版全集では，"Récapitulation des différentes manières de faire valoir les terres."（シェル版全集では第 28 節の標題）．

16)　デュポン版全集では，"Des capitaux en général, ou du revenue de l'argent."（シェル版全集では第 29 節の標題）．

§ XXXII.　　Comment s'établit la valeur courante dans l'échange des marchandises[17]（諸商品の交換において市場価値はどのようにして定着するか）.

§ XXXIII.　　Le commerce donne à chaque marchandise une valeur courante relativement à chaque autre marchandise ; d'où il suit que toute marchandise est l'équivalent d'une certaine quantité de toute autre marchandise, et peut être regardée comme un gage qui la représente[18]（商業はそれぞれ一方の商品に対し他の商品と比較した市場価値をあたえる．このことから，結果として各商品は他のそれぞれの商品の一定数量と等価であり，その数量を表現するための保証と考えることが可能となる）.

§ XXXIV.　　Chaque marchandise peut servir d'échelle ou de mesure commune pour y comparer la valeur de toutes les autres[19]（各商品は自らと他の商品との価値を比較するための共通の基準もしくは尺度として用いられる）.

§ XXXV.　　Toute marchandise ne présente pas une échelle des valeurs également commode. On a dû préférer, dans l'usage, celles qui, n'étant pas susceptibles d'une grande différence dans la qualité, ont une valeur principalement relative au moment ou à la quantité[20]（あらゆる商品は同じ程度に好適な価値基準としてあらわれるわけではない．人はその使用にさいして質的に大きな相違が生じ得ないので，主としてその時どきの時点で数量に比例した価値を有する諸商品をかならずといっていいほど選

---

17)　デュポン版全集では，"De l'usage de l'or et de l'argent dans le commerce."（シェル版全集では第30節の標題）.

18)　デュポン版全集では，"Naissance du commerce. Principe de l'évaluation des choses commerciales."（シェル版全集では第31節の標題）.

19)　デュポン版全集では，"Comment s'établit la valeur courante dans l'échange des marchandises."（シェル版全集では第32節の標題）.

20)　デュポン版全集では，"Le commerce donne à la chaque marchandise une valeur courante relativement à chaque autre marchandise ; d'où il suit que toute marchandise est l'équivalent d'une certaine quantité de toute autre marchandise, et peut être regardée comme un gage qui la représente."（シェル版全集では第33節の標題）.

付録 2　テュルゴー著『富の形成と分配に関する諸省察』目次　　　137

好した）.

§ XXXVI.　Au défaut de l'exacte correspondance entre la valeur et le nombre ou la quantité, on y supplée par une évaluation moyenne qui devient une espèce de monnaie iéale[21]（価値と個数もしくは数量との間の正確な対応関係が存在しなければ，人はこれを観念的な平均評価によって代替する）.

§ XXXVII.　Exemples des ces évaluations moyennes qui deviennent une expression idéale des valeurs[22]（諸価値を観念的に表現する平均評価の諸事例）.

§ XXXVIIII.　Toute marchandise est un gage représentatif de tous les objets du commerce, mais plus ou moins commode dans l'usage, suivant qu'elle est plus ou moins facile à transporter et à conserver sans altération[23]（あらゆる商品は商業上のすべての物品を表現する基準である．しかし，商品を損傷・変質させることなく輸送し保存することの容易さの程度に応じて，〔基準としての〕利便性の度合いに差が生じる）.

§ XXXIX.　Toute marchandise a les deux propriétés essentielles de la monnaie, de mesurer et de représenter toute valeur ; et, dans ce sens, toute marchandise est monnaie[24]（あらゆる商品はすべての価値を尺度し，価値を表現するというふたつの貨幣の基本的な属性を有している．その意味において，あらゆる商品は貨幣である）.

---

21)　デュポン版全集の標題は，"Chaque marchandise peut servir d'échange ou mesure commune pour y comparer la valeur de toutes les autres."（シェル版全集では第 34 節の標題）.

22)　デュポン版全集の標題は，"Toute marchandise ne présente pas une échelle des valeurs également commode. On a dû préférer dans l'usage celles qui, n'étant pas susceptibles d'une grande différence dans la qualité, ont une valeur principalement relative au nombre ou à la qualité."（シェル版全集では第 35 節の標題）.

23)　デュポン版全集の標題は，"Au défaut de l'exacte correspondance entre la valeur et le nombre ou la qunatité, on y supplée par une évaluation moyenne qui devient une espèce de monnaie idéale."（シェル版全集第 36 節の標題）.

24)　デュポン版全集の標題は，"Examples de ces évaluations moyennes qui deviennent une expression idéale des valeurs."（シェル版全集では第 37 節の標題）.

138

§ XL. Réciproquement, toute monnaie est essentiellement marchandise[25]（あらゆる商品は本質的に貨幣であり，反対にあらゆる貨幣は本質的に商品である）.

§ XLI. Différentes matières ont pu servir ou ont servi de monnaie usuelle[26]（さまざまに異なる素材が日常的な貨幣として用いることができた，あるいは用いられた）.

§ XLII. Les métaux, et surtout l'or et l'argent, y sont plus propres qu'aucune autre substance, et pourquoi[27]（さまざまの金属中とりわけ金や銀は他のいかなる物質よりも貨幣に適している．それはなぜか）.

§ XLIII. L'or et l'argent sont constitués, par la nature des choses, monnaie et monnaie universelle, indépendamment de toute convention et de toute loi[28]（金や銀は物の性質上貨幣であり，しかもあらゆる取決めやあらゆる法律とは無関係に普遍的な貨幣である）.

§ XLIV. Les autres métaux ne sont employés à ces usages que subsidiairement[29]（他の金属は補助的に貨幣として用いられるにすぎない）.

§ XLV. L'usage de l'or et de l'argent comme monnaie en a augmente la valeur comme matière[30]（金や銀の貨幣としての使用は素材と

---

25) デュポン版全集の標題は，"Toute marchandise est un gage représentatif de tous les objets de commerce ; mais plus ou moins commode dans l'usage, suivant qu'elle est plus ou moins facile à transporter et à conserver sans alternation."（シェル版全集では第 38 節の標題）.

26) デュポン版全集の標題は，"Toute marchandise a les deux propriétés essentielles de la monnaie, de mesurer et de représenter toute valeur ; et, dans ce sens, toute marchandise est monnaie."（シェル版全集では第 39 節の標題）.

27) デュポン版全集の標題は，"Réciproquement, toute monnaie est essentiellement marchandise."（シェル版全集では第 40 節の標題）.

28) デュポン版全集の標題は，"Différentes matières ont pu servir ou ont servi de monnaie usuelle."（シェル版全集では第 41 節の標題）.

29) デュポン版全集の標題は，"Les métaux, et surtout l'or et l'argent, y sont plus propres qu'aucune autre substance, et pourquoi."（シェル版全集では第 42 節の標題）.

30) デュポン版全集の標題は，"L'or et l'argent sont constitutes, par la nature des choses, monnaie et monnaie universelle, indépendamment de toute convention et

付録2　テュルゴー著『富の形成と分配に関する諸省察』目次　　139

しての価値を高める）．

§ XLVI.　　　Variations dans la valeur de l'or et de l'argent comparés avec les autres objets du commerce et entre eux[31]（商業の対象物と比較した，そして諸物の間における金や銀の価値変動）．

§ XLVII.　　L'usage des paiements en argent a donné lieu à la distribution entre le vendeur et l'acheteur[32]（貨幣によって決済を行うことが売り手と買い手の間の流通の機会を提供した）．

§ XLVIII.　L'usage de l'argent a beaucoup facilité la séparation des divers travaux entre les différents membres de la société[33]（貨幣の使用は社会の構成員間のさまざまの労働の分化をいちじるしく容易にした）．

§ XLIX.　　De la réserve des produits annuels accumulés pour former des capitaux[34]（資本を形成するために蓄積される年々歳々の生産物の貯蔵について）．

§ L.　　　　Richesses mobiliares. Amas d'argent[35]（動産的富．貨幣の蓄積）．

§ LI.　　　　Les richesses mobiliaires sont un préarable indispensable pour tous les travaux lucratifs[36]（動産的富はあらゆる営利的労働にとって不可欠の前提である）．

---

de toute loi." （シェル版全集では第43節の標題）．

31)　デュポン版全集の標題は，"Les autres mètaux ne sont employés à ces usages que subsidiarement."（シェル版全集では第44節の標題）．

32)　デュポン版全集の標題は，"L'usage de l'or et de l'argent comme monnaie en a augmenté la valeur comme matière."（シェル版全集では第45節の標題）．

33)　デュポン版全集の標題は，"Variations dans la valeur de l'or et de l'argent comparés avec les objects du commerce, et entre eux."（シェル版全集では第46節の標題）．

34)　デュポン版全集の標題は，"L'usage des payments en argent a donné lieu à la distinction entre le vender et l'acheteur."（シェル版全集では第47節の標題）．なお，テュルゴーとデュポンの綴りに注意．

35)　デュポン版全集の標題は，"L'usage de l'argent a beaucoup facilité la séparation des divers travaux entre les différents membres de la société."（シェル版全集では48節の標題）．

36)　デュポン版全集の表題は，"De la réserve des produits annuels, accumulés pour former des capitaux."（シェル版全集では第49節の標題）．

140

§ LII.   Nécessité des avances pour la culture[37] (土地耕作のための前貸しの必要性).

§ LIII.   Premières avances fournies par la terre encore inculte[38] (最初の前貸しはいまだ耕作されていない土地によって提供される).

§ LIV.   Béstiaux, richesse mobiliaire antérieure même à la culture des terres[39] (家畜, 土地の耕作に先立つ動産的富).

§ LV.   Autre genre de richesses mobiliaires et d'avances de la culture : les esclaves[40] (その他の動産的富および土地耕作の前貸し. すなわち, 奴隷).

§ LVI.   Les richesses mobiliaires ont une valeur échangeables contre la terre elle-même[41] (動産的富は土地それ自体と交換可能な価値を有する).

§ LVII.   Évaluation des terres par la proportion du revenu avec la somme des richesses mobiliaires, ou la valeur contre laquelle elles sont échangées : cette proposition est ce qu'on appelle le denier du prix des terres[42] (動産的富の総額によってもたらされる収入, もしくはそれらが交換される価値の割合による土地の評価は地価収益率と呼ばれる).

§ LVIII.   Tout capital, en argent, ou toute somme de valeur quelconque, est l'équivalent d'une terre produisant un revenu ègal à une

---

37)　デュポン版全集の標題は, "Richesses mobiliaires. Amas d'argent." (シェル版全集では第50節の標題).

38)　デュポン版全集の標題は, "Les richesses mobiliaires sont un préalable indispensable pour tous les travaux lucratifs." (シェル版全集では第51節の標題).

39)　デュポン版全集の標題は, "Nécessité des avances pour la culture." (シェル版全集では第52節の標題)

40)　デュポン版全集の標題は, "Premières avances fournies par la terre encore inculte." (シェル版全集第53節の標題).

41)　デュポン版全集の標題は, "Béstiaux, richesse mobiliaire antérieure même à la culture des terres." (シェル版全集では第54節の標題).

42)　デュポン版全集の標題は, "Les richesses mobiliaires ont une valeur èchangeable contre la terre elle-même" とシェル版全集の第56節の標題と同じであるが, その内容はシェル版全集の第55節の標題を削除したうえで, 同節後半のパラグラフを第56節のパラグラフの冒頭に加えてひとつの節を構成している. したがって, デュポン版全集ではシェル版全集の第55節に相当する標題は存在しない.

付録2　テュルゴー著『富の形成と分配に関する諸省察』目次　　　141

portion déterminée de cette somme. Premier emploi des capitaux. Achat d'un fonds de terre[43]（あらゆる貨幣的資本，あるいは何がしかの価値の総額は，その額と一定割合で等価となる収入を生み出す土地と等しい価値をもっている．資本の最初の使途は土地ストックの購入である）．

§ LIX.　　　Autre emploi de l'argent en avances des entrepreneurs de fabrication et d'industrie[44]（他の〔2 番目の〕貨幣の使途は製造業および工業企業者への前貸しである）．

§ LX.　　　Développement sur l'usage de l'avance des capitaux dans les entreprises d'industrie, sur leur rentrée, et sur le profit qu'elles doivent rapporter[45]（工業企業者における資本の使途〔前貸し〕とその回収およびかれらが受け取るべき利潤に関する説明）．

§ LXI.　　　Subdivision de la classe stipendiée industrieuse, en entrepreneurs, capitalistes et simples ouvriers[46]（勤勉な非生産階級の企業者，資本家および労働者への再分化）．

§ LXII.　　　Autre emploi des capitaux en avances des entreprises d'agriculture. Développement sur l'usage, la rentrée et les profits indispensables des capitaux dans les entreprises d'agriculture[47]（そ

---

43)　デュポン版全集の標題は，"Évaluation des terres par la proportion du revenu avec la somme des richesses mobiliaires, ou la valeur contre laquelle elles sont échangées : cette proportion est ce qu'on appelle *le denier* du prix des terres."（シェル版全集では第 57 節の標題．ただし，デュポン版全集では "denier" がイタリック体になっている点に注意）．

44)　デュポン版全集の標題は，"Tout capital en argent, ou toute somme de la valeur quelconque, est l'équivalent d'une terre produisant un revenu égal à une portion déterminée de cette somme. Premier emploi des capitaux. Achat d'un fonds de terre."（シェル版全集では第 58 節の標題）．

45)　デュポン版全集の標題は，"Autre emploi de l'argent en avances pour des entreprises de fabrication et d'indusrtrie."（シェル版全集では第 59 節の標題）．

46)　デュポン版全集の標題は，"Développement sur l'usage des avances de capitaux dans les entreprises d'industrie, sur leur rentrée, et sur le profit qu'elles doivent donner."（シェル版全集では第 60 節の標題）．テュルゴーとデュポンの字句の相違に注意．

47)　デュポン版全集の標題は，"Subdivision de la stipendiée industrieuse, en entrepreneurs capitalistes et simples ouvriers."（シェル版全集では第 61 節の標題）．

の他の〔3番目の〕資本の使途は農業企業への前貸しである．農業企業における資本の投入，回収および必要不可欠の利潤に関する説明）．

§ LXIII.　　La concurrence des capitalistes entrepreneurs de culture établit le prix courant des fermages et la grande culture[48]（土地耕作資本家的企業者の競争が小作料の市場価格と大規模耕作者を決定する）．

§ LXIV.　　Le défaut de captalistes entrepreneurs de culture borne l'exploitation des terres à la petite culture[49]（土地耕作資本家的企業者が存在しなければ，小規模耕作者に土地の経営が制限される）．

§ LXV.　　Subdivision de la classe des cultivateurs en entrepreneurs ou fermiers, et simples salaires, valets ou journaliers[50]（土地耕作階級の企業者もしくは借地農業者，および単純労働者，作男，日雇労働者編への再分化）．

§ LXVI.　　Quatrième emploi des capitaux en avances des entreprises de commerce. Nécessité de l'intereposition des marchants proprement dits entre les produceurs de la denrée et les consomateurs[51]（第4の資本の使途は商業企業への前貸しである．本来の意味での商人が生活必需品の生産者と消費者のとの間に介在する必要がある）．

§ LXVII.　　Différents ordres de marchants. Tous ont cela de commun, qu'ils

---

48)　デュポン版全集の標題は，"Autre emploi des capitaux en avances des entreprises d'agriculture. Développement sur l'usage, "la rentrée et les profits indispensables des capitaux dans les entreprises d'agriculture."（シェル版全集では第62節の標題）．

49)　デュポン版全集の標題は，"La concurrence des capitalistes entrepreneurs de culture établit le prix courant des fermages et la grande culture."（シェル版全集では第63節の標題）．

50)　デュポン版全集の標題は，"Le défaut de capitalistes entrepreneurs de culture borne l'exploitation des terres à la petite culture."（シェル版全集では第64節の標題）．

51)　デュポン版全集の標題は，"Subdivision de la classe des cultivateurs en entrepreneurs ou fermiers, et simples salaries, valets ou journailiers."（シェル版全集では第65節の標題）．

付録 2　テュルゴー著『富の形成と分配に関する諸省察』目次　　143

achètent pour revendre, et que leur trafic roule sur des avances qui doivent rentrer avec profit pour être de nouveau versées dans l'entreprise[52]（さまざまの階層の商人．かれらはすべて買って売るというところに共通性がある．そしてかれらの取引は利潤とともに企業に回収され，新たに投下される前貸しに依存する）．

§ LXVIII.　Véritable notion de la circulation de l'argent[53]（貨幣流通の真の概念）．

§ LXIX.　Toutes les entreprises de travaux, surtout celles de fabrication et de commerce, n'ont pu être que très bornées avant l'introduction de l'or et de l'argent dans le commerce[54]（あらゆる企業の，とりわけ製造業や商業企業の行う事業は商業に金や銀〔貨幣〕が導入される以前はごく限られていた）．

§ LXX.　Les capitaux étant aussi nécessaires à toutes les entreprises que le travail et l'industrie, l'homme industrieux partage volontiers les profits de son entreprise avec le capitaliste qui lui fournit les fonds dont il a besoin[55]（あらゆる企業にとって，資本は労働や勤勉と同じように必要なものであるので，勤勉な人間はその事業が生み出す利潤を，かれに資金を提供する資本家と進んで分かち合う）．

§ LXXI.　Cinquième emploi des capitaux : le prêt à intérêt. Nature de prêt[56]

---

52)　デュポン版全集の標題は，"Quatrième emploi des capitaux en avances pour des entreprises de commerce. Nécessité de l'intreposition des marchands proprement dits entre les producteurs de la denrée et les consommateurs."（シェル版全集では66節の標題）．

53)　デュポン版全集の標題は，"Différents ordres de marchands. Tous ont cela de commun, qu'ils achètent pour revendre, et que leur trafic roule sur des avances qui doivent rentrer avec profit pour être de nouveau versée dans l'entreprise."（シェル版全集では第67節の標題）．

54)　デュポン版全集の標題は，"Véritable notion de la circulation de l'argent."（シェル版全集第68節の標題）．

55)　デュポン版全集の標題は，"Toutes les entreprises de travaux, surtout celles de fabrique et de commerce, n'ont pu être que très bornées avant l'introduction de l'or et de l'argent dans le commerce."（シェル版全集では第69節の標題）．

56)　デュポン版全集の標題は，"Les capitaux étant nécessaires à toutes les entre-

（5番目の資本の使途は利子を受け取って貸し付けることである．〔貨幣〕貸付の本性）.

§ LXXII.　Fausses idées sur le prêt à l'intérêt[57]（貨幣貸付利子に関する誤った見解）.

§ LXXIII.　Erreurs des scolastiques réfutées[58]（教条主義神学者の反論の誤謬）

§ LXXIV.　Vrai fondement de l'intérêt de l'argent（貨幣利子の真の基礎）.

§ LXXV.　Le taux de l'intérêt ne doit être fixe que comme celui de toutes les marchandises, par le seul cours du commerce[59]（利子率はあらゆる商品の価格と同じように商品相場によってのみ決定されるであろう）.

§ LXXVI.　L'argent a dans le commerce deux évaluations distinctes : l'une exprime la quantité d'argent qu'on donne pour se procurer les différentes espèces de denrées ; l'autre exprime le rapport d'une somme d'argent à l'intérêt qu'elle procure suivant le cours du commerce（貨幣は商業においてふたつの明らかに異なる評価をもっている．ひとつはさまざまな種類の生活必需品を手に入れるためにあたえられた貨幣の数量を表現するものである．そしていまひとつは貨幣総量が商品相場に応じて同意された利子を生み出す関係を示すものである）.

---

prises que le travail et l'industrie, l'homme industrieux partage volontiers les profits des son entreprise avec le capitaliste qui lui fournit les fonds dont il a besoin."（シェル版全集では第70節の標題）.

57)　デュポン版全集の標題は，"Cinquième emploi des capitaux : les prêts à intérét. Nature du prêt."（シェル版全集では第71節の標題）.

58)　デュポン版全集の標題は，"Fausses idées sur le prêt à intérêt"（シェル版全集では第72節の標題）.

59)　テュルゴーの『諸省察』オリジナルテキストの第75節「ある異論に答える（§ LXXV. Réponse à une objection）であったが，デュポンが『市民日誌』に掲載するさい，著者に無断で本節を削除．その後テュルゴーもこれを認めたために『諸省察』は全101節ではなく，100節からなるテキストが一般化している．シェル版全集に収録されたテキストもこれを踏襲しているので，これ以降，オリジナルテキストのパラグラフナンバーよりも一節すくなくなる．例えば，つぎの「第76節」はオリジナルテキストでは「第77節」，ために『諸省察』の最終はシェル版では第100節，オリジナルテキストは101節である．

付録2　テュルゴー著『富の形成と分配に関する諸省察』目次　　145

§ LXXVII.　　Ces deux évaluations sont indépendantes l'une de l'autre, et sont réglées par des principes tout différents（これらの評価は相互に依存する関係にあり，そしてそれぞれはまったく異なる原理によって調整される）.

§ LXXVIII.　Dans l'évaluation de l'argent comparé aux denrées, c'est l'argent considéré comme métal qui est l'objet de l'appréciation. Dans l'évaluation de dernier de l'argent, c'est l'usage de l'argent pendant un temps déterminé qui est l'objet de l'appréciation（前節で示したふたつの貨幣の評価のうち，前者〔生活必需品の購入の場合〕のような貨幣の評価にあっては，その評価の対象となるのは貴金属〔金や銀〕としての貨幣である．そして後者の〔貨幣が利子を生む〕場合には，その評価の対象となるのはある一定期間の貨幣の使途である）.

§ LXXIX.　　Le prix de l'intérêt dépend immédiatement du rapport de la demande des emprunteurs avec l'offre des prêteurs : et ce rapport dépend principalement de la quantité des richesses mobiliaires accumulées par l'épargne des revenus et des produits annuels pour en former des capitaux, soit que ces capitaux existent en argent ou en tout autre genre d'effets ayant une valeur dans le commerce（利子の価格〔利子率〕は借り手の需要と貸し手の供給との関係に直接依存する．そして両者の関係は，貨幣のかたちであろうと，あるいは商業上の価値を有する他のあらゆる種類の資産のかたちであろうと，資本を形成するための収入と年生産物の節約によって蓄積された動産的富の数量とにもっぱら依存する）.

§ LXXX.　　L'esprit d'économie dans une nation augmente sans cesse la somme des capitaux ; le luxe tend sans cesse à les détruire（節約の気質は絶えず一国の資本を総体として増加する．これに引き換え，奢侈は資本を減耗（げんこう）するのがつねである）.

§ LXXXI.　　L'abaissement de l'intérêt prouve qu'en général l'économie a prévalu , dans l'Europe, sur le luxe（利子が低下すれば，ヨーロッパでは一般的に節約が奢侈を制することは明白である）.

§ LXXXII.　Récapitulation des cinq différentes manières d'employer les capitaux（5 つの異なる資本の使途の要約）.

§ LXXXIII.　　Influences des différents emplois de l'argent les uns sur les autres（貨幣の異なる使途が相互に及ぼす諸影響）.

§ LXXXIV.　　L'argent placé en terre doit rapporter moins（土地に投下された貨幣は〔土地のほかに投下された貨幣に比較して〕よりすくない収入をもたらすであろう）.

§ LXXXV.　　L'argent prêté doit rapporter un peu plus que le revenu des terres acquises avec un capital égal（貸し付けられた貨幣は，それと等額の資本によって手に入れる土地収入よりもわずかに多い収入をもたらすであろう）.

§ LXXXVI.　　L'argent placé dans les entreprises de culture, de fabrique et de commerce, doit rapporter plus que l'intérêt de l'argent prêté（土地の耕作，製造，商業の各分野企業に投下された貨幣は貸し付けられた貨幣の利子よりも多く〔の収入〕をもたらすであろう）.

§ LXXXVII.　　Cependant les produits de ces différents emplois se limitent les uns par les autres, et se maintiennent malgré leur inégalité dans une espèce d'équilibre（しかしながら，これらの貨幣の使途から生じる生産物はそれぞれに限りがある．しかもそれらは均等ではないにもかかわらず，ある種の均衡のなかに維持される）.

§ LXXXVIII.　　L'intérêt courant de l'argent est le thermomètre par où l'on peut juger de l'abondance ou de la rareté des capitaux ; il est la mesure de l'étendue qu'une nation peut donner à ses entreprises de culture, de fabriqur et de commerce[60]（貸し付けられた貨幣の市場利子率は資本の多寡を計る寒暖計と見做すことができる．それは一国がその土地耕作，製造業および商業の企業に提供可能な〔資本の多寡の〕度合いを計測する尺度である）.

---

60)　デュポン版全集の標題は，"L'intérêt courant de l'argent est le thermomètre de l'abondance et de la rareté des capitaux ; il mesure l'étendue qu'une nation peut donner à ses entreprises de culture, de fabrique et de commerce."（テュルゴーとデュポンとの字句の相違に注意）.

付録2　テュルゴー著『富の形成と分配に関する諸省察』目次　　　147

§ LXXXIX.　Influence de taux de l'intérêt de l'argent sur toutes les entreprises lucratives（貨幣利子率のあらゆる営利企業に及ぼす影響）.

§ XC.　La richesse totale d'une nation est composé : 1° du revenu net de tous les bien-fonds multiplié par le taux du prix des terres ; 2° de la somme de toutes les richesses mobiliaires existantes dans la nation（一国のすべての富はつぎのふたつから成り立つ．1. あらゆる不動産〔の価格〕を地価収益率で除した純収入．2. 一国に現存する動産的富の総計）.

§ XCI.　La somme des capitaux prêtés ne pourrait y être comprise sans double emploi（貸し付けられた資本総額はこれを一国の富のなかにふくめることはできない．なぜなら〔貨幣的資本は即座に (sur-le-champ) 資本ストックに転化されるので，これをふくめると〕重複勘定になるからである）.

§ XCII.　Dans laquelle des trois classes de la société doit-on ranger les capitalistes prêteurs d'argent?（貨幣貸付資本家は社会を構成する3つの階級のいずれに分類すべきであろうか）.

§ XCIII.　Le capitaliste prêteur d'argent appartient, quant à sa personne, à la classe disponible（貨幣貸付資本家はその性質上，〔自らが手にする利子収入を〕自由に可処できる〔可処分資産保有〕階級に属する）.

§ XCIV.　L'intérêt que retire le prêteur d'argent est disponible, quant à l'usage qu'il en peut faire（貨幣の貸し手に利用可能な資本の使途についていえば，かれの手にする利子は自由に処分することができる）.

§ XCV.　L'intérêt d'argent n'est pas disponible dans ce sens que l'État puisse, sans inconvénient, s'en approprier une partie pour ses besoins（貨幣利子は国家がその一部を何らはばかることなく自らのものとすることができるという意味において〔貨幣貸付資本家が自ら受け取るであろう利子のすべてを〕自由に処分することはできない）.

§ XCVI.　Objection（〔前節への〕異論）.

§ XCVII.　Réponse à l'objection（異論に答える）.

§ XCVIII.　Il n'existe de revenu vraiment disponible dans un État que le

148

$\qquad$ produit net des terres[61]（一国において真に処分可能な収入は土地の生み出す純生産物だけである）．

§ XCIX. La terre a aussi fourni la totalité des richesses mobiliaires ou capitaux existants, et qui ne sont formés que par une portion de ses productions réservées chaque année（土地もまた現存する動産的富もしくは全資本を供給した．そしてそれらは年々に節約された土地の生産物して貯蔵された生産物の一部分によって形成される）．

§ C. Quoique l'argent soit l'objet direct de l'épargne, et qu'il soit, pour ainsi dire, la matière première des capitaux dans leur formation, l'argent en nature ne forme que'une partie presque insensible de la somme totale des capitaux（貨幣がたとえ節約の直接的対象であり，しかもいうなれば資本形成における第一の素材であっても，貨幣はその性質上，総資本のごくわずかな一部分を形成するにすぎない）．

（中川辰洋『テュルゴー資本理論研究』付録『富の形成と分配に関する諸省察』目次より転載．ただし一部修正・加筆）

---

61) デュポン版全集の標題は，"Il ne reste de revenu vraiment disponible dans un État que le produit net des terres."（テュルゴーとデュポンの字句の相違に注意）．

付録3　アダム・スミス著『国富論』目次

　以下，キャナン版『国富論』(*An Inquiry into the Nature and Causes of the Wealth of Nations*, edited, with introduction , notes, marginal summary and an enlarged index by Edwin Cannan, M. A., New York, Randam House, 1920, 1937 ; reprinted 1965) を底本とし，『国富論』刊行 200 年を祝してキャンベル，スキナー，トッドの編集した新版 (*An Inquiry into the Nature and of Causes the Wealth of Nations*, Volume I and II, edited by Richard H. Campbell, Andrew S. Skinnrt and William B. Todd, Grasgow Edition of the Works and Correspondance of Adam Smith Oxford, Oxford University Press, 1976 : reproduced in paperbook by The Liberty Fund, Indianapolis : Indiana, 1981) を参照した．また，邦訳は，キャナン版の邦語訳（大河内一男訳『国富論』，『世界の名著』31，中央公論社，1968 年）によった（ただし，訳文はかならずしも同一ではない）．

An Inquiry into the Nature and Causes of the Wealth of Nations
国富論──諸国民の富の本質と原因に関する研究
Introduction and Plan of the Work（序論および本書の構想）

Book I　Of the Causes of Improvement in the productive Powers of Labour, and of the Order according to which its Produce is naturally distributed among the different Ranks of the People（第 1 篇　労働の生産力における改善の原因と，その生産物が人々のさまざまな階級のあいだに自然に分配される秩序について）

Chapter I　Of the Division of Labour（第 1 章　分業について）
Chapter II　Of the Principle which gives occasions to the Division of Labour（第 2 章　分業をひきおこす原理について）
Chapter III　That the Division of Labour is limited by the Extent of the Market（第 3 章　分業は市場の大きさによって制限されているということ）
Chapter IV　Of the Origin and Use of Money（第 4 章　貨幣の起源と使用ついて）

Chapter V　Of the real and nominal Price of Commodities, or of their Price in Labour, and their Price in Money（第5章　諸商品の実質価格と名目価格について，すなわち，それらの労働価格と貨幣価格について）

Chapter VI　Of the component Parts of the Price of Commodities（第6章　諸商品の価格の構成部分について）

Chapter VII　Of the natural and market Price of Commodities（第7章　諸商品の自然価格と市場価格について）

Chapter VIII　Of the Wages of Labour（第8章　労働の賃金について）

Chapter IX　Of the profits of Stock（第9章　資本の利潤について）

Chapter X　Of Wages and Profits in the different Employments of Labour and Stock（第10章　労働と資本の種々の用途における，賃金と利潤について）

Part I.　Inequalities arising from the Nature of the Employments themselves（第1節　職業自体の性質から生じる不均等）

Part II.　Inequalities occasioned by the Policy of Europe（第2節　ヨーロッパの政策によってひきおこされる不均等）

Chapter XI　Of the Rent pf Land（第11章　土地の地代について）

Part I.　Of the Produce of Land which always affords Rent（第1節　つねに地代を生じる土地生産物について）

Part II.　Of the Produce of Land which sometimes does, and sometimes does not, affords Rent（第2節　ときには地代を生じ，ときにはそれを生じない土地生産物について

Part III.　Of the Variations in the Proportion between the respective Values of that Sort of Produce Which always affords Rent, and of that which sometimes does, and sometimes does not, afford Rent（第3節　つねに地代を生じる部類の生産物と，ときには地代を生じときにはそれを生じない部類の生産物との，それぞれの価値のあいだの比率の変動について）

Digression concerning the Variations in the Values of Silver during the Course of the Four last Centuries（最近4世紀間における銀価格の変動に関する余論）

First Period（第1期）

Second Period（第2期）

Third Period（第3期）

Variations in the Proportion between the respective Value of Gold and Silver

（金の真実価格と銀の真実価格のあいだの比率の変動）

Grounds of the Suspicion that the Value of Silver still continues to decrease
（銀の価値がなおも減少するという疑念の基礎）

Effects of the Progress of Improvement upon the real Price of three different
Sorts of rude Produce（改善が進むことによって３つの異なる種類の粗製品の
実質価格に生じる効果）

First Sort（第１種）

Second Sort（第２種）

Third Sort（第３種）

Conclusion of the Digression concerning the Variations in the Value of Silver
（銀の価値の減少に関する余論の結論）

Effects of the Progress of Improvement upon the real Price of Manufactures
（改善が進むことによって製造品の真実価格に生じる効果）

Conclusion of the Chapter（本章の結論）

Book II　Of the Nature, Accumlation, and Employment of Stock（第２篇　資本
の性質，蓄積，用途について）

Introduction（序論）

Chapter I　Of the Division of Stock（第１章　資本の分類について）

Chapter II　Of Money considered as a particular Branch of the general Stock
of the Society, or of the Expence of maintaining the National Capital（第２章
社会の総資財の一特定部門とみなされる貨幣について，すなわち，国民資本の
維持費にて）

Chapter III　Of the Accumulation of Capital, or of productive and unproductive
Labour（第３章　資本の蓄積について，すなわち生産的労働と不生産的労働に
ついて）

Chapter IV　Of Stock lent at Interest（第４章　利子つきで貸し付けられる資財
について）

Chapter V　Of the different Emloyment of Capitals（第５章　資本のさまざまの
用途について）

Book III　Of the different Progress of Opulence in different Nations（第３篇

国によって富裕になる進路が異なることについて）

Chapter I　Of the natural Progress of Opulence（第 1 章　富裕になる自然の進路について）

Chapter II　Of the Discouragement of the Agriculture in the ancient State of Europe after the Fall of Roman Empire（第 2 章　ローマ帝国没落後のヨーロッパの旧状において農業が阻害されたことについて）

Chapter III　Of the Rise and Progress of Cities and Towns, after the Fall of Roman Empire（第 3 章　ローマ帝国没落後における都市と町の勃興と発展について）

Chapter IV　How the Commerce of the Towns contributed to the Improvement of the Country（第 4 章　都市の商業は，いかにして農村の改良に貢献したか）

Book IV　Of Systems of political Oeconomy（第 4 篇　経済学の諸体系について）

Introduction（序論）

Chapter I　Of the Principle of the commercial, or mercantile system（第 1 章　商業主義または重商主義の原理について）

Chapter II　Of Restraints upon the Importation from foreign Countries of such Goods as can be produced at Home（第 2 章　国内でも生産できる財貨を外国から輸入することにたいする制限につて）

Chapter III　Of the exordonary Restraints upon the Importation of Goods of almost all Kinds, from those Countrie with which the Balance is supposed to be disadvantageous（第 3 章　貿易収支が自国に不利と思われる諸国から輸入されるほとんどあらゆる種類の財貨にたいする特別の制限につて）

Part I.　Of the Unreasenableness of those Restraints even upon the Principles of the Commercial System（第 1 節　重商主義の原理からみても，これらの制限は不合理である）

Digression concerning Banks of Deposit, particularly concerning that of Amsterdam（預金銀行，とりわけアムステルダムの預金銀行に関する余論）

Part II.　Of the Unreasenableness of those exordinary Restraints upon other Principles（第 2 節　その他の原理からみても，これらの特別の制限は不合理で

付録3　アダム・スミス著『国富論』目次　　　153

ある）

Chapter IV　Of Drawbacks（第4章　戻し税について）

Chapter V　Of Bounties（第5章　奨励金について）

Disgression concerning the Corn Trade and Corn Laws（穀物貿易および穀物条例に関する余論）

Chapter VI　Of Treaties of Trade（第6章　通商条約について）

Chapter VII　Of Colonies（第7章　植民地について）

Part I.　Of the Motives for establishing new colonies（第1節　植民地建設の動機について）

Part II.　Causes ofthe Prosperity of new Colonies（第2節　新植民地繁栄の諸原因について）

Part III.　Of Advantages which Europe has derived frome theDicovery of America, and from that of a Passage to the East Indies by the Cape of Good Hope（第3節　ヨーロッパが，アメリカ発見および喜望峰経由インドへの航路の発見から得た諸利益について）

Chapter VIII　Conclusion of Mercantile System（第8章　重商主義の結論）

Chapter IX　Of the Agricultural Systems, or of those Systems of political Oeconomy, which represent the Produce of Land, as either the sole or the principal Source of the Revenue and Wealth of every Country（第9章　農業学説（システム），すなわち，土地の生産物がすべての国の収入と富の，唯一またはおもな源泉だと説く経済学上の主義について）

Book V　Of the Revenue of the Sovereign or Commonwealth（第5篇　主権者または国家の収入について）

Chapter I　Of the Expences of the Sovereign or Commonwealth（第1章　主権者または国家の経費について）

Part I.　Of the Expences of Defence（第1節　防衛費について）

Part II.　Of the Expences of Justice（第2節　司法費について）

Part III.　Of the Expences public Works and public Institutions（第3節　公共事業と公共施設の経費について）

Article 1 st. Of the Public Works and Intitutions for facilitating Commerce of the Society（第1項　社会の商業の利便に資する公共事業と公共施設について）

1 st, For facilitating general Commerce of the Society*)（1．社会の一般
商業の利便に要する公共事業と公共施設について）

2 dly, For facilitating particular Branches of Commerce（商業の特殊な
部門の利便に要する公共事業と公共施設について）

Article 2 d. Of the Expences of the Institutions for the Education of Youth（第
2 項　青少年教育のための施設の経費について）

Article 3 d. Of the Expences of the Institutions for the Instruction of People of
all Ages（第 3 項　あらゆる年齢層の人々を訓練するするための施設の経費につ
いて）

Part IV．　Of the Expences of supporting the Dignity of the Sovereign（第 4 節
主権者の尊厳をたもつための経費について）

Conclution of the Chapter（本章の結論）

Chapter II　Of the Source of general or public Revenue of the Society（第 2 章
社会の一般収入および公共収入の財源について）

Part I．　Of the Funds or Sources of Revenue which may peculiarly belong to
the Sovereign or Commonwealth（第 1 節　主権者または国家に直属させうる
収入の基金または財源について）

Part II．　Of Taxes（第 2 節　租税について）

Article 1 st．　Taxes upon Rent ; Taxes upon the Rent of Land（賃料にかける
税，1. 土地の地代にかける税）

Taxes which are proportioned, not to the Rent, but to the Produce of Land（2.
地代ではなく土地の生産物に比例する税）

Taxes upon the Rent of Houses（3. 家賃税）

Article 2 d．　Taxes upon Profit, or upon the Revenue arising from Stock（第
2 項　利潤，すなわち資本から生じる収入にかける税）

Taxes upon the Profit of particular Employments（特別の用途の利潤にかける
税）

Appendix to Articles 1 st and 2 d. Taxes upon the Capital Value of Land,
Houses, and Stock（第 1，2 項への補遺　土地，家屋および資財の資本価値に

＊）　キャンベル，スキナー，トッド編新版『国富論』では，"And，first，of　those
which are necessary for facilitating Commerce in general（そして，第 1 は，商業
一般の利便の要に資する〔公共事業と公共施設について〕）" となっている（文中の
下線は筆者）．

かける税）

Article 3 d.　Taxes upon the Wages of Labour（第 3 項　労働の賃金にかける税）

Article 4 th.　Taxes which, it is intended, should fall indifferently upon every different Species of Revenue（あらゆる種類の収入に，無差別にかけることを意図する税）

　　Capitation Taxes（人頭税）

　　Taxes upon consumable Commodities（消費財にかける税）

Chapter III　Of public Debts（第 3 章　公債について）

付論

「資本」概念生成・成立再論
―E. キャナンのアダム・スミス「資本」理論の批判的考察―

> 「お巡りさんは嘘なんかつかないぞ．嘘をつくのは，そうでも
> しないと有罪に持ち込めないときだけだよ．そのあたりのこと
> は，誰かさんだってまんざら知らないわけじゃあるまい？」
> ――R.D. ウィングフィールド『フロスト始末』

はじめに

中世ラテン語の "capitalis" を語源とする "capital" が経済学における
生産の3大要素のひとつ「資本」相当の意味をもつに至ったのはさほどふる
い話ではない．経済学の黎明期（berceau de l'économie politique）と称され
る18世紀フランスの思想家・行政官アンヌ・ロベール・ジャック・テュル
ゴーが1766年に執筆した『富の形成と分配に関する諸省察（*Réflexions sur
la formation et la distribution des richesses*)』（以下，『諸省察』と略記）を嚆矢
とする．

すなわち，かれは『諸省察』第29節「資本一般もしくは貨幣収入」にお
いて "capital" としての「資本」を導出してのち，「資本」とその所有者
「資本家（capitaliste）」を軸に織りなす商業社会（société commerçante）
――現代風に商品経済社会または市場経済社会といい換えてもよい――の経
済関係の組織的分析を行っている[1]．爾来，テュルゴーのネオロジスム
（néologisme/new terminology）と理論は同時代人のスコットランド出身の思
想家アダム・スミスをはじめ多くの人間たちによって受け容れられてきた．

---

1) この点については，中川 [2013] とくに第2章「テュルゴー資本理論の基本構成と
展開」を参照されたい．

イギリスの経済学者アントニー・ブリュワーをしてテュルゴーこそは「古典経済学の創始者（founder of classical economics）」[2]といわしめたのもけだしゆえなしとしない．

　周知のように，"capital"はもともと経済学のタームではなく簿記・会計用語であった[3]．フランスの権威ある国語辞典『ル・グラン・ロベール（*Le Grand Robert*）』によると，この言葉はフィレンツェやヴェネツィアやジェノヴァといった中世イタリアの都市国家（societas civilis）すなわち共和国（repubbulica）の商人や銀行家や事業家たちが古典語の語彙"caput"から生み出したタームであり，初出は13世紀初頭にまで遡るといわれる．ただ"capital"は時代を経るとともに大陸ヨーロッパ諸国——オランダやフランスやドイツさらにはドーバー海峡を渡ってブリテン島へと広がり，かつその意味するところも多義化・多様化した．そして18世紀の曙をおがむ時分ともなると，個人または会社（企業）によって保有されたあらゆる資産，会社が事業をはじめるさいの元手あるいは出資金，利息を取って貸し付けられる貨幣の額もしくは利潤や利子と対比された元本，会社の資本金，中央政府や会社の発行する公債や株式などの語義を有するに至った．

　詰まるところ，フィレンツェやヴェネツィアやジェノヴァなどの商人や銀行家や事業家たちに遅れること500年余，18世紀中葉のフランスで"capital"が経済学の最重要概念「資本」相当の意味をもつタームとして歴史の表舞台に登場したことになる．別言すれば，このタームはさしあたり簿記・会計の世界の産物であるとはいえ，「資本」相当の意味を有しかつそのような意味で用いられるに至ったのは，簿記・会計それ自身の歴史的発展の結果ではなかった．それとは異なる世界において，フランス啓蒙思想の申し子と謳われたテュルゴーという人物の思想的営みのなかから生まれた術語——よ

---

2)　Brewer［1986］, p. 186. ジル・ドスタレールはテュルゴーを「資本主義の理論家」と評しているが，ブリュワーと同じ趣旨からである．くわしくは，Dostaler［2010a］を参照されたい．

3)　簿記・会計の歴史については，片岡［2007］を参照されたい．

り厳密にいえば，かれの師グルネー侯爵ジャック＝クロード＝マリー・ヴァンサンのいわゆる「商業学（science du commerce）」あるいは「経済学（économie politique）」の最重要概念のひとつと考えなくてはならないのである．

　いまそのように考えられるとすれば，経済学の最重要概念である資本の生成・成立は，テュルゴーのお蔭をこうむることすこぶる大といってよいであろう．ところが，ことイギリスでは大多数の大陸ヨーロッパ諸国と異なり，資本に相当する用語として土着語の"stock"が，イタリアやオランダやフランスの商人たちの間で使われた"capital"と同義語としてひさしく通用していた．この島で"capital"が資本相当の意味で使用されるようになるのはけだし 18 世紀後葉まで待たなくてはならなかったのである．

　その際立った事例は，アダム・スミスが 1776 年に出版した『諸国民の富の本質と原因に関する研究（*An Inquiry into the Nature and Causes of the Wealth of Nations*）』——『国富論』であり，同書第 2 篇で"capital"が資本相当の意味ではじめてお目見えする．しかしながら，この篇の標題の「資本」は"capital"ではなく"stock"であった．すなわち，「資本の性質，蓄積，用途について（Of the Nature, Accumulation and Employment of Stcok）」である．スミスは土着語の"stock"とドーバー海峡を渡ってきた舶来語（mot d'outre-mer）である"capital"というふたつの単語を『国富論』において「資本」を意味するタームとして併用したのである．

　やがて明らかにするように，19 世紀オーストリアの経済学者オイゲーン・フォン・ベーム＝バーヴェルクが 1889 年に発表した自著『資本積極理論（*Kapital und Kapitalzins, Zweite Abteilung : Positive Theorie des Kapitals*）』（英訳，1891 年刊）のなかでいうとおり，簿記・会計の世界で生まれ落ちてさまざまの意味をもつに至った「capital という用語の概念はテュルゴーによって最終的に書き換えられた」[4]のであるが，そのことはまた「テュルゴ

---

4)　Böhm–Bawerk［1891］, p. 25.

ーこそは"capital"という術語を資本相当の意味で用いた歴史上最初の人物」といい換えることができよう．ことほどさように，テュルゴーの資本理論の重要性は今日では広く受け容れられている．

　そうとはいえ，この分野における「歴史上最初の人物」という栄誉をひとりテュルゴーにのみ帰すことができないこともまたたしかである．事実，テュルゴーはかれが終生"メントール（Mentor）"と慕ったヴァンサン・ド・グルネーに多くを負い，そしてそのグルネーはといえば，イギリス東インド貿易会社の総裁を務めたサー・ジョサイア・チャイルドの名著『新商業講話（*A New Discourse of Trade*）』に示唆を得て「新しい富」の概念としての資本の原型にたどり着いた[5]．この過程は，グルネーがかれの協力者の与力を得て作成したフランス語版『新商業講話』とその「注解」（Remarques）の草稿に目を通せば容易に理解できる．

　ただし，当時出版されたのは翻訳だけで，「注解」は時の財務総監（現代の総理大臣に相当する行政の最高責任者）ジャン＝バティスト・ド・マショー・ダルヌーヴィルによる「出版差止」要求の結果日の目を見ず，フランスの経済思想家シモーヌ・メイソニエがフランス国民議会（下院）図書館（Bibliothèque de l'Assemblée Nationale）で発掘した誤字脱字のまったくない最終稿かそれに近い草稿を校訂し2008年に出版するまでグルネーの経済思想の全容を理解することは叶わなかった．

　以上は，今日さまざまの史料や文献そしてこれらをベースとする多くの学術研究によって裏づけられる経済学史上の事実である．したがって，"capital"が資本相当の意味をもつに至った長く曲がりくねった道のりの終着点^(テルミヌス)は，これを"capital"の来歴や簿記・会計発達史を微に入り細を穿つが如くにふり返ったところで解き明かすことなどできない相談である．だが，そ

　5）　この点については，Meyssonnier［2008］を参照されたい．また，Brewer［2010］もあわせて参照されたい．なお，グルネーの経済思想については，Schelle［1897］；Sécrestat-Escande［1911］；Dostaler［2010b］などのほか，戦前・戦中・戦後を通じてわが国唯一のグルネーの研究論文である手塚［1927］を参照されたい．

れにもかかわらず経済学研究者，なかんずくイギリスの経済学研究者にあっては"capital"というタームの来歴を研究することを慣いとしてきた．スミス『国富論』の編集者として名高い研究者エドウィン・キャナンもそのひとりである．というよりは，その代表格といってよい．かれは1893年に上梓した『イギリス経済学における生産と分配理論の歴史——1776〜1848年 (*History of the Theories of Production and Distribution in English Political Economy from 1776 to 1848*)』このかた，"capital"の来歴や意味や使い方の歴史的変化をテーマとする論稿（essays）を世に問うてきた[6]．

　もちろん，この分野における未発表の文書や史料が発掘され，キャナンの議論とは相反する研究業績が多数発表されてきたことに思いを致せば，かれの議論はすでに旧聞に属する——ありていにいえば間違った解釈であったことが証明済みである．ところが，どっこい，いまなおキャナンの主張もしくはこれに類似する主張を支持する研究者は洋の東西を問わず跡を絶たない．わが国の経済学説史や経済思想史の研究をふり返ると，藤塚知義は顕著な例である[7]．

　本稿は，以上のような研究状況に配慮しつつ，キャナンの「アダム・スミス〈資本〉理論」に関する所説を批判的に検討することを目標としているが，ここではキャナンが1921年に発表した論説「capital なる用語の初期史（Early history of the term capital）」を中心に見ていきたい．ひとつには，かれの主張のエッセンスがこのエセーに明確に映し出されているからである．いまひとつは，キャナンのエセーが"capital"というタームの研究を経済学本来のテーマである資本概念の生成・成立の研究ではなく，簿記・会計用

---

6)　キャナンは同書第4章で"capital"の来歴について解説しているが，古語の"caput"と中世ラテン語の"capitalis"との相違もあらばこそ，かれの所説はもとより，ラテン語の素養に信を置くことがためらわれる．

7)　本稿での藤塚説への言及は主として1983年に発表した「アダム・スミスの『資本』論」（藤塚［1990］に再録）を対象とするが，この論稿は藤塚の著書『アダム・スミス革命』（東京大学出版会，1952年，増補版1973年）で提起した問題の「学説発展の生成史としての観点から歴史的に位置づけかつ立証しようとしたものである」（藤塚［1990］，iii ページ）とのべている．

164

語の発達史の研究という誤った方向へと導いた確たる裏づけと証拠を提供しているからである.

　結論を先取りすれば,キャナンがこのエセーを作成した意図は,テュルゴーやグルネーやチャイルドなる人間たちは資本概念の生成と成立に際立った貢献をしなかったという認識のもとで,アダム・スミスの『国富論』が資本相当の意味で"capital"というタームが登場した歴史上最初の文献であったということを証明するところにあるといっても過言ではあるまい.換言すれば,スミス『国富論』の出現によって簿記・会計用語としての"capital"の前史が終わり,資本としての"capital"の新たな時代がはじまるという神話をつくり上げたところに,キャナン最大の功績がある.実際キャナンから後,イギリスの研究者の間では,資本相当の意味での"capital"が簿記・会計発達史とは無縁の市場経済の解明という思想的営みの賜物であり,かつそれがフランス渡来のまったく新しい概念であったいう事実を拒絶し否認する御仁がいまだにすくなくない.現代風を装ってこれを表現し直せば,"post-factual（-truth）history of economic thought/hisoire fallacieuse de la pensée économie politique（ポスト真実の経済思想史）"というのであろうが,いまは問うまい.

　ともあれいずれにしても,エドウィン・キャナンにあっては,"capital"を資本相当の意味で用いた「歴史上最初の人物」はブリテン島の島民——ありていにいえばアダム・スミスでなければならず,ためにこれに反するような学究の所説はもとより,その裏づけとなる物証や史料はこれをことごとく排除し葬り去ることを自らの務めと見付けたのかもしれない.かれは実際,"capitalis pars debiti（〔capitalis とは〕貸し付けられた貨幣の額または元本（the principal of debt）である）"とベーム゠バーヴェベルクが前掲『資本積極理論』のなかで記したラテン語に対して「出典をまったく示さない（without giving any authori ty)」[8]と嚙みついた."捏造"とはこのような手口

---

8)　Cannan［1921］, p. 470.

付論 「資本」概念生成・成立再論 165

(modus operandi) をいうのであろう．のちに詳述するとおり，"capitalis pars debiti" の出典は "カロロ・デュカンジュ殿（Sieur Carolo du Cange)" ことシャルル・デュ・フレーヌらの編纂した『中世・後期ラテン語辞典 (*Glossarium Mediæ et Infimæ Latinitatis*)』であるが，かといってそうとわざわざ断るまでもない「万民周知の用語（verbum quotidianum)」であった．

　キャナンの意図が那辺にあったかは不明——あるいはただ単に自分が思うほどラテン語の素養がなかっただけかもしない——であるが，かれの「出典をまったく示さない」の一言がベーム゠バーヴェルクの著作を貶め，くだんのラテン語のすぐあとでかれがものした「capital という用語の概念はテュルゴーによって最終的に書き換えられた」の一文も確たる根拠を欠く謬見でしかないという印象を後世の読者に植え付ける結果となったといっても大袈裟ではないと考える．キャナンの言葉が，のちの世代の経済学研究者とくに英語圏の研究者にとって，ベーム゠バーヴェルクのテュルゴー解釈ばかりか，当のテュルゴーの「資本」理論にも暗挑を決め込む格好の方便となったといってもけだし穿ちすぎではあるまい．キャナンは郭隗にあやかったわけでもあるまいが，率先して自らの『国富論』からテュルゴーの名前を排除したため，本文はもとより編集者の「序文」のなかでも数えるほどの脚注のなかに登場するだけである[9]．

　その一方で，モンテスキュー，ミラボー侯爵，フランソワ・ケネー，ピエール゠ポール゠フランソワ・ル・メルシエ・ド・ラ・リヴィエールなど多くのフランス人は要所要所で登場しスミス学説の形成に功があったと評価される．そのくせ，テュルゴーばかりか，かれの師グルネーはといえば，サー・

---

9)　この点，デイヴィッド・リカードウと対照的である．かれは名著『経済学及び課税の原理（*The Pricinles of Political Economy and Taxation*)』の「序言」でつぎのようにいっている．すなわち，「この学問〔経済学〕は〔アンヌ・ロベール・ジャック・〕テュルゴー，〔サー・ジェイムズ・〕スチュアート，〔アダム・〕スミス，〔ジャン゠バティスト・〕セー，〔シモンド・ド・〕シスモンディ，およびその他の人々の著作によって大いに進歩させられた」（Ricardo [1817], p. 5. 訳5ページ．ただし，引用文は訳文とは異なる)．

ジョサイア・チャイルドの『新商業講話』を高く評価しその吟味検討の末，「新しい富」の概念である資本の理論の原型を生み出し，これを愛弟子に遺した人物であることがいまや周知の事実となっているにもかかわらず，ただの一度も言及されない[10]．とはいえ，世の中はよくしたもので，『国富論』刊行 200 年にちなんだ新版『国富論』の編集者の「序文」ではグルネーはともかくテュルゴーの資本理論について言及している．イギリスの研究状況も，キャナンの時代と比べると隔世の感がある．

　もとより，キャナンがグルネーに言及しなかったのは，かれの不勉強のせいであったとは考えがたい．キャナンの同時代人にしてフランソワ・ケネーとその一門の専門家として名高い碩学ヘンリー・ヒッグズが 19 世紀末からこちら発表してきたリシャール・カンティヨンに関する論稿のなかでグルネーに詳細なコメントを残していたからである．そしてヒッグズはいわばその集大成として，グルネーがかれの協力者の与力を得て 1755 年に出版したカンティヨンの『商業一般の本性に関する論説（*Essai sur la nature du commerce en général*）』の英語訳を世に送り出している．1931 年のことである[11]．

---

10)　さしあたり，Meyssonnier［2008］を参照されたい．また，中川［2013］（とくに付論 I「チャイルド─グルネー─テュルゴー───『資本』概念の生成と成立に関する一考察」）はメイソニエらの最新の研究成果を踏まえて，チャイルド─グルネー─テュルゴーの資本理論の継承関係を論じたものである．あわせて参照されたい．なお，本稿は前作で吟味検討できなかった問題をキャナンのエセーにおける "capital" という用語の来歴や使用法の研究史を手掛かりに論究したものである．このほか，中川［2016］（とくに付論 II「『資本』概念成立探究──馬場宏二『資本・資本家・資本主義』を中心にして」）もあわせて参照されたい．そこでは後述する藤塚知義『アダム・スミスの資本理論』における問題点についても論じている．

11)　ヒッグズの英訳の経緯や評価については，Van Den Berg［2015］を参照されたい．英キングストン大学のリチャード・ヴァンデンバーグ（ファンデンベルヒ）の研究は，当今流行のテキストマイニング（text-mining）という分析手法によって複数の英訳テキストの相違を読み解くものであり興味をそそられる．なお，些細な問題でまことに恐縮であるが，筆者はグルネーとかれの協力者たちによって 1755 年に出版されたカンティヨンの作品のタイトル *Essai sur la nature du commerce en général* の邦題を，先学に敬意を評する意味からこれまで「商業論」，「商業一般の本性に関する試論」と表記してきたけれども，正直，かならずしも適切とは思えなかった．考えた末に従前の邦題を破棄し，向後「商業一般の本性に関する論説」──略記「商業論説」

けだし，キャナンがグルネーの功績に言及しないのは，どうみても奇異であり不条理である．キャナンの暗挑にはそれ相当のしかるべき理由があったと考えるのが自然であろう．すなわち，キャナンのテュルゴーやグルネーへの暗挑は，サー・ウィリアム・ペティやサー・ジョサイア・チャイルドへのそれと基本的に同じ性質のものであったということである．なぜなら，アダム・スミスが『国富論』においてペティ，チャイルドに一言も残していないからである．キャナンはスミスの暗挑に倣ったと考えてまず間違いあるまい．

ところが，『国富論』の著者が暗挑を決め込んだのは，ペティやチャイルドばかりではなかった．『国富論』には，『経済学原理』の著者サー・ジェイムズ・ステュアートの名前さえ登場しない．世にいう「作為的なステュアート隠し（purporsed neglect of Steuart）」である[12]．スミスはその余勢を駆って，『富の形成と分配に関する諸省察』の著者まで隠したのか——と訊われるといささか心もとない気もする．しかし，これだけは疑いの余地はない．つまり，もしもテュルゴーを隠したい人物，もしくはかれに限らず表立って語ることを避けたい人間が存在したとすれば，それはスミスそのひとではあるまい．スミスの弟子や後継者を気取る英語圏の研究者たちである．ほかでもない，キャナンはその筆頭である．

この論文の構成をはじめに示せばつぎのとおりである．まずキャナンのエセーに即して簿記・会計用語として産声をあげた“capital”という用語の来歴と用法の変化をふり返って梗概する．それはまた「スミス以前」の“capital”というタームの語義と用法の歴史を顧みることでもある．つぎにキャナンの“capital”初期史に潜む問題点を明らかにし分析するが，そのさいこの語が経済学の最重要概念「資本」相当の意味をもつ語へと変化した経緯や思想的営みについても踏み込んで考察する．そして最後にキャナンの研究の経済学の古典形成，とくに資本概念の生成と成立への貢献とインプリ

——と呼称することとした．

12) スミスによる「作為的なステュアート隠し」は，Rashid［1986］；馬場［2008］にくわしい．

ケーションを考えたい．

1． "capital" の来歴と用法の歴史的変化

エドウイン・キャナンは1893年に上梓した『イギリス経済学における生産と分配理論の歴史——1776〜1848年』の第4章第1節において，中世ラテン語の "capitalis" を語源とする "capital" というタームの来歴の研究を試みて以来，"capital" をテーマとする論稿をいくつか発表している．英学会誌『クォータリー・ジャーナル・オブ・エコノミックス（*Quarterly Journal of Economics*）』1921年5月号に寄稿した「capitalなる用語の初期史（Early history of the term capital）」と題するエセーもそのひとつである[13]．それらはいずれも『国富論』の著者アダム・スミスが出現する以前——いわゆる「スミス以前（pre-Smithian）」の "capital" の意味と用法の歴史を概観したものであり，主要には『国富論』における使い方との間に明らかな相違があるのかどうか，あるとすればどのような違いであり，どのように評価

---

13) キャナンのエセーは，経済思想史研究の重鎮ウィリアム・J. アシュリーの大著『イギリス経済史と経済理論（*An Introduction to the English Economic History and Theory*）』第2巻の議論を下敷きに作成されたと思われ，時にアシュリーの記述をほとんどそのまま「転記」しただけの箇所も散見される．わが国のスミス研究の泰斗にしてキャナンのエセーを論評したほとんど唯一の邦人研究者である藤塚知義も，アシュリーについて言及している（藤塚［1990］，81ページ）．そのうえで，藤塚はキャナンを補足するかたちでこういっている．曰く，「『国富論』以前にはスミスはどの論策においても，キャピタルという語はほとんど登場しない．『グラスゴウ大学講義』においても，キャナンが編者序説で述べているように『capital』については全然語られ〔る〕」（同上，112ページ）ことはない．しかし，藤塚はそのあと「私の見たかぎりでは『講義』中3箇所で「見出される」と引き取っているが，いずれも「利潤や配当と対比した元金の意味に用いられている．これ以外の箇所ではほとんど，stock が使われている．〔中略〕これら〔capital や stock または capital stock〕の語の使い方は，これまでの〔スミス以外の〕著作者たちの場合と違うところはないのである」（同上，113-4ページ）とのべている．藤塚がうえでいう「3箇所」とは，『講義』第2部第2篇12節および14節それに第3部3節の記述である．なお，うえで紹介したアシュリーの見解と所説については，Ashley［1893］（とくに第6章第70節「Capital に関する補論（Excursus on Capital）」を参照されたい．"

付論 「資本」概念生成・成立再論　　　　　169

すべきか──といった諸点の考究をテーマとしていた.

　周知のように，スミスは『国富論』のなかで“capital”という用語を資本相当の意味で用いているが，スミス以前のイギリスでは“capital”というタームの使用はごくまれであったという．もっとも，当のスミスにしてからが，『国富論』の冒頭の篇では土着語の“stock”に資本相当の意味をもたせ，“capital”は一度も用いていない[14].　つづく第2篇でようやく“capital”という単語を目にするのであるが，標題は依然として“stock”が用いられるなど，土着語の“stock”と舶来語の“capital”とが併存するかたちとなっている.

　ここであえて「舶来語」といったのは，のちにみるように，キャナンがこのエセーの末尾でフランソワ・ケネーを開祖とするフランスの政策集団「フィジオクラート派（Physiocrates）」のお歴々のテキストにみられた“avances（前貸し，前払い）”や“capital/capitaux”が「資本」に相当する術語として使用されていたが，このタームがある時点でイギリスに移入され，やがてこの島でも「資本」相当の意味で使われるようになったという経緯を念頭に置いてのことである[15].

　キャナンによるまでもなく，“capital”というタームの使用はフランスのほうが早く，それがやがてドーバー海峡を渡ってイギリスでも使われるようになったことを認めている．しかしながら実際にこの用語が使われるケースはさほど多くなかった．ばかりか，“capital”が用いられる場合でも，土着語の“stock”とことさら区別されることもなく，両者はさながら同義語といってよいくらいであった.

　ところが，スミスの時代になると，“capital”というタームはまったく新しい意味をもつようになるという．そこでまず，キャナンのエセーを手掛かりに“capital”というタームの用法の変化の経緯と顛末を考察することか

────────────

14)　スミス『国富論』第1篇で「資本」に言及するのは第9章がはじめてであるが，標題は“Of the profits of stock”である.

15)　Cannan［1921］, p. 480.

らはじめよう．キャナンは前掲『イギリス経済学における生産と分配理論の歴史』におけると同様，ラテン語の "capitalis" 語源の "capital" は，中世期の 13 世紀初頭において人間や人間の頭部などを意味する "caput" から形成された単語（名詞・形容詞）であったが，すくなくとも 16 世紀中葉までヨーロッパのいくつかの国ぐにでは，商業や貨幣取扱業やその他の事業活動の元手ないし利子や配当に対比された元本を示すタームとして使用されていたと説いてみせる[16]．

ただイギリスの文献でこの言葉——当時は "capital" または "capitall" と表記した——の使用の初出は，"capitalis" というタームの生誕の地イタリアの共和国（都市国家）はいうに及ばず，オランダやフランスに比べても大幅に遅れたことは歴然としている[17]．はたしてそうであっても——だからこそ，というべきか——"capitalis" は商人や銀行家たちに外国で採り入れられている優れた会計手法を借りて，事業の運営にともなう金銭の出入り（出納）の記帳方法を伝授することを目標として用いられたという[18]．

その意味からすれば，イギリスでも "capitalis" なるラテン語の術語は当初簿記・会計用語であったといってよい．これに関連して，キャナンはアメリカの社会学者ウィリアム・リチャード・スコットを引いてつぎの 3 つの書籍を紹介している．すなわち，① NED すなわち『オックスフォード英語辞典（*Oxford English Dictionary*）』に載っているジェイムズ・ピーリーが 1569 年に執筆した著作，② J. メイリンの 1635 年のテキスト，そして③リチャード・ダッフォンの 1635 年の著作——の 3 つである[19]．

---

16) Idem, p. 470. ここで「元本」として用いられている語は "sum" または "principal sum" であるが，後者はやがてただ "principal" とのみ表記されるようになった．このほかに "chief sum" という言葉もあるという．

17) Idem, pp. 470-1.

18) Idem, p. 471.

19) Idem. 3 つの著作のタイトルは以下のとおりである．すなわち，"The art of Italian merchants accounts" (J. Peele), "The remaine is the rest substance or capitall of the owner" (J. Mellin), "*The Merchant's Mirrour ; or Directions for the perfect ordering and keeping of his accounts*" (R. Dafforne).

付論 「資本」概念生成・成立再論　　　　171

　つづいて NED の "capital" の項において最初の用例に登場するコットグレイヴの『仏英辞典（*French and English Tongue*）』の例を引いて「当時〔1611 年〕イングランドではいまだ capital という用語が当たり前のように使用されてはいなかった」[20] 旨の紹介をしている．それから NED の事例の 3 年後の 1614 年版の東インド貿易会社の記録に記載されている "capital" の用例にふれ，「一航海」に対して株主の応募した資本金を意味するといい，また 1697 年のイングランド銀行の増資法を取り上げて，そこに "common"，"capital"，"principal" といった語句がみえると指摘する．そのうえで，キャナンは "the said capital stock" と呼称していることに注意を喚起している．この場合，"capital stock [of the company]" は会社の資本金を意味したのであるが，やがて "the capital of the company" と省略されて表記されるようになったというである[21]．

　以上から，"capital" は，簿記・会計の領域では，①会社設立時に株主が株式に応募して資金を提供することを出資といい，それが会社の "capital stock" つまり資本金となる，②会社に出資した株主たちは自らが会社に投じた貨幣の額を計算し，それが会社の生み出す利潤との間でどのような割合──配当率──となるかを判断することが肝要となる[22]．そのように考えられるとするならば，藤塚知義の指摘のように "capital" が会社の簿記・会計の記帳からスタートして漸次個人や企業の経済活動，さらには「政治算術（political arithmetic）」や経済学（political economy）の領域へと拡大していくことがはっきりと見て取ることができるというのは正しい[23]．

　もちろん，これまで個人の分野で "capital" という用語の必要性を感じなかったが，会社の会計に関連してそのような用語が用いられるようになると，個人──主として商人──もまた自らの事業に投じた貨幣額を計算し，

---

20)　Cannan [1921], p. 472.
21)　Idem.
22)　Idem, pp. 472-5.
23)　藤塚 [1990], 85 ページ.

そこから得られる利潤の割合を判断することが同じように大切となる．それゆえキャナンが，マラキー・ポスルスウェイトの『商業総合辞典（*Universal Dictionary of Trade and Commerce*）』（1751年刊）の"capital"の項からつぎのパラグラフを引用したのも肯ける．やや長くなるが，以下に引用しておくことにする．すなわち，

> capitalとは，商人や銀行家や貿易業者たちの間で，共同経営の取決めを結ぶさいその共同資金（common fund）を形成するべく各人の持ち寄る貨幣の額もしくは金額（sum of money）の意味である．また，ある商人が創業時に自己勘定で投下する貨幣（stock）として用いられる．同様に，"capital"は貿易商社の資金（fund）という意味でも使われる．そのような意味からすれば，のちに"stock"というタームが付け加わり，銀行の資本金（capital stock）というように使用されるのも当然であったろう．"capital"なる術語は利潤または利得に対比されるタームであるが，利潤はしばしば"capital"の増加，すなわち増資に充てられ，それ自身が利潤と結合した"capital"の一部を構成する[24]．

キャナンはつづくパラグラフで1755年出版のサミュエル・ジョンソンの手になる『英語辞典（*A Dictionary of the English Language*）』を引いて"capital"の用語法のひとつである"capital stock"の意味を補足している．

---

24) Cannan［1921］，p. 475. 藤塚のいうように，ポスルスウェイトの『商業総合辞典』の「初版の扉の題名には〔中略〕，Translated from the French of the Celebrated Monsieur Savary, ……With Large Additions and Improvements, Incorporated throughout the Whole Work ……という文句」が付されていることからも知れるように，「フランスの〔ジャック・〕サヴァリ〔・ド・ブリュロン〕の『商業総合辞典』からの翻訳をもとにして，これに補充改善を加えたものである」（藤塚［1990］，92ページ）．ちなみに，キャナンが引用したポスルスウェイトの記述は，ウィリアム・J.アシュリーに示唆を得たものであろう．ありていにいえば，アシュリーの著作はキャナンの「タネ本」であった．以上，さしあたり，Ashley［1893］，p.430を参照されたい．

付論 「資本」概念生成・成立再論 173

その意味するところは一義的には「貿易会社の元本（stock or original stock of a trading company）」[25] である．キャナンの頭のなかでは，商人の"capital"は貨幣，つまり，かれの事業に投下される貨幣のことである．換言するなら，商人はその事業に使用するための"capital"をあらかじめ保有していて，"capital"は当時すでに「投資のための貨幣（money to invest）」の意味で使われていたということになる[26]．

　キャナンはさらに会社の会計のなかでの"capital"なる術語の用法について説明しているが，先に紹介したように，このタームは時間の経過とともに広範に使われるようになっただけでなく，多義化してさまざまの意味を有するようになった．もちろん，それ自体は議論されるべき問題をすくなからず内包しており，なかでも土地が"capital"にふくまれるどうかがしばしば議論の対象となった．この議論の要点は，"capital"というタームが「事業に投下された貨幣」や「投資のための貨幣」というように貨幣をあらわす言葉として用いられるようになった点にあり，したがってまた，はたして"capital"が「投下された貨幣」であっても，貨幣によって購入された諸物それ自身が"capital"と看做されなかったことに起因する[27]．

　これに関連して，キャナンは「スミス以前」のふたりの人間の著作を紹介し解説している．すなわち，『貨幣講話（A Discourse of Money）』（1696 年）と『国債および国民の財産（National Debt and National Capital）』（1750 年）のふたつが，それである[28]．前者の著者は当時"名無しの権平（anonym）"氏であったが，のちにジョン・ブリスコーと判明，後者はアンドルー・フックの作品である．キャナンはブリスコーの作品における"the capital stock of national treasure（国民財産を構成する資財）"というフレーズに，一方のフックの著作では標題ともなっている"national capital"に注目してい

---

25)　Cannan［1921］, p. 476.
26)　Idem, p. 475.
27)　Idem, pp. 477-8.
28)　Idem, pp. 478-9.

る．フックはブリスコーのいわゆる「国民財産を構成する諸資財」の中身を
細かく分類したのであるが，それは，大略，つぎの3つの部分からなる．す
なわち，①貨幣（cash, stock, or coin），②個人の所有する資財すなわち細工
された金銀器，宝石，指輪，家具，被服，船舶，事業用資財（stock‐in‐
trade），消費財および家畜，そして③土地ストック（land stock）つまり王国
内のすべての土地価値——の3つである[29]．

　以上が，アダム・スミスが経済学の研究に手を染めた時分の"stock"や
"capital"という術語の意味と用法であった．キャナンは，スミスがはじめ
て"capital"の語に言及したのは『グラスゴー大学講義（*Lectures on Jus-tice, Police, Revenue and Arms*）』（以下，『講義』と略記）であったという[30]．
これは，スミスが1760年代初頭にグラスゴー大学で行った講義筆記の一部
がキャナンの校訂を経て再現されたものであり，今日では，1759年に初版
が刊行された『道徳感情論（*The Theory of Moral Sentiments*）』と並んで
『国富論』成立に至るスミスの思想体系を理解するうえで欠かせないテキス
トのひとつといわれる．キャナンがここで重視するのは，貨幣貸付の利子と
対比した「貸し付けられた貨幣の額」ないし「元本」であり，例えば『講
義』第3部第3節ではつぎのような記述がある．すなわち，「ある額の貨幣
がひとりの人間に貸し付けられる場合，貨幣を貸し付けた債権者は自らのぞ
むときに元本と利子の両方を請求することができる」[31]というのである．

　キャナンはまた，スミスが"stock"にも言及しているといって『講義』
第2部で認められるつぎのパラグラフを紹介している．曰く，

---

29)　Idem, p. 479.
30)　Idem.
31)　Idem. ちなみに，この一文は，キャナンが校訂・出版した『講義』（Smith［1763
　（1896）]）を参照して確認したが，米リバティーファンド（The Liberty Fund）の
　「オンライン・ライブラリー（Online Library）」からダウンロードしたテキストであ
　るため，ここでは当該箇所のレファランス注は付さなかった．なお，『道徳感情論』
　の紹介と解釈については，さしあたり，Raphael and Macfie［1976（1979）]を参照
　されたい．

付論 「資本」概念生成・成立再論 175

国民の豊かさが遅々として進展しない大きな理由のひとつは，分業に先行して進行する必要のある資財の蓄積が困難なことである．なぜなら，資財をまったくもたない貧しい人間は何物も生産できないからである．〔中略〕ある人間が農業生産をはじめる場合，すくなくとも1年間の生活を維持する資財を保有していなければならない．かれは自らの労働の果実を収穫時まで手にすることができないからである（『講義』第2部第2篇より）．

スミスがこれと関連して，"stock in agriculture, stock in manufacture and trade, stock and stockjobbing"というとき，以上の記述を踏まえてのことであろうと考えられる．スミスはさらに"stock"に関してこういっている．すなわち，「それぞれの国は食料や被服や住いを蓄えている．〔中略〕なぜならば，一国の雇用者の数は，それらの蓄えに比例して多くなるからである」（同上）．

このように，スミスの"stock"や"capital"の使い方は，従前の著作者たちと比較しても大差はない．それでも，キャナンの校訂を経て刊行された『講義』に示されるとおり，スミスが後年『国富論』第1篇で展開される経済的テーマ——例えば「分業（division of laour）」を『講義』の一部として学部生たちに伝えていたことは興味ぶかい．その『国富論』第1篇であるが，第9章の標題「資本の利潤について」にあって「資本」に相当する術語は依然として"stock"であって"capital"ではない．"capital"が「資本」相当の意味で用いられるようになるのは第2篇以降であるが，それでもなおこの篇の標題には"capital"ではなく"stock"が用いられていたことは，既述のとおりである[32]．

キャナンのいうように，スミスが『講義』や『道徳感情論』を経て『国富論』の執筆を計画した1750年代末から1760年代初頭の時点にあっては，

---

32) Cannan [1921], p. 480.

176

"フィジオクラート派（Physiocrates/Physiocrats)" と称されるフランスの政策集団のお歴々は "avances" や "capital/capitaux をいうタームを，かれらの教義の核心をなす「生産的労働（labeur productif)」，「非生産的労働（labeur stérile)」などの用語とともに使っていた[33]．しかも，かれらの使い方は従前とは異なり，「資本の使用」，「資本の形成」，「資本の蓄積」などであり，そのような意味での使い方が「利潤や利子に対比された元本」，「会社の資本金」，公債や株式といった「有価証券」などに取って代わることになる．さらにいまひとつ，より重要なことであるが，"capital" が貨幣的な意味を強めていくにつれて "stock" と漸次区別されるようになったことである．後者はいわば物財あるいは素材としての意味で用いられるようになるという寸法である[34]．そしてその結果として，前者は資本，後者は資財という

---

33) Idem.

34) Idem, pp. 480-1. のちに詳述するとおり，キャナンがここで紹介している「フィジオクラート派」の「資本」理論は，アンヌ・ロベール・ジャック・テュルゴーのそれであって，フィジオクラート派の開祖フランソワ・ケネーのものではない．ケネーおよびかれの一門は，貨幣そのものや貨幣現象の解明にはさほど関心はなかったので，テュルゴーの友人ピエール＝サミュエル・デュポンを筆頭にテュルゴーの資本理論にはすこぶる批判的であった．たしかにテュルゴーは，1766 年 2 月デュポンに宛てた書簡のなかで「わたしはこれらふたりの人間〔ケネーとヴァンサン・ド・グルネー〕の弟子であったことを生涯の誉れするものである」(Turgot [1766a], p. 506) といっている．だが，それはふたりの人間がともに「商業の競争と自由の原理を尊重」(Idem) していたからであって，デュポンをはじめとする「フィジオクラート派」のお歴々のようにケネーの『経済表』を金科玉条としたからではなかった．ことほどさように，この書簡の後段では「貴君〔デュポン〕は工業が非生産的 (stéril) であるということを証明することに悦びを見出しているようです（工業が非生産的というのは誤解にもとづく考えです〔中略〕）．貴君はグルネー氏が手厳しく攻撃した工業の各分野を制約する障碍を打破することを忘れています」(Idem)．テュルゴーはまた翌 1767 年 9 月デュポンに送った書簡においてフィジオクラート派と一線を劃する旨したためている．曰く，「わたしはいかなる党派 (secte) に与するものではありません．もしわたしがどこかの党派に与するとすれば，それはわたし自身の決めることです」(Turgot [1767c], p. 667)．ここでテュルゴーのいう「党派」がフィジオクラート派であることは断るまでもない．だが極めつけは，テュルゴーの 1771 年 2 月 15 日付書簡であり，宛先は同じくデュポンである．すなわち，「不幸にして，ふたりの巨匠〔ケネーとかれの盟友ミラボー侯爵〕は言語 (langage) と文法 (grammaire)〔中略〕の分析には秀でた成果を残していません．これらを論ずるには，セクト主義

ように明確に使い分けられるようになったともいう．

　"capital" と "stock" がそうした意味で用いられるようになって，"capital stock" も従前とは異なり，ある事業に資本が投下され素材的な資財に転化した状態の，現代の経済用語の「資本ストック」と看做されるようになったといえるかもしれない．だから，キャナンが『国富論』のなかのつぎの文章を引用するのは当然といえば当然である．すなわち，農業者の所有する役畜（農耕用の馬や牛）や農耕用具および播種用種子の総価値は「資本の一部」[35] をなすということにほかならない．

　キャナンのいうように，スミスは『国富論』第2篇のタイトルに "stock" という術語を充てているが，しかし行論上，概していえば，"stock" と "capital" とは異なる意味で用いられているとみてよい．ことほどさように，この篇からこちら，"capital" と "stock" の使用頻度をみても，『講義』や『道徳感情論』とは異なり，"capital" が "stock" を大きく上回っている．はたしてそうであるとすれば，つぎのことが問われなくて

（esprit de secte）の忌み嫌う精神の白紙状態（TABVLA RASA）からはじめなくてはなりません」（Turgot [1771a], p. 474）．テュルゴーのいわゆる「言語と文法」を字面どおりに解釈することもできないではないが，しかし当時この分野で「秀でた成果」を残した人物はといえば，『人間認識起源論』や『感覚論』などの著者エティエンヌ・ボノ・ド・コンディヤックを措いてほかに見当たらない．はたしてそうであるとすれば，「これらふたりの巨匠」は18世紀フランス哲学の華といわれた形而上学（Metaphysica）に精通していなかったということにほかならない．けだし，テュルゴーの批判の矛先は TABVLA RASA を忌み嫌うフィジオクラート派のお歴々を越えて開祖ケネーそのひとにも向けられたと考えなくてはならない．しかるに，シュンペーターのいわゆる「テュルゴーはフィジオクラート派ではなかったが，フィジオクラート派にシンパシーを抱いていた」（Schumpeter [1954], p. 244）のくだりには承服できない．テュルゴーはケネーに対してはそれなりの敬意を表していたであろうが，かれの一門の「セクト主義」には与しなかった．とはいえ，テュルゴーは敬虔なカトリック教徒であっても信仰と学問を峻別したように，自分自身と異なる主義主張の持ち主であっても，そのひと本来の人間性とは別であることを弁えることのできる人物であった．そんなテュルゴーが，ケネー贔屓で音に聞こえたシュンペーターの目から見て「フィジオクラート派へのシンパシーを抱いていた」ように映ったのかもしれない．シュンペーターの解釈は "贔屓の引き倒し" にほかならない．

35)　Cannan [1921], p. 479.

はならなくなるに違いない．すなわち，スミスが，"capital"，"stock"の意味の違いをどこまで認識していたかということ，これである．

やがて明らかにするように，キャナンによれば，スミスは両者を時に同義語と考えて使っていたふしがあるが，かれの用語法は明らかに「混乱」しているという[36]．だが，スミスの「混乱」がなぜ，どのようにして生じたのか，それによってどのような問題が新たに引き起こされたのか——などの問いの考察に関しては，「別の機会に譲る」といって踏み込んだ考えを示してはいない．読み手としては消化不良を起こしそうになること請け合いではあるが，これがキャナンのエセーのエンディングである．

2. キャナン説の諸問題

(1) "pre-Smithian" というまやかしのエピステーメー (épistémè)

以上，エドウィン・キャナンの「capital なる用語の初期史」を手掛かりに，"capital"というタームの語義と使用法の歴史をふり返ってみてきた．すでに明らかのように，このタームは簿記・会計用語として 13 世紀に誕生したのであったが，時代が下って 17 世紀末ないし 18 世紀になると経済学の最重要概念としての「資本」を示す用語として使われるようになる．キャナンはそうした用語の意味と用語法の最終的変化の契機をアダム・スミスの『国富論』の出現にもとめ，かつ『国富論』の出現このかた "capital" が「資本」相当の意味をもつタームとして一般的に使用されるようになるまでのプロセスを解明しようとしたのであった．

見方を変えていうなら，キャナンがこのエセーのタイトルに充てた「初期史（early history）」とは，"スミス以前（pre-Smithian）"の時期における "capital" という用語の語義と用語法の「前史」の字義であるといって間違いない．それによると，スミスの『国富論』は簿記・会計用語としてこの世

---

36) Idem, p. 481.

に生を受けた "capital" という用語の意味や使用法が時代とともに変化し，18世紀には経済学の領域でもきわめて重要な意義を有する用語となったことを示す歴史上最初の事例と同義といえるかもしれない．キャナン流に要約すれば，経済学の最重要概念としての「資本」はスミスの『国富論』のなかで定位され，後世に広く一般的に用いられるようになったということになるのであろう．

　しかしながら，キャナンの所説には承服できない．たしかに，キャナンのエセーはわずか10ページほどの小品であり，かれにしてみれば言葉足らずや説明不足のせいで忸怩たる思いがあったであろうと推察される．はたしてそうであるとすれば，それはそれとして理解できないではない．しかしそれでもなお，かれの議論のなかにすくなからぬ問題点を認めざるをえないこともまた事実である．ただしここでいう「問題点」とはペーパーの作成にありがちな言い回しや表現法などの技術的なものをいうのではない．このエセーのエッセンスにかかわる致命傷の謂であり，その最大のポイントは「capital なる用語の初期史」と銘打ってはいるものの，そのじつ「イギリスにおける capital なる用語の初期史」であるという点にある．詰まるところ，ここにキャナンの議論の難点のほとんどが潜んでおり，そこから他の問題点が派生したといって差し支えない．

　もとより，イギリスにおける "capital"（そしてある程度まで "stock"）という術語の用語法の歴史的変遷を説くこと自体が問題だというのでは決してない．ここで問われるべきことは，イギリスにおける「capital なる用語の初期史」が他のヨーロッパ諸国のそれと多分に共通性を有し，イギリスの歴史的展開を一般化できるかどうかという点である．そして，答えは，否！断じて否，である．そもそも，"capital" なるタームがフィレンツェやジェノヴァやヴェネツィアなど中世イタリアの共和国（都市国家）出身の商人や金融業者たちの事業によって生み出されたネオロジズムであり，そこからオランダやフランスなどへと普及したことに思いを致せば，イギリスの歴史的状況は他のヨーロッパ諸国とは異なると考えるほうがはるかに自然である．

それはもちろん，この島の言語がラテン語をご先祖様とするロマンス諸語の一派ではなくゲルマン語派に属する，というだけではない．より重要なことは，ブリテン島に土着する“stock”という単語の存在であり，これがスミスの『国富論』の出現に至るまで“capital”と同様に「資本」相当の意味をあたえられ，かつそのような意味で使われてきたという歴史的事実を問題にしなければならない．

だが，それにもかかわらずキャナンが「イギリスにおける capital なる用語の初期史」に拘泥したのにはそれ相当の理由がある．すなわち，スミス『国富論』こそが“capital”という術語を「資本」相当の意味で用いた嚆矢であり，『国富論』の出現後──イギリス人のいわゆる「スミス以後（post-Smithian)」──に経済学の最重要概念として認められるようになったということである．ところが，致命的なことではあるが，キャナンはその道筋を歴史的に裏づけて証明するために取り上げるべき重要な人物や作品を欠いていた．あるいは言及することを意図的に避けたのかもしれない[37]．

そのいずれであれ，ひとつだけたしかなことがある．すなわち，“capital”というタームに「資本」相当の意味をもたせ，かつこの語を紙片に刻みつけた歴史上最初の人物がアンヌ・ロベール・ジャック・テュルゴーであったという事実を認める潔さをキャナンが欠いていたことであった．けだし，

---

37)　先述のように，キャナンはサー・ウィリアム・ペティ，サー・ジョサイア・チャイルド，サー・ジェイムズ・ステュアートについてはコメントしていないが，それはスミスが『国富論』でこれらの人物と作品について口を噤んでいたことを踏襲したまでのことである．藤塚知義はキャナンの所説を支持するものの，ステュアートやチャイルドを取り上げている．しかし依然としてペティには暗挑を決め込んでいる．これに対して，馬場宏二はキャナン，藤塚によって無視されたペティ，さらには“æconomie politique（économie politique/political economy)”の生みの親アントワーヌ・ド・モンクレティアンにまで遡って capital の語源をたどることの重要性を指摘している．そうすることによって，トマス・マン，チャイルド，チャールズ・ダヴェナント，ヘンリー・マーチン，さらにはダドリー・ノースやニコラス・バーボンなどの論者たちの“capital”や“stock”の用法に行きあたるからである（馬場[2008]，353 ページ).　なお，この点に関して，Hutchison [1988]（とくに Part II-5. John Locke and the 1690 s : Child-Locke-Barbon-North-Martin）を参照されたい．

付論 「資本」概念生成・成立再論　　　181

「"capital" という用語の概念はテュルゴーによって最終的に書き換えられた」[38]というオイゲーン・フォン・ベーム＝バーヴェルクの指摘した歴史的事実に、"見ザル"どころか、"聞かザル"そして"言わザル"の三猿（さんえん）を決め込んだのもゆえなしとしない.

　そのうえしかも、キャナンはそうするためにまことにもって姑息な手口（modus operandi）を弄している. すなわち、如上の引用文のわずか数行前で、ベーム＝バーヴェルクが "capitalis pars debiti （〔capital とは〕貸し付けられた貨幣の額あるいは元本）" と記したことに対して、キャナンは「出典をまったく示さない（without giving any authority）」といってベーム＝バーヴェルクに噛みつた. しかし、これはまったくの言い掛かりでしかない. いや、捏造（でっちあげ）というべきであろう. ことほどさように、ベーム＝バーヴェルクのラテン語のフレーズは、キャナンがかれのエセーのなかで "capitalis pars debiti" のつぎに紹介していたアメリカの経済学者・統計学者アーヴィング・フィッシャーの "capitale dicitur bonum omne quod possidetur" と同様、"カロロ・デュカンジュ殿" ことシャルル・デュ・フレーヌらが編纂し 1678 年に刊行した『中世・後期ラテン語辞典（Du Cange et al., *Glossarium Mediæ et Infimæ Latinitatis*, anno M. DC LXXVIII, à Paris)』——通称『中世ラテン語辞典』——を典拠としていたのである.

　キャナンは "デュカンジュ殿" の名前をアメリカの経済学者が『中世・後期ラテン語辞典』を引くまで知らなったとでもいうのであろうか. いやはやキャナンともあろうひとが、"著名すぎる辞典" を知らなかったなどということはまずありえない. そもそも、ベーム＝バーヴェルクはキャナンが引いた紙片（ページ）の裏面にデュカンジュ殿らの *Glossarium* を紹介しているのだから、キャナンの物言いには理解に苦しむ. 「出典をまったく示さない」はある種の意図をもった言葉と考えても穿ちすぎと詰られることはあるまい. ベーム＝バーヴェルクの引いた "capitalis pars debiti" は、例えば "argent

---

38)　Böhn-Bawerk [1889], p. 25.

emprunté" または "principal" と訳出したテュルゴーをはじめ多くの著述家によって出典を明記せず使用されてきた．ラテン語能力はウィンストン・チャーチルより若干上程度のキャナンならではの他愛ない与太話と華麗に無視する（bengin neglect）するのも一考であろう．

ところが，キャナンのいわゆる「出典をまったく示さない」は研究者には命取りにもなりかねないミスであり，しかもキャナンの意図が「出典をまったく示さない」オーストリア人ごときの説く「"capital" という用語の概念はテュルゴーによって最終的に書き換えられた」，つまり「テュルゴーこそは "capital" を資本相当の意味で用いた歴史上最初の人物」など信ずるに値しない解釈として葬り去るところにあったとすれば，たとえ与太話とはいえ，おいそれとは看過できないのであるが，いまは問うまい．

なお，蛇足で恐縮であるが，キャナンは "capitale dicitur bonum omne quod possidetur" に "capital is a name for all the goods possessed" の訳語を紹介している．だが，まったくもって不適切である．まずもって，英語の "name" に相当するラテン語の単語 "nomen" など，デュカンジュ殿らの編纂した『中世・後期ラテン語辞典』の当該用例のどこをさがしても見当たらない（動詞 dicere（仏語の dire，英語の say に相当）の過去分詞 "dicitur" を "be called" ないし "be named" と解釈したのであろうか）．しかるに，ここは "[capital is] everything that is possessed" という簡潔かつスマートな訳をつけたイー・セェー・ルンドベリ——キャナンのエセーにはきわめて批判的であった——に軍配を上げたいと思うのはひとり筆者ばかりではないと確信する．

Lectio Latine ——（ラテン語の講義）はこのあたりで御開きにして，先を急ごう．テュルゴーの代表作『富の形成と分配に関する諸省察』（以下，『諸省察』と略記）が "capital" を資本相当の意味で用いた初出であることはいまや否定のしようのない歴史的事実である．もちろん，だからといってその栄誉をひとりテュルゴーに帰するわけではない．かれが "メントール（Mentor）" と慕ったヴァンサン・ド・グルネーのアイディアを継承・発展

付論　「資本」概念生成・成立再論　　　　　183

させて「資本」概念を定位したこと，そしてそのグルネーはといえば，イギ
リス東インド貿易会社の元総裁サー・ジョサイア・チャイルドの『新商業講
話』の議論を吟味・検討して資本理論の原型を生み出した人物であることに
思いを致せば，チャイルド―グルネー―テュルゴーの思想史上の系譜もまた，
資本概念の生成と成立を解き明かすテーマの一部を構成することはいうまで
もない[39]．

　もとより，「資本」概念の生成と成立をめぐる「チャイルド―グルネー―
テュルゴー」の継承関係の研究は比較的近年に属する．しかしながら，先に
紹介したように「テュルゴーこそは"capital"を資本相当の意味で用いた
歴史上最初の人物」と喝破したオイゲーン・フォン・ベーム=バーヴェベル
クのような経済学者は 19 世紀このかた決してすくなくなかった[40]．また，
テュルゴーの師グルネーについては，テュルゴーが 1759 年に執筆した師の
追悼文「ヴァンサン・ド・グルネー頌（Eloge de Vincent de Gournay）」[41] な

────────────

39)　この点は，Gournay［2007（1754）］を参照されたい．また，グルネーの思想的営
　　みとその意義については，Meyssonnier［2008］を参照されたい．ちなみに，アント
　　ニー・ブリュワーも資本相当の意味で"capital"という術語の使用や資本概念の成
　　立については，ケネーやフィジオクラート派との関連ではなく，「チャイルド―グル
　　ネー―テュルゴー」のラインで理解しなければならないとのべている（Brewer
　　［2010］, pp. 27, 117-8）．なお，このほか，中川［2013］もあわせて参照されたい．
40)　代表的な研究をあげれば以下のとおりである．Feilbogen［1892］; Lundberg
　　［1964］; Gallais-Hamonno［1982］; Vissol［1982］; Faccarello et Cot［1992］;
　　Steiner［1992］; Ravix et Romani［1997］; Faccarello［2006］; Dostaler［2010b］.
　　このほか，最近の研究として Hoyng［2015］をあげておく．同書はホイングの学位
　　論文をベースに編まれたものである．出版に先立って 2012 年 5 月にパリのテュルゴ
　　ー研究所（Institut Turgot）の開催したホイングとジャニーヌ・ギャレ=アモノの
　　ふたりのセミナー「アダム・スミスはテュルゴーを剽窃したのか（Adam Smith a-t
　　-il plagié Turgot?）」で議論された内容がかなり採り入れられている．くわしくはホ
　　イングのセミナー用「レジュメ」（Hoyng［2012］）を参照されたい．なお，ホイング
　　の著書の意義については，筆者が経済学史学会『経済学史研究』に寄稿した書評（中
　　川［2018］）を参照されたい．
41)　Turgot［1759］.ただし，テュルゴーがこの追悼文のなかでのべていることに懐疑
　　的な見方をする向きもないではない．例えば，わが国の数少ないフランス経済思想の
　　碩学・手塚寿郎がその最右翼である．かれが「グルネーの経濟思想」と題する論文の
　　なかで，ギュスターヴ・シェルが『ヴァンサン・ド・グルネー』でいう「〔テュルゴ

どの限られた資料によって知るのみであったが，フランスの経済思想史家ギュスターヴ・シェルが1897年に『ヴァンサン・ド・グルネー（*Vincent de Gournay*）』を上梓したのにつづき，ジェー・セクレスタ゠エスカンドが1911年に『ヴァンサン・ド・グルネーの経済思想（*Les idées économiques de Vincent de Gournay*）』を発表することによって，グルネーの経済思想の全容がしだいに解き明かされるようになった．

　かたやイギリスでも，碩学ヘンリー・ヒッグズがかれのライフワークともいうべきリシャール・カンティヨンの研究に欠かせない人物としてグルネーの功績を詳細に書き留めていた．ヒッグズによれば，グルネーはカンティヨンの経済問題に関する草稿を『商業一般の本性に関する論説』（以下，『商業論説』と略記）のタイトルで世に送り出した人物であり，テュルゴーがグルネーの他の協力者たちとともに『商業論説』の翻訳と出版に与力したと主張するが，確たる証拠は存在しない[42]．

(2) キャナンの「暗挑」の意味するもの

　以上みてきたように，エドウィン・キャナンともあろうひとがヒッグズの研究に精通していないとはまったくもって信じがたい．事実，キャナンは1937年に自ら校訂・編集した『国富論』の脚注のなかで，スミスがカンティヨンの『商業論説』に多分に影響され，そこでの記述からと思しき引用あるいはそれを彷彿とさせる記述が10箇所を下らないと告白していることに

　　ー〕グルネーに己を思想の或るものを貸し」「多くの誤りを犯すに至らしめた」の一節を引きながら，グルネーが生前「単一課税」や「自由貿易」を主張したかにいうのは，テュルゴーの「見方が不正確」（手塚［1927］其二，51ページ）であるという．詳細は他の機会で論じたので要点だけのべるならば，グルネーの「注釈」の原稿——それも最終稿——がメイソニエによって発掘され，テュルゴーの追悼文はもとより，20世紀初頭の研究者ジェー・セクレタ゠エスカンドの『グルネーの経済思想』（Séctrestat-Escande［1911］）などの研究業績の正しさが証明された．なお，Charles, Lefebvre et Théré（sous la direction de）［2008］；Dostaler［2010a］；中川［2013］（とくに第1章および付論 I「チャイルド—グルネー—テュルゴー——『資本』概念の生成と成立に関する一考察」）も参照されたい．

42)　この点については，さしあたり，中川［2016］（とくに第1章）を参照されたい．

着目すれば，まことにもって奇妙かつ奇天烈といわざるをえない．さらにもうひとつ，キャナンのエセーには，『政治算術（*Political Arithmetic*）』の著者にして経済学の古典形成の初期功労者のひとりに数えられるサー・ウィリアム・ペティはおろか，イギリス東インド貿易会社の総裁経験者サー・ジョサイア・チャイルドといった人物さえ登場しないのはどうしたしだいであろうか．

　按ずるに，キャナンはこれらの先行者にあえて暗挑<ruby>挑<rt>だんまり</rt></ruby>を決め込んだのであろう．かれがそうした理由は，かれ本来のアイディアというよりはむしろ当のスミスがチャイルドについて一言もメンションしていないところにもとめられる．つまり，<ruby>西施<rt>せいし</rt></ruby>ならぬスミスの<ruby>顰<rt>ひそみ</rt></ruby>に倣ってペティやチャイルドについて口を噤んだのではないか，ということである．のちにみるとおり，チャイルドの名著『新商業講話』における"capital"や"capital stock"は，簿記・会計用語の概念から完全に脱却してはいないとはいえ，従前の用法と比較すれば「資本」の意味合いが強くなっている．キャナンのスミスへの義理立てというか，はたまた絵に描いたような<ruby>贔屓偏頗<rt>ひいきへんぱ</rt></ruby>が，じつはスミスの"capital"や"stock"や"capital stock"の用法の変化と資本理論成立の裏づけや証拠を見失わせるというまことにもって皮肉な結果を招いたのである．われらが先人たちの格言「<ruby>盥<rt>たらい</rt></ruby>の水と一緒に<ruby>赤子<rt>あかご</rt></ruby>を流す（Don't throw the baby out with the bathwater）」とはまさにこの謂である．

　すなわち，キャナンがかれのエセーで的確に指摘していたとおり，「スミス以前」のイギリスでは"capital"や"stock"は「資本」という意味からはるかに遠く，「資本」相当の意味に転化するような状況にはまったくといっていいほどなかった．そのような特殊イギリス的事情を考慮すれば，スミスが『国富論』の構想を練った初期の段階——1760年代初頭——ではさしあたり土着語の"stock"が「資本」相当の意味で用いられ，ついで"capital"がこれに取って代わったのは理の当然であった．「スミス以前」にはスミスその人をふくめ"capital"という用語が「資本」であることはおろか，土着語が幅を利かせて"capital"というタームそのものが使われることは

ごくまれであったからにほかならない.

　はたしてそのようにいえるとするならば，何よりもまず問われるべきことがらは，いつ，どこで，だれが"capital"を「資本」相当の意味で使いはじめたのであろうか，ということにほかならない．うえで梗概してきた歴史的事実からみて，すくなくともブリテン島の島民でないことだけはたしかすぎるほどたしかである．そもそも，"capital"というタームが「資本」相当の意味で使われるようになったのは18世紀後葉の，この島以外の異国の人間たちであり，だからまた「資本」としての"capital"は紛れもない舶来語であった．そうであるとすれば，つぎに問われるべきことはこうである．すなわち，スミスがこの舶来語をいつ，どこで，だれから仕入れたのであろうかということ，これである．あわせてスミスが舶来語の"capital"に宗旨替えするさい，"stock"との間にどのような渡りをつけてふたつの言葉を使い分けることを学んだのかという問いも忘れてはなるまい．

　ざっとみただけでもキャナンの「初期史」にはこれくらい疑問が思い浮かんでくるのであるが，そのようにいうのはひとり筆者だけではないと信じて疑わない．もちろん，キャナンにはキャナンなりの言い分があろう．なぜならば，かれがかのエセーで意図したことは，あくまでもイギリスにおける「"capital"なる用語の初期史」の概説であって，ドーバー海峡対岸の社会事情や思想論争など考慮するに及ばないといえないこともないからである．しかし，もし仮にそうした推論が成り立ったとしても，キャナンがエセーの末尾においてスミスの『国富論』第1篇と第2篇との整合性——"stock"としての「資本」と"capital"としての「資本」との関係——が問われると注意を喚起していることを，一体どのように考えればいいのであろうか．キャナンは，その解決のためドーバー海峡対岸のフランスの思想家たち，すなわち「フィジオクラート派（Physiocrates）」の思想家たちが"avances"と"capitaux"について言及している」[43]というところにもとめている．

---

　43)　キャナンの「フィジオクラート派」の解釈とは異なり，かれらには貨幣と素材との区別もあらばこそ，むしろ「資本」の貨幣的側面をまったくといっていいほど認めよ

付論 「資本」概念生成・成立再論　　　　　187

　結論を急げば，スミスはペティ，チャイルドそれにステュアートにはなん
ら負うところはないが，「フィジオクラート派」のお歴々からはすこしく影
響を受けた——ある程度までスミス学説の形成にとってヒントらしきものを
あたえたということであろう．とくに素材的資本を意味する "avances" へ
のスミスのシンパシーが，それである．この点，スミスにとってフィジオク
ラート派の開祖ケネーとのパリでの邂逅の功に与るところ大であったという
ことかもしれない[44]．

　ところが，キャナンの意味するところはその反対で，スミスの天才をもっ
てすれば「フィジオクラート派」の学説をいともたやすく乗り越え，かれ独
自の資本理論を構築するに至ったという料簡であろうと推察できる．はたし
てそうであれば，かれの議論は二重の意味で問題である．ひとつには，キャ
ナンのイギリスにおける「"capital" なる用語の使用の初期史」の行き詰り

─────────

　　うとしない．グルネーそしてテュルゴー流の「資本」理論は，何よりもまず "capi-
　　tal" は貨幣タームで定義され，その素材的側面は "capital stock" という言葉で表
　　現される．両者の関係は，企業者が自らの "capital" を投じて事業に要する資財を
　　手にする（購入する）ことになるが，そうして得た素材が "capital stock" ——あ
　　るいは資財といい換えることも可能——である．しかるに，テュルゴーによる "cap-
　　ital" という語の使用の「先駆性」を認めた馬場宏二であるが，「スミスにおける
　　Capital に影響したのは，〔ケネーのいわゆる〕avance を直接 capital に言い換えて，
　　多用した〔テュルゴーの『諸省察』であった」（馬場 [2008]，355 ページ）は明ら
　　かな誤解である．なお，スミスのフランスの経済思想の影響については，テレンス・
　　ウィルモット・ハチソンの『アダム・スミス以前（Before Adam Smith）』（Hut-
　　chison [1988]）第 4 部，アンヌ゠クレール・ホイングの『テュルゴーとアダム・ス
　　ミス（Turgot et Adam Smith）』（Hoyng [2015]）の「付録 4」および中川 [2016]
　　などを参照されたい．
　44)　スミスのパリ滞在については，のちにくわしくみるが，テュルゴーのソルボンヌ僧
　　院以来の友人アンドレ・モルレの『十八世紀とフランス革命の回想（Mémoires de
　　l'abbé Morellet inédits sur le dix-huitième siècle et sur la Révolution）』（Morellet
　　[1821]），ジョン・レーの古典的名著『アダム・スミス伝（The Life of Adam
　　Smith）』（Rae [1895]）が参考になる．このほか，2009 年に刊行されたイアン・シ
　　ンプソン・ロスの『アダム・スミス伝（The Life of Adam Smith）』があるが，とく
　　に同書第 13 章「旅行付き添い家庭教師（Traveling Tutor）」（Ross [1995], pp. 222
　　ff. 訳 238 ページ以下）は一読に値する．このほかにも，Hoyng [2015]；中川
　　[2016] をあわせて参照されたい．

を示すものであり，別言すれば，「スミス以前」の“capital”の語義や使い方のなかに「資本」に相当するものを見出せなかったという厳然たる事実をいうのである[45]．すくなくともキャナンがスミスはもとよりペティやチャイルドにほんのわずかでも言及していれば事態は変わっていたかもしれない．“capital”という術語の生誕の地に思いを致さなければ，あるいはこういってよければ，イギリスにおける事情だけでは“capital”が「資本」相当の意味で用いられるようになったことを確たる証拠にもとづいて証明できなかったからである．そうでなければ，いっそのことアダム・スミスこそがブリテン島固有の突然変異種よろしく“capital”という術語を「資本」相当の意味で使った最初の人物——すくなくともイギリスではそうであったと主張することもできたであろう．

　だが，「経済学の最初の論文」と高い評価をあたえた『商業一般の本性に関する論説』（以下，『商業論説』と略記）の著者リシャール・カンティヨンが連合王国を構成するアイルランドの出身あることをもって，「経済学の国籍（nationality of political economy）」を連合王国——カンティヨンは古代アイルランド王国筆頭のモアン王国（現在のマンスター州）の出身であるので十把一絡げに「連合王国」の臣民呼ばわりされることはまことにもって心外であろう——にもとめたウィリアム・スタンレー・ジェヴォンズの“門下生”あるいはジェヴォンズ主義（Jevonsianism）の“闘士”をもって任じるキャナンではあるが，さすがに恩師ジェヴォンズほどには厚顔でも無恥でもなかったと推察される[46]．

---

45) 藤塚は“capital”または“stock”というタームの用例の，微に入り細を穿つが如き追跡・調査の結果をつぎのよう総括している．すなわち，「スミス以前のイギリスにおける経済諸論策においては，capital という語は一般に使われることは少なく，使用されている場合でもほとんど stock と同義に扱われ，また capital は会社や商人の投じた元本の額（sum of money）として，利子や利潤と対比的に用いられたという，前記〔ウィリアム・J.〕アシュリーやキャナンの所説を立証するものである」（藤塚［1990］，103 ページ）．

46) ジェヴォンズは 1881 年に発表した「リシャール・カンティヨンと経済学の国籍（Richard Cantillon and the nationality of political economy）」と題する論文のな

(3) テュルゴーとフィジオクラート派の溝

キャナンの難点はそれにとどまらない．いまひとつ，より重要なことであるが，そもそもキャナンのいうところの「フィジオクラート派」とは一体どのような人間たちをいうのか——まったくもって不明ということである．周知のとおり，"Physiocracie" というタームは，ルイ15世の御典医にして「所得流通フロー」論の先駆けと評価される名著『経済表（*Tableau économique*）』の著者フランソワ・ケネーの高弟をもって自他とも認めるピエール＝サミュエル・デュポンが，ギリシャ語の"Φυσιο（physis；自然）"と"χρατία（kratia；力，支配）"のふたつの言葉を合成したネオロジスム（造語）である．その意味するところは"自然の統治"ないし"自然の支配"である．わが国ではひさしく「農本主義」，「重農主義」あるいは「農業システム」や「農業学説」と訳されてきたが，いずれ劣らぬ誤った解釈にもとづく誤った邦訳であり，そうと知らずに読んだ人間たちをミスリードすることになったといってよいであろう[47]．

かで，「租税の問題をのぞけば，ほとんど経済学の全領域」にわたって記述された，「他のいかなる書物にもまして経済学の最初の論文」といって『商業論説』の著者カンティヨンを評価した（Jevons [1881], p. 342. 訳72ページ）．いわゆる「カンティヨンの（再）発見」である．この点で，キャナンが師と仰ぐジェヴォンズは高く評価されてよいが，フランスで不世出の銀行家として活躍しフランスに帰化してこの書物の原稿を作成したカンティヨンを，アイルランドはケリー州出身であることから，「連合王国」の民であるとして，著者のみならずその著書の「国籍」までも連合王国に定めた．しかし，ジェヴォンズ自身さすがに乱暴な議論と感じたのであろう，「化学は『フランスの科学』であると〔アドルフ・ヴュルツ氏〕はいっている．〔アントワーヌ・〕ラヴォアジエの『化学要論（*Traité élémentaire de chimie*）』がその『揺籃』であった」といって「化学の国籍」はこれをフランスに譲っている（Idem, p. 360. 訳91ページ）．なお，カンティヨンの『商業論説』の出版の経緯については，Murphy [1986；1992；1997；2009c] を，またジェヴォンズ論文の意義と問題点については，中川 [2016]（とくに第1章「カンティヨンの生涯と作品」）を参照されたい．

47) わが国の研究者が誤った訳を充てたひとつの要因——それも有力な要因——はスミスの『国富論』の以下の記述にあった．すなわち，スミスはケネーの学説を「長ったらしい検討を加えるに値しない」と非難しているが，この学説の誤りの根幹は，土地の生産物が「すべての国の収入の源泉と説く農業システム（agricultural system）」にあるといい切った（Smith [1776], p. 627. 訳465ページ）．とはいえ，かくいうス

キャナンの指摘するとおり，デュポン以下ケネー一門は，師の韣に倣って"avances"という術語を使いはするものの，しかし"capital"や"capitaux"という用語をかれらの論文のなかで見出すことはほとんどない．詳細はのちに譲るけれども，わが国の経済学研究者はケネー一門の人間たちのいう"avances"に「前貸し」，「前払い」の邦語を充てたが，それは農業，工業，商業の分野で事業をスタートさせるにあたって必要とされる資金を投下して購入した資源や原材料などの資財の意味である．それは，現代の経済学用語でいう「資本ストック（capital stock）」と同義である．フィジオクラート派の教義によれば，各産業部門の事業者は自らの事業を遂行するために投下した資金を一定期間後に回収する，そして回収した資金は自らの事業の遂行に必要な資財に「可及的速やか」に再転化しなければならないのである．その限りでいえば，財または商品の生産と流通における貨幣の積極的な役割を認めることを潔しとしなかったカンティヨンの「流通信用」論と似ているといってよい．

ミスではあるが，農業システムの不完全性にもかかわらず，ケネーの学説は「これまで政治経済学の問題について発表されたもののうちで，最も真理にせまったものである」（*Idem*, p. 642. 訳 475 ページ）と言訳を添えることを忘れない．詳細はのちに譲るが，ケネー流の「資本」理論がスミスなどイギリスの経済学者へと受け継がれていくことは，『国富論』の編者キャナンが『イギリス経済学における生産と分配理論の歴史』第 1 章の記述を見ても明らかである．そこではチャイルドはもとより，グルネー，テュルゴーの名前さえ登場しないばかり，「新しい富の概念」としての資本についてももっぱら"stock"——資財の分類に終始している．ちなみに，スミスのいう"agricultural system"であるが，わが国では「農業システム」，「農業学説」と訳出され，大河内一男の邦訳『国富論』（中公版「世界の名著」31）も，基本的にはこれに準じているものの，自身の邦訳第 4 篇第 9 章の標題中"Of the Agricultural Systems…"を「重農主義」と訳出している．これを前章の"mercantilism"などの語彙と比較すれば，一見対をなすようにみえなくもない．しかしながら，わが国で「重農主義」といえば，もっぱらケネーとその一門の学説——すなわち"Physiocracie"と早合点する向きもすくなくないと考えられるため，ここでの大河内訳は適切とはいえない．それに，何よりもまず，"Physiocracie"を「重農主義」と訳すること自体が，スミスのいわゆる「農業学説」ないし「農業システム」と同様に，ケネーとその一門の所見の一面を見たにすぎず，これまた不適切の極みであり，かつそのような訳語が結果として読み手をミスリードする一因となったといってもあながち誇張とはいえまい．

付論 「資本」概念生成・成立再論　　191

　やがて明らかにするように，フィジオクラート派と称される人間たちは，開祖ケネーに倣って"avances"という語を多用したが，それは資本（capital）としての貨幣（argent）を毛嫌いしたことの裏返しである．しかもこの言葉を用いる人間に対してすこぶる批判的であった．そのなかに，テュルゴーの名前がふくまれるのは理の当然である．それというのも，テュルゴーは師ヴァンサン・ド・グルネーの資本理論を継承して『諸省察』第29節「資本一般もしくは貨幣収入」において資本を導出し，資本とその所有者「資本家」を軸に織りなす商業社会の営みの組織的分析を行っているからである[48]．テュルゴーは中世ヨーロッパで産声をあげた簿記・会計用語の"capital"を「資本」に相当する意味で用いた歴史上最初の人物であるが，かれの資本理論の要諦は資本を貨幣タームで定義したところにある[49]．

　この点は重要である．なぜならば，イギリスとは異なり，フランスでは"capital"は商業，工業，農業の企業者はもとより，庶民の日常生活のなかでも用いられた「万民周知の用語（verbum quotidianum）」のひとつであったと推察することが可能であるからにほかならない．イギリスと同じように，フランスそれにフィレンツェやジェノヴァをはじめとするイタリア半島の諸共和国（都市国家），さらには当時ヨーロッパ随一の金融センターと謳われたネーデルラントはアムステルダムでも，英語の"stock"に相当する"fonds"，fondo"や"fondsen"というタームがあったにもかかわらず，

---

48)　Turgot [1766d], p. 564. ここで注目すべき点は，テュルゴーがグルネーの自作であるが結果的に採用しなかった「資本家（capitaliste）」というネオロジズムを復活させたことである．しかしその場合，グルネーのいわゆる「貨幣の所有者（possesseur d'argent）」ではなく，「資本の所有者（possesseur de capital）」という明確な定義をあたえている．だから，テュルゴーは『諸省察』第95節でつぎのようにいう．すなわち，「貨幣を貸し付ける資本家（capitaliste）は生産に絶対的に必要な物品を取り扱う商人（négociant）であると看做さなくてはならない」（Idem, p. 607）．

49)　テュルゴーは一面では貨幣の機能を単なる価値尺度，交換手段，支払手段に限定するフィジオクラート派とは異なり，「資本」としてより積極的機能をもつものと考えていた．その意味では，テュルゴーの貨幣論はジョン・ローのそれに近いといってよいのであるが，しかしテュルゴーの理論はかならずしも一貫していない．この点については，さしあたり，Murphy [2004]；中川 [2013] を参照されたい．

"capital", "capitale", "kapitaal" というタームが通用していたことは，特記すべき歴史的事実である．

　実際，聖職者の道を目指していた若き日のテュルゴーは 1749 年にシセ兄弟の長兄ジャン゠バティスト・マリー・シャンピオン（のちのオーセール司祭）に送った書簡のなかで "capital" という単語を一度だけ用いている[50]．もちろんそれは後世の「資本」という意味ではない．これが元東インド貿易会社総裁のチャイルドであれば，商人や銀行家たちのいうところの大金や元本，またスコットランド出身の銀行家ジョン・ローであれば公債や株式などの有価証券，あるいはかれのライバルのリシャール・カンティヨンであれば貸付の元本や資財（fonds）という語義となろう[51]．ちなみに，テュルゴーが「資本」相当の意味で "capital" というタームを最初に用いたのは，かれが終生敬愛してやまなかったメントールの追悼文「ヴァンサン・ド・グルネー頌」（1759 年）であった[52]．グルネーが心血を注いで作成したチャイルの『新商業講話』の仏語訳に添付する計画であった「注釈」を熟知していたテュルゴーが『諸省察』を著わすのはそれから 7 年後，1766 年のことであった．

　話を本題にもどそう．いま百歩譲って，グルネーが愛弟子テュルゴーに遺した資本理論の全容が判明するのは 20 世紀末のことであるから，キャナンがテュルゴーを「フィジオクラート派」のお歴々と同列に扱ったとしてもあながち間違いとはいえないと仮定してみることにしよう．遡れば，19 世紀

---

50)　Turgot［1749］, p. 145. 本書簡は，ジョン・ローの経済政策──いわゆるロー・システム（1716-02 年）を批判したものであり，つぎのようにいっている．すなわち，「国王陛下〔ルイ 15 世〕が金貨や銀貨の代わりに〔ローの考案した〕紙幣（papier-monnaie）を用いるとはまったく考えられません」とのちのオーセール司教に書き送っている．なお，若きテュルゴーの貨幣や価格（価値）に関する見解については，Turgot［1753-54］を，またテュルゴーのロー・システム（Système de Law）の評価については，Murphy［2005］および中川［2011］もあわせて参照されたい．

51)　この点については，さしあたり，中川［2016］（とくに付論 II「『資本』概念成立探究──馬場宏二『資本・資本家・資本主義』を中心にして」）を参照されたい．

52)　Turgot［1759］, p. 607. なお，前記脚注 39 もあわせて参照されたい．

付論 「資本」概念生成・成立再論　　　193

　イギリスの経済学者でアダム・スミスの専門家ソロルド・J. ロジャーズが
『国富論』刊行100年にちなんで自ら編集・刊行した新版『国富論』の「編
者序文」のなかで，スミスがバックルー公爵ヘンリー・スコットのお供をし
てパリに滞在したおりテュルゴーらと知己を得たことを記しているが，テュ
ルゴーをケネーやフィジオクラート派と同じ系譜の“エコノミスト
(économistes)”と看做している[53]．

　とはいえ，スミスはテュルゴーとはことのほか意気投合したといわれ，後
年ある書簡のなかでとくにテュルゴーとは「友情と尊敬の念」をもって接す
る仲であったと記していることは特記すべきであろう[54]．のみならず，名著

----

53)　ロジャーズはつぎのようにいっている．すなわち，「アダム・スミスは〔経済的な
　知識や思想を学ぶうえで〕エコノミスト派〔フィジオクラート派〕のお蔭を大いにこ
　うむっている．テュルゴーの『富の形成と分配に関する諸省察』をつぶさに読んだ読
　者であればだれもが，この偉大な思想家〔テュルゴー〕の議論の道筋がスミスに及ぼ
　した影響の跡を見つけるはずである．同じような影響は，ケネー，〔ニコラ・〕デュ
　ト，〔アンドレ・〕モルレそれにほかのフィジオクラート派の人間たちからも受けて
　いる」(Rogers [1880 (1869)], p. xxiv)．ここで特記すべきことは，テュルゴーのほ
　か，デュトやモルレまでもが「フィジオクラート派」に一括りにされていることであ
　るが，明らかな謬見である．ジョン・ローの元補佐官のデュトはフィジオクラート派
　には批判的であった．かたやモルレはテュルゴーと並ぶ“グルネーの協力者”にして
　音に聞こえたフィジオクラート派嫌いであった（Morellet [1821], pp. 515-6. 訳388-
　9ページ）．なお，モルレのケネーやフィジオクラート派の評価については，中川
　[2013] もあわせて参照されたい．
54)　Lundberg [1964], pp. 44-5. ここで引用したのは，ルンドベリが発掘したスミス晩
　年の1785年11月にルイ＝アレクサンドル・ド・ラ・ロシュフーコー公爵に書き送っ
　た書簡の一節であるが，本書簡のなかでスミスはパリ高等法院の親裁座（Lit de Jus-
　tice/Bed of Justice）における6つの勅令の登録に関する議事録の写しを譲り受けた
　ことをこう記している．曰く，「テュルゴー氏が〔勅令の写しを〕お送りくださると
　いう格別の栄誉に浴しました．〔中略〕故テュルゴー氏〔1781年没〕の小生への友情
　と尊敬の念（his friendship and esteem）を誇りに思っております」．スミスのいわ
　ゆる「友情と尊敬の念」が通り一遍の社交辞令ではなかったことを包み隠さず伝えて
　いる．ちなみに，ルンドベリの発掘した本書簡はのちにモスナー＝ロス編『アダム・
　スミス書簡集』に再録されている（Mossner and Ross (eds.) [1977 (1987)], pp.
　286-7）．なお，スミスのいう「6つの勅令の登録に関する議事録の写し」は，水田洋
　『アダム・スミス文庫（Adam Smith Library）』によって確認可能であり，これには
　"à Mr. Adam Smith de la part de Mr. Turgot C. General [Contreôleur Général]"
　の注記がある（Hoyng [2015], p. 140）．スミスとアンヴィル公爵夫人および子息ル

194

『アダム・スミス伝（*The Life of Adam Smith*）』の著者ジョン・レーもパリ滞在中のスミスのテュルゴーとの出会いは格別であったといって他の邂逅とは明確に区別している[55].

　もちろん，ロジャーズやレーといえども，テュルゴーの資本理論のスミス

イ＝アレクサンドルとのやり取りはさておき，肝心のテュルゴーとスミスとの間で交わされた書簡は今日まで存在しない．テュルゴー全集の決定版といわれるギュターヴ・シェル編集『テュルゴー全集（*Œuvres de Turgot et documents le concernant*）』全 5 巻中，テュルゴーの書簡のなかでアダム・スミスの名が登場するのは，わずかにテュルゴー晩年の 1778 年 3 月ドクター・リチャード・プライスに宛てた書簡のなかだけである（Turgot [1778], p. 533）．これに加えて，第 2 次世界大戦開戦下の 1940年 12 月にフランス国立図書館（Bibliothèque nationale de France : BnF）から忽然と姿を消したテュルゴーのアンヴィル公爵夫人宛て書簡約 200 通を（再）発見したジョゼフ・リュヴェが 1976 年にベルギーのルーヴァン・カトリック大学出版会から『テュルゴー書簡集（アンヴィル公爵夫人宛て）——1764-74 年および 1777-80 年（*Lettres de Turgot à la duchesse d'Enville : 1764-74 et 1777-80*）』のタイトルで出版した書簡集のなかでスミスの名が 2 度登場する．1773 年 6 月 22 日と 9 月 16 日にいずれもアンヴィル公爵夫人に宛てた書簡のなかである（Ruwet [1976], pp. 82 et90）．これらの書簡の中身は，アンヴィル公爵夫人の子息ルイ＝アレクサンドル・ド・ラ・ロシュフーコーが計画したスミスの『道徳感情論』のフランス語訳に関するものであるが，そこから浮かんでくることは，テュルゴーがスミスの消息にそれなりに通じていたということである．テュルゴーとドーバー海峡対岸のスミスとがたがいに交流していたことを間接的ではあれ裏づけられるという意味で興味ぶかい．これらに，ジョン・ヒル・バートンの編集した『著名人諸氏のデイヴィッド・ヒューム宛て書簡集（*Letters of Eminent Persons Adressed to David Hume*）』収録のテュルゴーがヒュームに送った 1766 年 7 月 27 日付書簡を加えることができる．この書簡では，テュルゴーがこの日スミスと会った旨をヒュームに報告している（Burton [1849], p.136）.

55)　例えば，『アダム・スミス伝』の著者ジョン・レーはこういっている．「スミスは〔ジュリー・ド・レピナス嬢のサロンで〕たびたびテュルゴーに会った．実際テュルゴーとは行く先々で顔を合わせた．スミスはフランスで随分と友人をつくったが，この偉大な思想家にして政治家であった人ほど楽しく交際でき，その精神と性格とに深い敬意を払った人はいなかった．〔アンドレ・〕モルレとの対話は主として政治上経済上の問題に関するものであったが，テュルゴーとは同じ話題についてもっと広範囲に話し合ったに相違ない．〔中略〕〔テュルゴーとスミスの〕交際についてはなにひとつ痕跡が残っていない，にもかかわらず，何人かの批評家たちは，彼らの交際の成果はその著書『国富論』のなかに非常に大きく示されていると主張している」（Rae[1895], p. 202. 訳，250-1 ページ）．テュルゴーとスミスとの交際・交流に関しては，このほか，Ross [1995] および Hoyng [2015] もあわせて参照されたい.

付論 「資本」概念生成・成立再論 195

への影響の段となるや否定的とまではいえないにしても消極的な記述に終始していることは偽りのないところであるが，テュルゴーがパリで出会ってのちスミスに租税論の著作や資料などを送って『国富論』の完成を手助けしたことを認めるにやぶさかではなかった[56]．そんなテュルゴーという人物と作品に一言もないというのは，「作為的」かどうかはともかく，それ相当の意図がない限りありえない話といわざるを得ない．テュルゴー，遡ってはグルネーやチャイルドへの暗挑を決め込んだ理由は，テュルゴーやかれの師グルネーさらには師が高く評価したチャイルドの研究のアダム・スミス『国富論』の成立への影響の大きさに圧倒されたことにあったのかもしれない．スミスのサー・ジェイムズ・ステュアートに対する不当かつ理不尽な対応が「作為的なステュアート隠し」の名で世に知られるところである．はたしてうえでみたことが事実であれば，スミスのテュルゴーらに対する仕打ちのな

---

56) 前記脚注52で，テュルゴーがアダム・スミスにパリ高等法院の親裁座（Lit de Justice/Bed of Justice）における6つの勅令の登録の議事録の写しを送ったことを紹介したが，ルンドベリによると，スミスの最初の蔵書目録の編者ジェイムズ・ボナーが「テュルゴーの送ったフランス国家予算（1776年）の手書きのコピー」がスミスの所蔵するところとなっていたこと，またサー・ジョン・シンクレアが『国富論』でスミスの参照したジャン＝ルイ・モロー・ド・ボーモンの著書『ヨーロッパの税と租税制度（Mémoire concernant les impositions et droits en Europe）』の入手経路について訊ねた書簡に対し1778年11月24日付書簡で「財務総監を務められたテュルゴー氏からちょうだいいたしました」と返答していることを紹介している（Lundberg［1964］, p. 43）．いずれも間接的であるが，テュルゴーとスミスがパリでの出会いから交流していた事例と考えてよい．ちなみに，スミスとシンクレア卿とのやり取りはモスナー＝ロス編『アダム・スミス書簡集』に収録されている（Mossner and Ross (eds.)［1977 (1987)］, pp. 235-6）．また，レーも自身の『アダム・スミス伝』でスミスとシンクレア卿とのやり取りを伝えている（Rae［1895］, pp. 343-4）．テュルゴーがスミスに送ったモロー・ド・ボーモンの著書は発行部数100冊ほどの「稀覯本」であり，キャナンも自身の編集した『国富論』の編集者注を付してこういっている．すなわち，「スミスはテュルゴーを通じて本書〔モロー・ド・ボーモンの著書〕のコピーを入手したが，ことのほか高い価値をそのなかに見出した」（Smith［1776］, p. 770. 本稿で参照する大河内訳『国富論』は抄訳のため当該引用文は未訳出）．モロー・ド・ボーモンの名は『国富論』第5篇第2章ではじめて登場するが，スキナーらの編集した『国富論』刊行200年を記念して出版された新版『国富論』によると，スミスはモロー・ド・ボーモンの著作を18回にわたって引用している（Smith［1976 (1776)］, p. 1015）．

かに，ステュアートに対するそれに勝るとも劣らない理不尽さを見出すことができるかもしれない．

　先述したように，エドウィン・キャナンのエセー「capital なる用語の初期史」の議論は，この分野における未発表の文書や史料が発掘され，キャナンの議論とは相反する研究業績が多数発表されてきたことに思いを致せば，かれの議論はすでに旧聞に属する——ありていにいえば間違った解釈であり，どう贔屓目に見ても成功した代物とはいいがたい．だが，それにもかかわらずキャナンがこのエセーで行った議論あるいはかれの手法を髣髴とさせる研究がいまなお跡を絶たないこともまたたしかなことである．キャナンのエセーは，スミスの『国富論』の出現によってはじめて"capital"なる用語が「資本」相当の意味で使われるようになった——というストーリーテーラーとして後世にその名を残したという意味では，まれに見る成功を収めたといえるかもしれない[57]．

---

57)　マーク・ブローグ（ブラウグ）は，テュルゴーをフィジオクラート派に分類する研究者ではあったが，スミスの『国富論』の「最初のふたつの篇のスケルトンは〔テュルゴーの『諸省察』のなかに〕ある」（Blaug [1991], p. x）とのべている．それによると，テュルゴーは『諸省察』のなかで，分業の概念，商品の市場価格と長期均衡価格との区別，経済成長の規定要因と資本・利子の分析，さらには「安価な政府（cheap government）」と課税の問題にまで言及している．これらはすべてスミスの『国富論』のメニューであり，スミスがテュルゴーに多くを負っていることは，よく知られている．だが，それにもかかわらず，スミスが後世あたかも「経済学の生みの親」と考えられるようになったのは「テュルゴーのスタイル」にあった，とブローグは説く．すなわち，スミス『国富論』の最大のメリットは優れた理論的考察もさることながら，理論分析につづく例解の読み物としてのエンターテインメント性——歴史，紀行，文学などにあり，かたやテュルゴーの『諸省察』は，当初は一般読者を想定して執筆されたものではないとはいえ，抽象的な論理分析を旨とし，しかも「完全主義者」（友人アンドレ・モルレの評）にありがちな晦渋さとまではいえないものの，明快さに欠ける難点を有している．テュルゴーの著作はのちに英語版，ドイツ語版などが刊行され諸外国でも広く読まれるが，スミスのほうがより多くの読者を獲得し得たのも理解できないでもない．それゆえ，もしもテュルゴーの作品がスミス一流のエンターテインメント性を有していたとすれば，「テュルゴーとスミスの立場はあるいは逆転していたかもしれない」（Idem）．なお，アメリカの経済学者マレー・ロスバードもブローグときわめて似たテュルゴー評価をしている（Rothbard [1986]）．ちなみに，イギリスの経済学者テレンス・ウィルモット・ハチソンは，テュルゴーゆかり

付論 「資本」概念生成・成立再論　　197

　そこで次節では，キャナン以後のスミス「資本」論の探求と問題点につい
て検討することにしたい.

3.　キャナン以後のスミス「資本」論の探求と問題点

(1)　シュンペーターの「方便」とそのインプリケーション

　前節で指摘したように，エドウィン・キャナンがそのエセーで行った議論
が成功しているとはどう贔屓目に見てもいえない. ありていにいえば，キャ
ナンの議論は，あざとい，の一言に尽きる. キャナンが本来テーマとすべき
は，「資本」概念の生成・成立の探求であったはずである. しかしかれが実
際に行ったことはといえば，"capital"なる術語の語義と用語法の歴史的変
遷——それも「イギリスにおける」というマクラ付き，加えて限られた資料
や史料にもとづく限られた知識と教養の持ち主の議論であるから余計始末に
悪い.

　なるほど，キャナンの主張は 1893 年の作品である『イギリス経済学にお
ける生産と分配理論の歴史——1776～1848 年』このかた一貫しているとは
いうものの，"capital"なるタームの語義と用語法の歴史的変遷の研究とは，
経済学の領域の議論というよりはむしろ，簿記・会計の領域とくにその発達
史こそが似つかわしい. だから，"capital"なる語の語義と用語法の歴史を

の地リモージュで開催されたテュルゴー没後 200 年国際シンポジウム「テュルゴー
——経済学者にして行政官」(1981 年 10 月 8，9，10 日，於・リモージュ大学法経学
部) に提出した論文「テュルゴーとスミス (Turgot and Smith)」のなかで，テュル
ゴーを古典経済学の形成だけでなく「新古典派の先駆者」と看做し，価値論における
テュルゴーのスミスへの優位性どころか，フランス出身の経済学者レオン・ヴァルラ
スの先駆的研究者として高く評価をあたえ，その後 1988 年に出版した『アダム・ス
ミス以前 (Before Adam Smith)』では価値論に加えて，「期待 (expectation)」理
論の先駆者という評価を加えている. くわしくは，Hutchison [1982 ; 1988] を参照
されたい. なお，このうちとくにテュルゴー価値論の評価に関する研究として，
Faccarello et Cot [1992]; Faccarello [2006]; 手塚 [1929 ; 1933]; 中川 [2016]
(とくに付論 I 「カンティヨン—ケネー—テュルゴー——18 世紀フランス価値学説形
成の歴史的考察」) などを参照されたい.

いくら詳細に究明したところで"capital"なる語は資本相当の意味にはならない．

　いってみれば，かれの行為は「笊で水を掬う」のたとえに似ている．経済学者が究明すべきは，簿記・会計の研究者とは異なり，経済学の最重要概念「資本」としての"capital"であり，はたしてこの術語がいつ，どこで，だれによって「資本」として使われるようになったのかを究明すること以外にはない．キャナンのいわゆる「初期史」はそれなりに興味をそそられる面もあるにはあるけれども，これに拘泥することは明らかな問題のすり替えであり，それがためすくなからぬ研究者たちをあらぬ方向へと導く──ミスリードすることになった．

　だが，それにもかかわらずキャナンの研究への支持者が思いのほか多いことに驚かされたのは筆者だけではあるまい．当然のこととして，キャナンの支持者はとくに英語圏の研究者に多いが，わが国の研究者のなかにも『国富論』の編集者という知名度の高さも手伝って，キャナンに高い評価をあたえる向きも多いように思われる．もちろん，スミスやかれの思想体系の形成を論じるさいテュルゴーの経済思想・学説に暗挑を決め込むことは今日ではほとんどなくなった．そして，テュルゴーとスミスとの邂逅と交友関係が『国富論』の執筆に及ぼした影響を不承不承ながらも受け容れる研究者がキャナンの時代に比較すればいや増しているが，なかんずくテュルゴーの代表作『富の形成と分配に関する諸省察』（以下，『諸省察』と略記）が，"capital"という用語を資本相当の意味で使用されるうえで決定的な役割をはたしたことを認める研究者は英語圏においてさえまったくのマイノリティとはいえなくなりつつあるのが現状である．

　だから，テュルゴーの資本理論を評価するかたわら，う̇そ̇も方便とばかりにスミスの肩をもって憚らないヨーゼフ・A. シュンペーターのような御仁は，今日さすがに姿を見せなくなくなった．シュンペーターの曰く，「アダム・スミスが〔フィジオクラート派の機関誌『市民日誌（Les éphémér-ides)』に1769-70年に掲載されたテュルゴーの『諸省察』を〕知らなかっ

付論 「資本」概念生成・成立再論　　　　199

たと信ずべき理由のひとつとして，スミスの説明がテュルゴーのそれに比較
して度しがたいまでにくどくどしく，それでいてテュルゴーにはるかに及ば
なかったという点を指摘できるだろう」[58]．

　これに対して，わが国スミス研究の泰斗・藤塚知義はシュンペーターに真
っ向から反論する．そもそも，『市民日誌』の「少なくとも 1769 年 12 月号
まではスミス蔵書目録の中に記載されているし，また 1766 年中におけるス
ミスとテュルゴ〔テュルゴー〕との交流を考えても，スミスが『諸考察』
〔『諸省察』〕を知らなかったとは考え難い」[59]との謂はもっともであろう．
とはいえ，スミスの口上が時に「くどくど」してさっぱり要領を得ないこと
はつとに知られるところである．

　それにもかかわらず，いまになってこんな見え透いた理由にもならない理
由によってスミスが『諸省察』を知らなかったと主張するくらいなら，いっ
そのことテュルゴーが『諸省察』のなかで多用した "entrepreneur（企業
者）" のほか，"capitaliste（資本家）"，"capitaliste-entrepreneur（資本家
的企業者）" なるテュルゴーのネオロジズムが，スミス『国富論』のなかで
一度も登場しないことを理由にあげるほうがよほどまことしやかに聞こえて
くるというものであるが，本来シュンペーターのプライベートな読書ノート
の記述であり，出版の意図があったかどうかも判然としないにもかかわらず，
シュンペーター未亡人ヨハンナ・フォン・ケラーやマーク・パールマンの手
によって刊行されたものであるから，シュンペーターばかりを非難するのは
酷かもしれない[60]．

---

58)　Schumpeter [1954], pp. 323-4.
59)　藤塚はつづけていう．すなわち，「スミスの説明がテュルゴ〔テュルゴー〕のそれ
　　にはるかに及ばないといい得るであろうか．理論構成から見る限りスミスの方がはる
　　かに整っておりかつ体系的論理的になっている」（藤塚 [1990]，109 ページ）といっ
　　てシュンペーターを批判する．
60)　大陸ヨーロッパ諸国と異なり，スミスの時代イギリスでは「企業者」を意味する
　　"undertaker" が死語となり，19 世紀をつうじて企業者は経済学の世界で顧みられな
　　かった．20 世紀になって企業者というタームは復活するが，絶滅した "under-
　　taker" に代わって舶来語の "entrepreneur" がフランス語の綴りのまま——ただし

ことほどさように,『アダム・スミス伝』の著者イアン・シンプソン・ロスのシュンペーター評は藤塚のそれよりもはるかに厳しい.という意味はこうである.すなわち,テュルゴーはニコラ・ボードー神父の創刊したフィジオクラート派の機関誌『市民日誌』の1769年11月から翌年1月にかけて『諸省察』を掲載したが,「スミスの蔵書中にあるこの雑誌の一揃いには1769年諸号が含まれており（Mizuta）,したがって〔スミス〕はテュルゴーの本文の3分の2に接していたことになる.農業はもちろん製造業に投下される資本の増加の重要性に関する彼の直観もしくは所見に対して理論的支持を与えるものとしては,これだけで十分であったろう.スミスはこの見解をさらに推し進め,製造業の生産物と――中産階級の所得増加とちょっとした消費者革命とによって刺激された国内市場の超過需要を生み出すところの――商人の役割とを全面的に評価した.このようにして,資本の増加が促進されることになった」[61]というのである.

しかし,シュンペーターの問題はそれに尽きるものではない.いまひとつ,より重要な,そして致命的な問題が残されている.つまり,かれはスミスが『国富論』第2篇第3章中,「節約」または「貯蓄（parsimony）」を資本蓄積の「直接の契機」というのをはじめ,テュルゴーの『諸省察』の記述と酷似することを指摘しているけれども,これは単なる偶然のなせる業であろうか.エドウィン・キャナンはともかく,アンドリュー・S.スキナーらの編集した新版『国富論』の「編者序文」においても,テュルゴーの資本蓄積とスミスのものとの相似性に言及している.スミスの記述を読めば,かれがテュルゴーの『諸省察』を知らなかったどころか,反対にこれに精通していたと考

発音は"アントゥルプルヌール"ではなく"アーントラプラナー"と英語っぽく――イギリスで使用されるようになり今日に至る.なお,企業者というタームの歴史と理論については,アメリカの経済学者バート・F.ホゼリッツの「企業者論の初期史（The early history of the entrepreneurial theory）」と題する論稿にくわしい（Hoselitz [1951]）.また,中川 [2016] もあわせて参照されたい.

61) Ross [1995], p. 301. 訳 322 ページ.

えるのがごく自然であろう[62].

はたしてそうであるとすれば，スミスはテュルゴーの"capital"という
タームの使用法に強い影響を受けたといってよいであろう．したがって，も
しもアダム・スミスが，「資本（capital）」が「使用される（employed）」と
いう考え方をどこから仕入れたのかと問うならば，イー・セェー・ルンドベ
リの主張するとおり，テュルゴーの『諸省察』を措いてほかにない．『資本
積極理論』において，テュルゴーによって「capital という用語の概念は最
終的に書き換え」られ，「資本」相当の意味で歴史上はじめて使用されたと
するオイゲーン・フォン・ベーム＝バーヴェルクの解釈は，キャナンの意に
反して確たる裏づけと証拠をもって証明されたといわなくてはなるまい．

(2) いわゆる「テュルゴー＝スミス貯蓄投資分析」の幻想

もとより，こうした見解には反対説がないではない．オーストラリアはシ
ドニー大学で長年経済学を講義したピーター・D. グレーネヴェーゲンのも
のが有力説のひとつであろう．グレーネヴェーゲンは，LSE（ロンドン・
スクール・オブ・エコノミックス）時代にエドウィン・キャナンと折り合い

---

62) 例えば，『国富論』刊行 100 年にちなんで新版『国富論』を編集・出版したソロル
ド・J. ロジャーズはその「編集者序文（Editor's Preface）」のなかで，スミスが主に
フランス語やイタリア語の文献から当時の知識や情報を入手していたので，フランス
語の読み書きはまあまあであったが，「会話となるとからっきしだったといわれる
（[Adam Smith] is said to have spoken French very indifferently）」と記している
（Rogers [1880 (1869), pp. xxi–xxii]）．だが，スミスの『道徳感情論』中のラ・ロシ
ュフーコー公爵フランソワ 6 世の『マキシム（*Maxime*）』の解釈をみるなら，スミ
スのフランス語の「読み書き」の素養もあまり感心できたものではない．もちろん，
スミスがフランス語に堪能でなかったことをもって，かれが『諸省察』を知らなかっ
たとするような解釈に与するものではない．仮にフランス語が不出来であったとして
も，ルンドベリのいうとおり，スミスによる『諸省察』の解読のための惜しみない努
力は評価されなければならないであろう（Lundberg [1964], p. 6）．藤塚も認めるよ
うに，『諸省察』のむつかしさは，スミスのフランス語の素養もさることながら，テ
ュルゴーが"capital"というタームに「新しい特殊な意味を持たせて使〔った〕」
（藤塚 [1990]，119 ページ）ところにあると考えられる．なお，以上の点については，
中川 [2016]（とくに第 2 章）を参照されたい．

の悪かったアルフレッド・マーシャルの研究家——マーシャリアン（Marshallian）ではあるが，ジェヴォンズ，キャナンに勝るとも劣らぬ英国至上主義の信奉者で，連合王国を経済学の発祥の地であると主張して一歩も譲らない英連邦主義者，ありていにいえば国粋主義者である．

　この間，筆者はグレーネヴェーゲンのテュルゴー論にいくどとなく論評を加えてきたので重複を避ける意味から，以下ではキャナンによって故意に黙殺されたオイゲーン・フォン・ベーム＝バーヴェルクのいわゆる「capital という用語の概念はテュルゴーによって最終的に書き換えられた」という解釈を受け容れないグレーネヴェーゲンの主張を中心に検討していきたい．すなわち，かれは 1969 年に発表した論文「テュルゴーとアダム・スミス（Turgot and Smith）」や 1971 年の論稿「テュルゴー資本・利子論の再評価（Are-interpretation of Turgot's theory of capital and interest）」などの論稿において，テュルゴーの『諸省察』とスミスの『国富論』における資本理論の相似性，ベーム＝バーヴェルクの「テュルゴー資本・利子理論」の問題点を批判しているので，ここでは梗概するにとどめたい[63]．

　ありようはこうである．すなわち，グレーネヴェーゲンはキャナンと同様，あるいはそれ以上にテュルゴーの資本理論のスミスへの影響を認めようとしない．だから，テュルゴーが歴史上はじめて"capital"を資本相当の意味で用いたというベーム＝バーヴェルクの解釈に与するようなことは天と地がひっくり返ってしまおうともありえまい．それどころか，グレーネヴェーゲンはテュルゴーの『諸省察』とスミス『国富論』における資本理論の相似性なるものはなきに等しく，よしんばあったとしても片手に余る程度であると

63）　グレーネヴェーゲンのベーム＝バーヴェルク批判は「ベーム＝バーヴェルクのテュルゴー利子論の解釈が間違っている」（Groenewegen [1971], p. 299）という点に尽きる．筆者もグレーネヴェーゲンの解釈に全面的に承服するものではないが，しかしグレーネヴェーゲンはテュルゴーが"capital"なる語を「資本」相当の意味で用いた歴史上最初の人物であるという解釈についてはコメントしていない．ルンドベリが的確に指摘したように，ベーム＝バーヴェルクの議論で問われるべきは一にこの点である．

付論　「資本」概念生成・成立再論　　　203

いう[64]．そのうち，グレーネヴェーゲンが挙げているテュルゴーとスミスの
「貯蓄投資分析（saving-investment analysis）」を，シュンペーターが〔未定
稿の読書ノート『経済分析の歴史（History of Economic Analysis）』のなか
で〕最初に指摘した」[65]ものとして紹介している．

　グレーネヴェーゲンのいわゆるシュンペーターの指摘とは，『国富論』第
2篇第3章「資本の蓄積について（Of the Accumulation of Capital）」のなか
でスミスのいう「ただちに資本として用いられる（immediately employed as
a capital）」が，テュルゴーが『諸省察』第100節でいう「企業者はあげて，
かれらの運営する企業のさまざまに異なる性質の資産に貨幣を即座（sur-le-
camp）に転化する」[66]というパラグラフを彷彿とさせるという．換言すれば，
スミスの"immediately"はテュルゴーの"sur-le-camp"に着想を得たも
のであるという寸法である．

　だが，イー・セェー・ルンドベリを待つまでもなく，このことを最初に指
摘したのはシュンペーターではなく，ベーム゠バーヴェルクその人であっ
た[67]．グレーネヴェーゲンは明らかに間違いを犯しているが，しかしそうだ
としてもつぎに指摘することに比べれば「取るに足らない（frivole）」過失

---

64)　この点に関連して，グレーネヴェーゲンは，テュルゴーの『諸省察』とスミスの
　　『国富論』との間の記述上の符合を10箇所ほど指摘したロジャーズに対して「どれも
　　これも些細な指摘」（Groenewegen [1969], p. 366）と一笑に付しているが，ルンド
　　ベリもグレーネヴェーゲンとおおむね同様の評価を下している（Lundberg [1964],
　　pp. 58-60）．ちなみに，アンヌ゠クレール・ホイングは『テュルゴーとアダム・スミ
　　ス』のなかで英語版『国富論』と仏語版を参照しつつテュルゴーとスミスの間に16
　　箇所の「相似性」を指摘したうえでこういっている．すなわち，『諸省察』と『国富
　　論』との間の相似性はほかにも認められるが，ホイングの所説を証明するには「これ
　　ら16箇所だけで事足りる」（Hoyng [2015], p. 41）．なお，ホイングの参照した仏語
　　版『国富論』は，Smith [1996 (1776)] である．

65)　Groenewegen [1969], p. 367.

66)　Turgot [1766d], p. 601. なお，スミスはここでの引用文のすぐ前でこういっている．
　　曰く，「勤勉ではなく，節約が資本増加の直接の契機（immediate cause）である」
　　（Smith [1776], p. 321. 訳，307ページ）．ちなみに，ルンドベリ批判をヒステリック
　　なまでに展開するグレーネヴェーゲンであるが，どういうしだいか，ここでのオース
　　トリア出身の経済学者の解釈については暗挑を決め込んだようにみえる．

67)　Lundberg [1964], pp. 66-8.

にすぎない．という意味はこうである．すなわち，テュルゴーは『諸省察』第58節において資本の形成と蓄積が貨幣の形態で行われることを明らかにしながらも，同時にこれを消極化するような論理を第100節で展開している――．

　　〔企業者たちが〕節約〔または貯蓄〕するのは貨幣〔のかたち〕であり，年々の資本の増加も貨幣のかたちであらわされる．しかし，企業者はあげて，かれらの運営する企業のさまざまに異なる性質の資産に貨幣を即座に転化するほかに使途はない．こうして貨幣は流通に回帰する．そして，資本の大半はこのようにさまざまの性質を有する資産のかたちでのみ存在するのである[68]．

　ここでの議論のポイントは，企業者は自らの手にした利潤のかたちで蓄積する余剰または剰余をかれらの手によって前貸しする――つまり投資するというところにある．アイルランドはダブリンのトリニティ・カレッジでひさしく教鞭を執ってきた経済学者アントイン・E. マーフィーはこれを「自己金融型貯蓄・投資モデル（self-financing saving-investment model)」[69]と命名した．その意味するところは，企業者は自らの必要とする資金を外部――例えば貨幣市場――に依存しなくともよいということである．はたしてそうであるとすれば，テュルゴーが『諸省察』第29節で規定した「資本の一般定式」としての貨幣的資本や第53節以下で展開された5つの資本の使途（用途）との関係をどのように理解すればよいのであろうか．

　テュルゴーが『諸省察』のこれらの諸節で解き明かそうと試みたことを要約すれば，本来ならテュルゴーは企業者たちが貨幣市場において資金調達を行う「外部金融型貯蓄・投資モデル」を提示できたにもかかわらず，マーフィーのいわゆる「自己金融型貯蓄・投資モデル」に固執したことであり，そ

---

68)　Turgot [1766d], p. 601.
69)　Murphy [2009a], p. 147.

付論　「資本」概念生成・成立再論　　　205

してそれを解く手掛かりは第99節のつぎのパラグラフにある．すなわち，

　　土地の耕作企業者たちはほとんど借り入れを行わず，そのすべての経営
　　はかれらの資本だけでなり立っている．自らの財産をゆるぎないものと
　　することを欲するためである．〔中略〕．借入資金による経営に意を用い
　　る〔工業，商業などの〕他の事業の企業者たちは失敗する危険性がきわ
　　めて高い[70]．

　もっとも，かくいうテュルゴーではあるが，かれが1770年に作成した
「貨幣貸付に関する覚書（Mémoire sur les prêts d'argent）」と題する論稿——
テュルゴーが地方長官（知事）を務めていたリモージュに隣接するアングレ
ームで起きた「高利詐欺事件」の原因究明のために，ジョゼフ゠マリー・テ
レー師率いるパリの中央政府の命により作成された公的報告書——では，
『諸省察』最終のふたつの節とはまったく正反対の議論をしている．テュル
ゴーの曰く，

　　企業者が貨幣を借り入れないような商業の地はこの世には存在しません．
　　〔中略〕もっとも豊富に貨幣を保有する人間たちでさえ，こうした資源
　　〔貨幣貸付〕を必要としないと自らが進んで確信できるのは，遊休資金
　　（fond loisifs）の一部を保持している場合，したがってまた自己の事業
　　規模を縮小する場合に限られます[71]．

　テュルゴーはここで『諸省察』末尾の議論を否定している，すくなくとも
真逆のことをいっていると解釈できるが，この点はグルーネヴェーゲンとい
えども認めるところである[72]．そうであるとすれば，問題は「企業者はあげ

———————————————
　70)　Turgot［1766d］, p. 601.
　71)　Turgot［1770a］, p. 168.
　72)　Groenewegen［1971］, p. 300.

て，かれらの運営する企業にさまざまに異なる性質の資産に貨幣を即座に転化するほかに使途はない」といえるであろうか，という一点に絞られる．その答えは，否！　断じて否，である．なんとなれば，テュルゴーはグレーネヴェーゲンの問題視する『諸省察』第99，100節での議論を「貨幣貸付に関する覚書」のなかで修正しているからである．かたやスミスはといえば，テュルゴーが友人のピエール＝サミュエル・デュポンに書き送った書簡に書き記したように，この論稿が公式の報告者であり近しい知人や友人といえどもほとんど知り得る立場になかったのであるから，スミスが参照したテュルゴーの『諸省察』における見解を見直す機会はなかったであろう[73]．逆説的ながら，このエピソードこそはスミスが『諸省察』の議論に精通していたことを明かすものといってよいであろう．

　このようにテュルゴーの「貨幣貸付に関する覚書」はかれの貯蓄投資理論の進歩を裏づける貴重な一次資料であるが，この論稿の存在はのちの世まで広く知られることがなかったのはまことにもって不幸であった．とはいえ，いまここで問われるのはそのようなことではない．以上の経緯からみて，スミスの貯蓄投資理論がテュルゴーの理論に着想を得て形成されたとはいえ，結果として両者を同じものと考えてはならないということこそが問題なのである．しかるに，シュンペーターのいわゆる「テュルゴー＝スミスの貯蓄投

---

73)　テュルゴーが1770年1月末に友人のピエール＝サミュエル・デュポンに書き送った書簡で「わたしは貴君〔デュポン〕が『富〔の形成と分配に関する諸省察〕』の原稿のごく一部しか受け取らなかったにすぎないということを知っているかどうか分かりません」(Turgot [1770b], p. 372) と切り出して，つぎのようにしたためている．すなわち，「わたしは〔1770年の年初に〕貸金業 (usure〔または利子〕) に関する論考を一本仕上げました．これは有益な論稿です．貴君にこれを〔お送りしようにも〕お送りすることはできません．〔中略〕わたしは大法官〔モープウ公爵ルネ・ニコル〕と財務総監〔ジョゼフ＝マリー・テレー師〕に〔中略〕この論稿をこれから送るところです」(Idem.)．ちなみにこれから約4年後，テュルゴーはテレー師の後任として財務総監に就任する．なお，テュルゴーにしてはごくごく稀なことではあるが，如上の書簡でしたためた内容と同じことを，やはりデュポンに書き送った1771年9月10日付書簡のなかでくり返している (Turgot [1771b], pp. 495-6)．テュルゴーにしてみれば，デュポンによって改竄された『諸省察』を見直し完成する意図のあることを伝えたかったのではないかと思われる．

資モデル」などまったくの幻想でしかない．むしろ，フランスの経済思想史家ティエリー・ヴィソルが「〈sur-le-champ〉という言葉こそ〔テュルゴーの資本〕理論にとっての思わぬつまずき（point d'achoppement）であった」[74] というべきかもしれない．

　以上を要するに，明らかなことはただひとつ，スミスがテュルゴーの『諸省察』を知っていたというのは紛れもない事実ということである．スミスのいわゆる「ただちに資本として用いられる」はそれを裏づける証といってよい．そしてそれを最初に発見し指摘したのは，別人にあらず，オイゲーン・フォン・ベーム゠バーヴェルクであって，ヨーゼフ・A. シュンペーターでは断じてない．グレーネヴェーゲンは，エドウィン・キャナンを踏襲してこの事実に目を瞑った――というよりも暗挑（だんまり）を決め込んだのである．だが，それはまだ赦されるかもしれない．問題は，「テュルゴー＝スミス貯蓄投資モデル」などまったくの幻想でしかないにもかかわらず，これをあえて否定しなかったことである．

　もとより，グレーネヴェーゲンの問題はこれで終わりというわけではない．先述の「資本の使途（ないし用途）」の問題がまだ手付かずのままである．テュルゴーは『諸省察』第 58 節以下 5 つの節で 5 つの資本の使途を論じ，かたやスミスは『国富論』第 2 篇第 5 章で「4 つ」の用途の解説を行っており，ピーター・D. グレーネヴェーゲンは "emploi des capitaux/employment of capital" という「新しい用語法（new terminology）」やその分類ともテュルゴーとスミスは近似しているという．ただし，テュルゴーは資本の使途を 5 つに，一方のスミスはひとつすくない 4 つに分類しているという違いがあるにはあるが[75]．

---

74) Vissol［1982］, p. 49. なお，この点に関連して，Murphy［2004］, p. 16 もあわせて参照されたい．

75) ルンドベリはスミスが資本の用途（使途）を 5 つではなく 4 つにしたことをもって，「スミスはおサルさんのような考えなしの模倣者（slavish imitator）というわけではなかった」（Lundberg［1964］, p. 71）と評している．しかしだからといって「資本の形成」，「資本の蓄積」，「資本の用途」といったタームがテュルゴーのお蔭をこうむる

いまひとつ，5つないし4つに分類された資本の使途の説明の順序の違い
に注目すべきであるという．それによると，テュルゴーが『諸省察』でいう
5つの資本の使途は，①土地ストックの購入，②工業ないし製造業への投資，
③農業への投資，④商業への投資そして⑤貨幣貸付——の5つであり，一方
のスミスは，①農業，②製造業，③卸売商業そして④小売商業の4つである．
もっとも，スミスはこのあと，これら4つ以外で用いられる資本は「これを
考えることができない」[76]と結んでいる．とはいえスミスは，テュルゴーが
最初と最後で指摘した「土地ストックの購入」と「貨幣貸付」について，す

ことを否定するものではない．しかるに，「スミスがテュルゴーの資本理論に負うと
ころ大であるとはいいがたい」（Groenewegen [1969], p. 369）とのグレーネヴェー
ゲンの解釈には首肯できない．また，ベーム＝バーヴェルクは，グレーネヴェーゲン
とは異なる観点からではあるが，資本の使途（または用途）を5つではなく4つとし
たスミスはテュルゴー資本理論を「変型・修正した」（Böhm-Bawerk [1891], p. 26）
といっている．両者の間に差異を認めようという料簡であるが，例えば貨幣貸付を排
除することによって，企業者の外部資金調達への道を塞ぎ，結果として信用創造や金
融・証券市場のロジックの発展を阻害したことを思えば，スミスによるテュルゴー資
本理論の「変型・修正」が改良・改善ではなかったことだけはたしかであろう．ルン
ドベリもベーム＝バーヴェルクの解釈を紹介している（Lundberg [1964], p. 6）が，
ありていにいえば，スミスの5つから4つへの「変型・修正」は，テュルゴー理論の
改善でも改良でもないということである．事実，「テュルゴー＝スミス貯蓄投資モデ
ル」なる説を創作したシュンペーターではあったが，スミスはもとより，かれに倣っ
たジョン・ステュアート・ミル，オイゲーン・フォン・ベーム＝バーヴェルク，アル
フレッド・マーシャルの理論を評して，かれらは「テュルゴーの資本形成論に何ひと
つ付け加えるに至らなかった」（Schumpeter [1954], p. 325. 文中の傍点は筆者）とい
うのは正しいであろう．けだし，フランスの経済学者ティエリー・ヴィソルの言葉は
シュンペーターの解釈を超えてその先を見通す透徹した目をもっていると評すること
ができる．ヴィソルの曰く，「アダム・スミスは資本理論の精緻化の名に値するよう
な貢献はこれを何ひとつ行わなかった」（Vissol [1982], p. 47. 文中の傍線は筆者）．

76) Smith [1776], p. 341. 訳330ページ．ちなみに，アントイン・E. マーフィーはスミ
スをして資本の用途のひとつとして貨幣貸付を「考え得ることはむつかしい」といわ
しめるに至った決定的な事件があったといっている．すなわち，その事件とは，スミ
スが『国富論』を執筆中の1772年にスコットランド南西部の港町エアで起きた民間
銀行エアバンク（Ayr Bank）の経営破綻である．同行はスミスの物心両面での後見
人であったバックルー公爵ヘンリー・スコットが口座を開設していた主要取引銀行
（main bank）であった．エアバンクの経営破綻はまことにもってスミスの心肝を寒
からしめる衝撃的事件であり，これがもとで貸金業者や銀行などの信用業務へのスミ
スの不信感がいやましたというのである（Murphy [2009b], pp. 176 ff）．

付論 「資本」概念生成・成立再論 209

ぐ前の第2篇第4章でふれているから，これを完全に排除しているとはいいがたい[77]．むしろここで注目すべきは商業の取扱いであり，スミスが「卸売」と「小売」とを区別するのに対して，テュルゴーは『諸省察』第67節で「買って売る（acheter pour vendre）」[78]という「商業一般（commerce en général）の本性」に鑑みてスミスのように両者に差を設けていない．

のちに詳述するように，テュルゴーにおいて，商業の要諦は卸売業であろうと小売業であろうと商品ないし財を「安く買って高く売る」ことによって利益を手にするという営利的活動にある．その意味で，テュルゴーにあっては両者をことさら区別する必要性を感じなかったといえよう．見方を変えていうなら，フランス東部のメス大学で言語学を講義していたジャニーヌ・ギャレ＝アモノが喝破したように，テュルゴーは「フィジオクラート派の金科玉条とする自然秩序という思想を放棄し，代わりに〔リシャール・〕カンティヨンが人間の『欲求（besoin）』から生まれる『〔商品の〕交換（échange）』と呼ぶアイディア〔中略〕の助けを借りて『人間社会（sociétés d'hommes）』という機構を解明する」[79]ことを試みたといえるかもしれない．

ともあれいずれにしても，グレーネヴェーゲンの議論はざっと見ただけで『諸省察』と『国富論』との間にこれだけの違いがあるがゆえに，「資本の使途」に関して「スミスがテュルゴーに負うところ大であるとはいいがたい」と軽々に結論を導くことは厳に慎まなくてはならない．何よりもまず，スミスは『市民日誌』に掲載された『諸省察』の全編を入手しておらず，「貯蓄投資分析や資本の分類はその一部分しか知らなかった」[80]という議論は，た

---

77) スミスは「土地ストックの購入」はともかく，「貨幣貸付」については，藤塚のいうように，「直接生産的労働のエンプロイメントに連結しては捉えられておらず，資本の用途の問題からは除外（あるいは抽象）されている」（藤塚［1990］，120ページ）と考えていたといえるかもしれない．

78) Turgot［1766d］, p. 574.

79) Gallais-Hamonno［1982］, p. 82.

80) 問題は「その一部」が『諸省察』の第何節までふくむかというところにある．スミスの伝記作家のひとりイアン・シンプソン・ロスは「スミスの蔵書中にあるこの雑誌の一揃いには1769年諸号が含まれており（Mizuta），したがって〔スミス〕はテュ

しかにグレーネヴェーゲンのいうように一理ある．『諸省察』を知らなかったと強弁したシュンペーターよりは事実に即した議論をしていると考えられるからである．しかし，そうであるとしても，スミスが『国富論』第2篇の標題に充てた"stock"ではなく，"capital"したがってまた"employments of capital"というまったく新しい用語法（néologisme/new terminology）を用いたことの意義については一言もふれていない．それがスミスの創意発案でなかったことだけはたしかすぎるほどたしかであったという結論に至ることを潔しとしなかったのであろうか．

(3) 藤塚の「資本概念」探求の意義と限界

わが国のアダム・スミス研究の泰斗・藤塚知義の研究は，そうしたヨーゼフ・A. シュンペーターやピーター・D. グレーネヴェーゲンの限界を一定程度克服するものとして特筆に値する．その最大のポイントは，"capital"なる用語の来歴や用語法の歴史的変化に着目したエドウィン・キャナンの研究を継承し，かつ独自の観点からキャナン説を発展させたところにある．ここでは1983年に発表した「アダム・スミスの『資本』論」（のちに『アダム・スミスの資本理論』（日本経済評論社，1990年）に再録）を中心に検討していきたい．

藤塚はまずキャナンに倣って"stock"および"capital"の用語の語義と用語法をアダム・スミスの「以前」と「以後」とに分けて考察することからはじめるが，それは"capital"が「資本」相当の意味で使用される歴史的プロセスの研究といってよく，最終的には『国富論』の出現をもって「資本」概念が定位され，"capital"の「資本」としての使用が一般化するとい

ルゴーの本文の3分の2〔資本の5つ使途の終わる第70節前後〕に接していたことになる．農業はもちろん製造業に投下される資本の増加の重要性に関する彼の直観もしくは所見に対して理論的支持を与えるものとしては，これだけで十分であったろう」（Ross [1995], p. 301. 訳322ページ）とのべている．そうであるとすれば，グレーネヴェーゲンの主張はシュンペーター批判どころではなく贔屓の引き倒し以外の何物でもない．

う結論に至る導火線の役割を演じることになる．藤塚のいわゆる「スミス以前」の"capital"なるタームの歴史的研究は詳細かつ緻密の極致といっても過言ではなく，馬場宏二をして藤塚の著書が「スミス『国富論』での『資本』特にCapitalの登場とその理論的意義を論じた労作である．それは徹底的な文献探索を伴う深い考察を示しており，今なお多分にそのまま依拠し得るところの名作」[81]と絶賛せしめたのもゆえなしとしない．

馬場のいうように，藤塚の文献探索はキャナンのそれの比ではなく，筆者の知り得る限り，カロロ・デュカンジュ殿らの編纂した『中世・後期ラテン語辞典』の漏れを別にすれば，藤塚はほとんどすべての文献や資料に目を通していたと考えられる．しかも特記すべきは，そこではキャナンはもとより，当のスミスでさえふれようとしなかったサー・ウィリアム・ペティやサー・ジョサイア・チャイルド，さらにはサー・ジェイムズ・ステュアートをも取り上げて言及している点である．この点，藤塚の研究はキャナンをはるかに超える実質をもっていると評価しなければならない．

ことほどさように，馬場のいう藤塚の研究が「徹底的な文献探索を伴う深い考察」に裏うちされたものであることはつぎの言葉によく示されている．曰く，「簿記用語Capitalの英語源考証について，エドウィン・キャナン→R.D.リチャーヅ→ヘンリー・ランド・ハットフィールドと論が進む（原注）につれて，Capitalが導入された最初は〔ヤン・〕インピン〔・クリストッフェル〕の『簿記新教程（*Nieuwe Instrctie*)』（原注）の1547年の英訳であることが漸次明らかになった．〔中略〕経済学における最初の用例が〔アントワーヌ・ド・モンクレティアン〕，英語経済学の最初がペティ，いず

---

81) 馬場［2008］，343ページ．藤塚と同様に，ここでアメリカ会計学会の碩学ヘンリー・ランド・ハットフィールドの業績を評価するのは馬場ならではの探求心の賜物として特記されるべきであるが，本稿ではハットフィールドについては言及しない．ハットフィールドの研究業績については，2016年に刊行されたアメリカ会計学会の記念論文集（*Memorial Articles for 20th Century American Accounting Leaders*）収録のパティ・J.ミルズの論稿（Mills［2016］）を参照されたい．また，インピン・クリストッフェルについては，片岡［1963］にくわしい．

れもオランダ東インド会社〔東インド貿易会社〕の資本金の意味であったと
捉え得るが，それは Capital がかような国際的波及過程の一環だったと言え
よう」[82].

　もちろんだからといって，経済学の最重要概念である「資本」概念の生成
と成立，そのさい"capital"なる術語が「資本」相当の意味で用いられる
に至る足跡は，"capital"なるタームの国際的波及の過程をいくらためつす
がめつして検証しようとしたところで叶うはずがない．とどの詰まり，キャ
ナンがそうであったように，藤塚もまたフランスでの"capital"の用法に
着目するほかなかったのである．ただしキャナンはこれを「フィジオクラー
ト派」にもとめ，かたや藤塚も基本的にはキャナンと同じ考えではあるけれ
ども，アメリカはニューヨーク大学ハンター校で経済学を講義したイー・セ
ェー・ルンドベリに依拠しつつ「キャピタルなる用語の使用については，
「〔テュルゴーの〕『諸省察』における capital の使用法による影響があっ
た」[83] ことを一定程度認めざるを得なかったといってよいであろう．それに
もかかわらず，両者ともにオイゲーン・フォン・ベーム゠バーヴェルクには
一言もふれていない．

　一方，馬場は馬場なりに藤塚説を支持するかたちで「経済学で Capital を
多用し，今日の『資本』の意味〔中略〕を与えたのは，フランスの経済学者，
特に〔テュルゴー〕である．スミスはこれを模倣吸収し，『国富論』特に第
2 篇で英語に転用した」[84] と説くことになった．なるほど藤塚は馬場ほどの
割切りはできないようであるが，テュルゴーの――すくなくともフランス語
の諸文献にみえた"capital"という語の使用の「先行性」を認めるにやぶ
さかではなく，カンティヨン，ケネーそしてテュルゴーによる"capital"
の使用の歴史的経緯を考察する．だが，ここに藤塚そしてある程度まで馬場
の解釈における欠陥，それも致命的な欠陥を見出さざるを得ないのである

---

82)　馬場［2008］，349 ページ.
83)　藤塚［1990］，119 ページ.
84)　馬場［2008］，359 ページ.

が，これらの点は他の機会で詳論したので，以下ではその骨子のみを紹介するにとどめたい．

　藤塚は，カンティヨンの『商業一般の本性に関する論説』（以下『商業論説』と略記）のなかで5箇所"capital"という用語が「資本」相当の語義で用いられていると主張する．そのさい藤塚は戸田正雄の邦訳をもとに「資本」と訳出するのであるが，戸田が"capital"を「資本」と訳出したのは明らかな間違いであった．戸田の誤訳をベースにした藤塚のカンティヨン解釈もまたけだし間違っているといわざるを得ない[85]．それに加えていまひとつ，より重要な点であるが，先述のシュンペーターのいわゆる「テュルゴー＝スミス貯蓄投資分析」についても，『諸省察』と「貨幣貸付に関する覚書」との間のテュルゴーの齟齬は「フィジオクラート派の残滓」などでは断じてないのである[86]．原因はむしろテュルゴー自身にある．かれの不手際

---

85)　藤塚のいう「5箇所」とは，カンティヨンの著作『商業論説』の第II部第9，10章，第III部3，4，7章であるが，このうち第III部第7章において「公債」相当の語義で用いられた以外，他4箇所はいずれも"デュカンジュ殿"らの編纂した『中世・後期ラテン語辞典』に登場する貸付元本，大金などであって，「資本」相当の意味ではただの一度も登場しない．藤塚は「アダム・スミスの『資本』理論」において戸田正雄訳を参照したようであるが，大学院時代に身に着けたはずの「訳書は，それがどんなに優れていようが，所詮は参考意見」という先学の教えを守って横着をせずオリジナルに目を通せば，戸田の誤訳を立ちどころに判明できたはずである．ちなみに，わが国の著名な書誌家・津田内匠がハンザ同盟の要衝の地ルーアンの市立図書館の所蔵するカンティヨンの草稿を発掘，1979年に『商業一般の本性に関する試論』のタイトルで邦語訳を出版した．ところが，津田はうえで紹介した箇所に関して戸田訳の間違いに気づかなかったのであろうか，それともあえて目を瞑ったのであろうか——そのどちらにせよ津田訳では訂正・改善の痕跡がまったくない．なお，翻訳問題はそれ自体，ジャック・デリダの言いようを手本にすれば「二次的な第一のもの（première seconde）」であるが，筆者は戸田訳，津田訳の問題点を論じたことがあるので参照されたい（中川［2016］（とくに付論II「『資本』概念成立探究——馬場宏二「資本・資本家・資本主義」を中心にして）．

86)　例えば，渡辺恭彦は1967年の論文「テュルゴーの経済理論の思想的構造」のなかで，「テュルゴーの資本の概念にも〔フランソワ・〕ケネーの影響とみられる素材主義的観点がまとわりついている」といってつぎのようにのべている．すなわち，渡辺はケネーの純生産物を「農業純生産物」と規定したうえで，テュルゴー自身，農業純生産物論と全企業における資本蓄積とは相矛盾するものであることを知りながら（原

(culpa sua) である．という意味はこうである——．

　すなわち，フィジオクラート派の論客ジャン・ニコラ・マルスラン・ゲリノー・サン＝ペラヴィが，貨幣の節約すなわち資本の蓄積が「手元にある貨幣額を流通から吸い上げられるかたちで行われるとすれば，貨幣価値が低下する」とテュルゴーの資本蓄積論を批判したのに対して，当のテュルゴーはといえば，1767年に執筆した「サン＝ペラヴィ氏の草稿に関する所見 (Observations sur le mémoire de M. Saint-Péravy)」のなかで「すこぶる根拠に乏しい」[87]と反論しつつも，資本形成の基礎となる貨幣の蓄積が財市場における貨幣の流通を阻害しない——すくなくとも「蓄積された貨幣」が「支出された貨幣」の減少をもたらすものではないこと，したがってまた財市場における貨幣流通に対する中立性を証明する必要性を感じ，ために貯蓄の投資への転化が可能な限り速やかに行われることがのぞましいと説き及ぶのであった．だから，テュルゴーは「即座に (sur-le-camp)」貨幣が流通に復帰する——アントイン・E. マーフィーのいわゆる「自己金融型貯蓄・投資モデル」[88]に意図せざる結果として固執したのである．

　ところが，「即座に貨幣が流通に復帰する」というテュルゴー・モデルでは，第1にケネーのいわゆる「原前貸し」と「年前貸し」，すなわち固定資本と流動資本との区別の理論的意義をかならずしも正当に評価することにはならない．ばかりか，より重要なことであるが，企業者による外部金融調達

　　注），後者を前者の枠のなかに戻して，両者の調整を図ろうとした」（渡辺 [1967]，106ページ）．渡辺説の難点については，他の機会で詳細に検討したので重複を避け要点だけを摘記すればこうである．つまり，テュルゴーの資本理論は『諸省察』第29節で貨幣的資本を「資本の一般定式」を導出して以来，貨幣的資本を説く視点は一貫しているから，「ケネーの影響とみられる素材主義的観点がまとわりついている」は誤解であるが，山口 [1930] も近い考え方である．なお渡辺説の検討については，中川 [2013]（とくに第3章「テュルゴー資本理論の諸問題」）を参照されたい．

87）　Turgot [1767], p. 656.

88）　Murphy [2009a], p. 147. ちなみに，マーフィーが「ローとテュルゴー（Law and Turgot）」と題する論文のなかで，テュルゴーにとって「資本と前貸し貨幣は同義のようにみえる」（Murphy [2005], p. 18）とのべている．この点，マーフィーは前出渡辺説に近いといえるかもしれない．

付論 「資本」概念生成・成立再論

への道を塞ぐことになりかねない．シュンペーターの「テュルゴー＝スミスの貯蓄投資モデル」はそれ自体が謬見であるにもかかわらず，あたかも古典派の貯蓄投資モデルの「ひな型」として定式化されたのである．かたや馬場にあっても，テュルゴーの資本理論の「先駆性」を認めながらも，それがケネーの「avances を直接 capital に言い換えて多用した」という過ちを犯した．順序は逆になったが，テュルゴーが『諸省察』第29節「資本一般もしくは貨幣収入」で土地と労働につぐ第3の収入を得る方法として「資本」を導出したのち，第58節では「資本」を以下のように定義している．テュルゴーの曰く，

> あらゆる貨幣的資本，あるいは何がしかの価値の総額は，その〔事業活動によって生み出される〕額と一定割合で等価となる収入を生み出す土地と等しい価値をもっている．資本の第1の使途は土地ストック（fond de terre）の購入である．〔中略〕自ら所有する土地の収入〔地代〕によってであろうが，自己の労働あるいは勤勉による賃金・報酬によってであろうが，年々歳々自らの消費する以上の，より多くの価値（plus de value）をそこから留保し蓄積することが可能である．このようにして蓄積された価値を**資本**という[89]（文中太字体は原文イタリック体を示す）．

テュルゴーによる資本の定義が，スミスが『国富論』第2篇第3章で行っている資本の定義に酷似していることは，イー・セー・ルンドベリ，ジャ

---

89) Turgot [1766d], p. 567. ちなみに，当該引用文はベーム＝バーヴェルクも『資本積極理論』で引用している（Böhm-Bawerk [1891], p. 25）．またかれは相前後して，キャナンがアーヴィング・フィッシャーからの引用と銘打った "Capitale dicitur bonum omne quod posseditur" の一文を紹介している．ただし，ベーム＝バーヴェルクは『中世・後期ラテン語辞典』（*Glossarium*）からではなく，「[Karl] Umpfenbach, *Das Kapital in seiner Kulturbedeutung*, Würzburg, 1879, p. 32 からの孫引き」（*Idem*）の旨明記している．

ニーヌ・ギャレ゠アモノそれに間近くはオランダの新進気鋭の研究者アンヌ゠クレール・ホイングらの指摘するところである[90]．しかしながら，テュルゴーの定義はスミスのそれとは異なり，あくまでも"capital"（"stock"ではない）という術語を用いて行われている以上，簿記・会計用語としての「"capital"という用語の概念はテュルゴーによって最終的に書き換えられた」というほかはない．"capital"としての「資本」は一義的に「貨幣的資本」として定義されるからである．しかるに，馬場のいうような「avancesを直接 capital に言い換え〔た〕」[91]程度のものでは断じてない．馬場はテュルゴー資本論の要諦を見誤ったといわなくてはならない．

　だが，それにもかかわらず藤塚は資本概念の生成と成立におけるスミス説のテュルゴー説に対する「優位性」をいささかも譲ろうとしない．その最大のポイントはテュルゴーの5つの資本の使途の評価にあるが，これを4つにあらためたスミスのほうが「生産的労働のエンプロイメントとの関係という再生産的把握の観点からいって，テュルゴーよりもはるかに論理的体系的になっている」[92]という．それというのも，「『国富論』におけるキャピタルの把握は，単なる価値の額ではなく，商品や貨幣などの種々の形態をとって姿態転換を経過しつつ運動するものとして再生産的な把握を意味しているのである．そしてその核心は生産的労働のエンプロイメントにある」[93]からにほかならない．スミス『国富論』の出現以降，"キャピタル"というタームこそは「資本を核心として近代社会の経済体制を把握するマルクスの『経済学批判（*Zur Kritik der politischen Ökonomie*）』そして『資本論』の理論体系の成立へとつながってゆき，また近代社会を『資本主義』社会と呼ぶ用語にもつながってゆくわけである」[94]ともいう．

---

90)　Lundberg［1964］, pp. 65 ff ; Hoyng［2015］, p. 58 et suivre. なお，中川［2016］もあわせて参照されたい．
91)　馬場［2008］，244 ページ．
92)　藤塚［1990］，120-1 ページ．
93)　同上，118 ページ．
94)　同上，79 ページ．

付論 「資本」概念生成・成立再論　　　217

　いま藤塚のスミス解釈の是非にはふれないが，それにしても「『国富論』
におけるキャピタルの把握は，単なる価値の額ではなく，商品や貨幣などの
種々の形態をとって姿態転換を経過しつつ運動するものとして再生産的な把
握を意味している」は，明らかにマルクスのロジックの密輸入であり，マル
クスからみたスミスの「資本」論といわざるをえない．そもそも，スミスの
『国富論』の一体どこにキャピタルが「商品や貨幣などの種々の形態をとっ
て姿態転換を経過しつつ運動するもの」といった記述があるというのであろ
うか．いまはこれにも目を瞑ろう．しかしながら，「資本の用途」を「4つ
にしたスミスの把握のほうが，生産的労働のエンプロイメントとの関係とい
う再生産的把握の観点からいって，テュルゴーよりもはるかに論理的体系的
になっている」のくだりに至ってはさすがに看過するわけにはいかない．と
いう意味はこうである――．
　すなわち，藤塚のベースはマルクス主義経済学もしくはそのシンパサイザ
ーに特有の「生産過程至上主義」論にあり，例えば企業の利潤は「生産的労
働のエンプロイメント」の果実であり，しかもそれは労働者に支払われた賃
金の超過部分であるが，これこそが「剰余価値」であり，資本家ないし事業
者はこれを「利潤」として自らの懐に入れる――いうところの搾取論である．
もしもこの考えが正しいとすれば，商人もしくは商業資本による労働者の雇
用は，例えば農業や製造業におけるように雇用労働者の労働が「生産的労働
のエンプロイメント」であり，したがってまた商業資本の利潤もまた「生産
的労働のエンプロイメント」の果実といえるだろうか．
　答えは，否！　そもそも藤塚は，農業や製造業のように生産過程をもたな
い商業資本の資本家や労働者の労働が「生産的労働のエンプロイメント」な
のか，そしてその成果としての利潤が，農工業のそれと同じような性質のも
のなのかどうかの議論を明らかにスキップしている．しかるに，農業，製造
業そして商業の産業部門全体を見回した場合，『国富論』のほうが「生産的
労働のエンプロイメントとの関係という再生産的把握の観点からいって，テ
ュルゴーよりもはるかに論理的体系的になっている」といえるかどうか理解

に苦しむ．こうした藤塚説の難点を考えるさい，テュルゴーが『諸省察』第86節でのべていることはきわめて示唆にとむ．曰く，

> 農業，製造業，商業に用いられた貨幣は，これらに使用されたのと同額の資本（capital）を土地に投下して得る収入，もしくはこれと同額の貨幣の貸付から生じる利子よりも多くの利潤をもたらすであろう．けだし，農業，製造業，商業における資本（capital）の使途は，前貸し資本（capital avancé）のほか，多くの勤勉と労働（industrie et labeur）を必要とするので，仮にもしそれらがより多くの利潤を生まないとすれば，何もせずとも享受できるのと等しい〔貨幣や土地所有から生み出される〕収入を手にするに如くはないからである．これによって，企業者は年々歳々自らの手にする資本（capital）〔中略〕の利子〔に相当する額〕のほか，かれの勤勉，労働，資質，リスクを償い，それにまた企業者がすでに負担している前貸しの年ごとの償却分（dépérissement annuel des avances）を支弁する利潤を確保しなければならないのである[95]．

テュルゴーにあっても，藤塚流の「商品や貨幣などの種々の形態をとって姿態転換を経過しつつ運動するものとして再生産的な把握」の視点がふくまれていることは容易に見て取れるものの，むしろここでより重要なことはテュルゴーの資本利潤に関する考え方である．すなわち，テュルゴーは，藤塚

---

95) Turgot [1766d], p. 591. ねんのため，スミス『国富論』第2篇第3章「資本の蓄積について」の一節を引用しておこう．スコットランド出身の偉大な思想家の曰く，「年々蓄積されるものは，年々消費されるものと同じように規則的に消費され，またほぼ同じ期間内に消費される．ただそれを消費する人が違う．富裕な人の収入のうちかれが年々消費する部分は，たいていは，怠惰な客人や家事使用人によって消費されるのであって，この人たちは自分たちが消費するのと引換にあとにはなにも残さない．／ところが，富裕な人が年々貯蓄する部分は，利潤を獲得するためにただちに資本として用いられるものであるから，右とほぼ同じ期間内に消費されることになるが，しかし，右とは異なった一群の人々，すなわち，労働者，製造工，手工業者によって消費されるのであって，この人たちは自分たちの消費の価値を利潤とともに再生産するのである」（Smith [1776], p. 321. 訳307ページ）．

（そしてある程度までスミスやマルクス）のように，利潤の源泉を「生産的労働のエンプロイメント」と狭く規定せず，企業者の「勤勉，労働，資質，リスク」などを償うものとしている．そしてそれはまた農業や製造業ばかりか商業をふくむあらゆる産業部門に共通していえることである．はたしてテュルゴーの説くとおりであるとすれば，藤塚のいうようにスミスの『国富論』における資本理論のほうが「テュルゴーよりもはるかに論理的体系的になっている」とは考えがたい．その反対である．テュルゴーのほうがスミスよりも「はるかに論理的体系的になっている」とするのが正しい判断というべきであろう．

この点は，藤塚が「近代社会を『資本主義』社会と呼ぶ用語」にもつながるとか，『アダム・スミス革命』において「『スミスの価値論・剰余価値・論』『スミスの貨幣・価値・論』および『スミスの資本蓄積論』を三本の柱[96]として古典経済学の成立を立証することを試みたとかいう以上に問題ぶくみといわざるを得ない．それというのも，「剰余価値」と訳出されたドイツ語の"Mehrwert"に相当する英語の"surplus value"なるタームはスミスの『国富論』の隅から隅まで，それこそ「重箱の隅を楊枝でほじくる」が如くにためつすがめつして探し出そうと企てても決して見つかることがないからにほかならない．

物の本によると，"surplus value"なる用語は，15世紀のイタリアの諸共和国（socoietas civilis）で誕生した"plusvalore"という簿記・会計用語に語源をもとめられるが，初期の段階ではもっぱら「のれん（営業権）[97]」の意味で通用していたという．それがやがてオランダやフランスやドイツそし

---

96) 藤塚［1990］，ⅰページ．

97) キャナンのエセーでは，イタリア語の"plusvalore"本来の用語に相当する英単語が一度だけ登場する．すなわち，"[An individual] is more likely to think of the capital in his business as money value of value of the stock-in-trade and goodwill of the business at the moment when the accounts are made up"（Cannan［1921］，p. 476-7. 下線は筆者）．なお，テュルゴーの作品中，後期ラテン語"superflus"に由来するフランス語の単語"superflu"をよく見かけるが，"excédent"——英語の"surplus"に相当——と同義またはそれに近い単語のニュアンスをもっていた．

てイギリスなどに波及し，18世紀以降は資本利得，商品や有価証券などの値上がり益，付加価値などとしても使われるようになった．"plus-value"，"meerwaarde"，"Mehrwert"はいずれもイタリア語の"plusvalore"から派生した単語である．

　もっとも，わが国で"剰余価値"という場合，主としてマルクスの大著『資本論（*Das Kapital*）』に特有の用語としての意味合いが強いが，いまにして思えばドイツ語のMehrwert"の訳語としてはたして適切であったかどうか疑問なしとしない．"付加価値"で十分通用したと考えられるし，時に応じて"売買差益"，"資本利得"または"キャピタルゲイン（gain sur le capital/capital gain）"などの邦語を充ててもよかったと考える．実際，フランス生まれの「付加価値税（taxe sur la valeur ajoutée：TVA/VAT）」をドイツでは"Mehrwertsteur"と呼び，ヨーロッパの企業や銀行等金融機関は今日に至るも貸借対照表の「のれん（営業権）」の項目で"plusvalore"ないし"plus-value"なる古風なタームがこのまれるようである．いってみれば，これまた「万民周知の用語（verbum quotidianum）」である．

　最後になったが，「資本主義（capitalisme/Kapitalismus/capitalism）」なる用語についてみておくことにしたい．うえで紹介したように「資本（capital）」とその所有者「資本家（capitaliste）」の初出がテュルゴーの『諸省察』と特定できるのに対して，「資本主義」なるタームの出自はいまに至るも謎に包まれている．つまり，いつ，どこで，だれが使いはじめたのか分かっていない．そのなかにあって，第2次大戦後のフランス経済学会の大御所として君臨したフランソワ・ペルウが，19世紀の社会運動家たちが企業者や銀行家や資本家たちに浴びせた"闘争の言葉（mot de combat）"というのもひとつの解釈であるが，これとて定かではない[98]．しかるに，藤塚のいわゆる

―――――――――
　98）　藤塚は「資本家」という語の来歴については一言もないが「資本主義」という術語にはことのほかご執心のようである．一方，馬場はその双方に関心をもっていて，三題話のような「資本・資本家・資本主義」の究明を目指している．両者は一見異なる方向を目指しているようであるけれども，じつは問題意識は共通している．馬場がいみじくもいうように，「資本家」というタームは「経済学ひいては社会科学全体のキ

付論 「資本」概念生成・成立再論　　　221

「資本を核心として近代社会の経済体制を把握するマルクスの『経済学批判』
そして『資本論』の理論体系の成立へとつながってゆき，また近代社会を
『資本主義』社会と呼ぶ術語にもつながってゆくわけである」[99]のくだりは
短絡思考以外の何物でもない．

　むすびにかえて

　以上，エドウィン・キャナンのエセーを手掛かりに，「資本」概念の生
成・成立の経緯を考察してきた．もともと"capital"というタームは簿
記・会計用語として13世紀初頭のイタリアの商人や銀行家たちが使ったの
がはじまりであり，その後18世紀に至るまでの間，オランダ，フランス，
ドイツそしてイギリスへと国際的に普及する．それとともに，まとまった貨
幣の額，貸付元本のほか，出資金，資本金，公債証券等の有価証券といった
多様な意味で解され用いられるようになっていった．最終的にこのタームが

　　　　　ーワード」であるのと同様に，資本主義なるタームもまた「ヨーロッパ諸語であれば
　　　当然これ〔資本〕から派生」（馬場［2008］，360-1ページ）するという認識が，それ
　　　である．藤塚も馬場も「資本」とその所有者「資本家」の初出がテュルゴーの『諸省
　　　察』――厳密にいえば，かれの師ヴァンサン・ド・グルネー――であることは否定し
　　　まいが，さりとて資本主義なるタームの出自はいまだ謎であり，いつ，どこで，だれ
　　　が使いはじめたか分かっていない．19世紀の社会運動家ピェール＝ジョゼフ・プル
　　　ードン，ルイ＝オーギュスト・ブランキやルイ・ブランらが企業者や資本家や銀行家
　　　たちに浴びせた"闘争の言葉"という説があるとはいえ，これとて定かではない．分
　　　からないながらも，ヴェルナー・ゾンバルトやマックス・ヴェーバーそれにヨーゼ
　　　フ・A.シュンペーターらの功も手伝って，資本主義なる用語は19世紀末以降アカデ
　　　ミズムの世界でも「市民権」を得て学術用語として使われるようになった．ただ興味
　　　ぶかいのは，ゾンバルトやヴェーバーらの目撃した19世紀末の資本主義は「帝国主
　　　義（Imperialismus）」と称され，保護貿易，資源や市場，植民地拡大を図る覇権的
　　　膨張主義と同義であり，デイヴィッド・リカードウ時代の自由貿易主義を標榜する資
　　　本主義とは異なっていたことである（この点，小原［1948］が簡便である）．なお，
　　　資本主義というタームの出自・理論・歴史については，20世紀フランス経済学会の
　　　大御所フランソワ・ペルウの秀作『資本主義（Le capitalisme）』（Perroux［1962］）
　　　を参照されたい．
　99）　藤塚［1990］，79ページ．

「資本」相当の意味を有するようになるのは，もっぱら18世紀後葉のことに属する．キャナンが「初期史」というのは，"capital" なるタームが「資本」相当の意味で用いられる「前史」，つまり18世紀後葉に至るまでの時代の意味をもたせていると考えてよい．

　キャナンを待つまでもなく，イギリスおいて "capital" というタームがもっぱら「資本」相当の意味で使われるようになるのはアダム・スミスの『国富論』の出現以降といってよい．だからといって，この時点で「前史」が終わるかといえば，どっこい，そうともいえない．なぜならば，この島の土着語 "stock" が幅を利かして，スミスにあってさえ，"stock" というタームと，この島の住民にとっては舶来語の "capital" とを併用しており，"capital" なる用語の使い方がブリテン島の，したがってまたスミスのオリジナルであるとは即断しかねるからである．けだし，キャナンといえども，フランスの，とくに「フィジオクラート派」の思想的影響がスミスの "capital" の使い方の変化の重要な契機をなした，というにとどまる[100]．

　しかしながら，ここでキャナンのいわゆる「フィジオクラート派」なる言い回しは，問題の核心を衝くことを妨げるレトリックでしかない．この派の開祖フランソワ・ケネーおよびかれの門弟たちはなべて「資本」としての "capital" というタームの使用を忌避したのであって，キャナンの言い分は明らかな間違いである[101]．キャナンのいわゆる「フィジオクラート派」の

---

[100]　藤塚は「アダム・スミスの『資本』理論」のなかでこういっている．「スミスの『国富論』以降，資本（キャピタル）なる用語は経済論策の上に広く一般に用いられるようになってくる．〔中略〕しかしそれでもなお『資本の利潤』をいうときは，〔デイヴィッド・〕リカードウにおいてさえ〔中略〕，1817年の『経済学および課税の原理』の第6章（On Profits）の冒頭は profits of stock という語からはじまっている．〔中略〕これに先立つジェイムズ・ミルの『商業擁護論』（1808年）でも〔中略〕資本の利潤は profits of stock となっているのである（原注）．〔中略〕同じく〔トマス・ロバート・〕マルサスの『経済学における諸定義』（1827年）では，その第10章（経済学における諸定義）に『定義32』として『資本の利潤』（Profits of Stock）という項目が設けられている（原注）」（藤塚 [1990]，123-4ページ）．

[101]　この点については，中川 [2013]（とくに付論 I「チャイルド―グルネー―テュル

付論　「資本」概念生成・成立再論　　223

影響とは，何を隠そう，アンヌ・ロベール・ジャック・テュルゴーのそれである．くり返しになるが，かれの代表作『富の形成と分配に関する諸省察』のなかで"capital"という術語が歴史上はじめて「資本」相当の意味で使われていたことを否定する人間は今日まず存在しないといって過言ではない．

　しかも，である．キャナンの意に相違して，テュルゴーは「フィジオクラート派」ではなく，したがってまたかれの「資本」とその所有者「資本家（capitaliste）」はケネーの所説ではなく，ヴァンサン・ド・グルネーの所説を継承・発展させたものであった．すなわち，テュルゴーの経済学の古典形成への最大の貢献は，かれのメントールであるグルネーの遺産である「新しい富」の概念としての資本とその所有者である資本家を軸に商業社会の経済関係の組織的解明を行ったところにある．"capital"なるタームの生誕の地イタリアの都市国家はもとより，オランダやフランスでは，イギリスとは異なり"capital"は広く用いられていたが，それでもフランス以外の国ぐににあって「資本」相当の意味で使われる例は当時なお皆無であったばかりか，斬新であったに違いない[102]．

　とどの詰まり，キャナンも認めるように，スミスが『道徳感情論』や『グ

――――――――――――

　ゴー」）および中川［2016］（とくに付論Ⅰ「カンティヨン―ケネー―テュルゴー」を参照されたい．

102）　イー・セェー・ルンドベリのいうように，テュルゴーのいわゆる"capital"は当時斬新であり，1767年以前に"employ des capitaux"とか"accumuler un capital"のような表現の仕方，言葉の選択や言い回しを多用した著述家はテュルゴーのほか存在しなかったが，ジャニーヌ・ギャレ＝アモノはルンドベリの研究を受けてシンタックス（syntax）という言語学の分析手法を用いて『諸省察』と『国富論』の文体をこの面から詳細な分析を加えた．その結果，スミスの『国富論』には，テュルゴー流の表現の仕方，言葉の選択や言い回しといった用語の相似性にとどまらず，まったく異なる「ふたつの文体（style）」が併存すると説き及んだ．さらに，アンヌ＝クレール・ホイングは自著『テュルゴーとアダム・スミス』のなかで「テュルゴーのスミスへの疑う余地のない影響」として，①貯蓄と投資の相互関係，②経済発展のための資本の動員および③土地のさまざまの耕作方法をあげているが，ルンドベリ，ギャレ＝アモノの研究を継承・発展させたものといってよいであろう（Hoyng［2015］，p. 145）．

ラスゴー大学講義』で“capital”なるタームを使った形跡はまず見当たらないし，テュルゴーの『諸省察』に遅れること10年——1776年に出版された『国富論』でようやく目にするのであるが，それでも1760年代末以降に執筆されたといわれる第2篇以降において，スミスならずともこの島の住民であればだれでもが知る“stock”と並んで登場する．ともあれ，爾後デイヴィッド・リカードウやロバート・マルサスの著作などでも“capital”が資本相当の意味で用いられたことに思いを馳せれば，スミスがこの島の経済学の領域で“capital”なる語が一般的に用いられるうえで多大の貢献をしたことは否定できない．そのなかにあって，リカードウは“capital”のみならず“capitaliste”というタームの普及に多大の功があり，カール・マルクスなどがこれを引き継いだといっても決して誇張ではない[103]．

---

103) もっともマルクスの著作中，“Kapitalist”とか“kapitalistische Produktion-sweisse”，あるいは“bürgerliche Gesellschaft”といったタームを目にすることはあっても，“Kapitalismus”という術語は見当たらない．このうちとくに“bürgerli-che Gesellschaft”なるテクニカルタームはラテン語の“societas civilis”——もともとの語義は「市民社会」ではなくギリシャ語の“κοινωνική πολιτική (koinonia politike)”と同じ「都市国家」——を語源とし，フランス語の“société civile”と同義である．なるほどフランス語にも，ドイツ語と同じ単語を用いた“société bour-geoise”なる言い回しもあるにはある．しかし，後者はわが国では「ブルジョワ社会」と訳されるものの「市民社会」という意味に解するのが順当であろう．それというのも，フランス語ではイタリア語の“borghesia”に由来する“bourgeoisie”の形容詞“bourgeois”（イタリア語では“borghese”）と，ラテン語を語源とするターム“civil”（イタリア語では“civile”）とが時に応じて同義語として用いられるからである．もちろんドイツ語にも，その系譜をたどるとラテン語を淵源とするロマンス諸語の一派をなすフランス語やイタリア語のように“civis”，“civicus”，“civilis”を語源とする単語として“zivil”なる語があるが，当初はもっぱらオーストリアで用いられたものといわれる．しかるに，ドイツ語でもフランス語やイタリア語に似せて“Zivilgesellschaft”という術語もあるものの，こちらは20世紀のネオロジスムであり，この語のドイツ語圏における普及はユルゲン・ハバーマスの功に与るところが大である（ほかに“bürgergesellschaft”のタームもある）．いまふたたび話をマルクスの時代にもどすと，かれは“borghesia”または bourgeoisie を社会階級と定義しているから，「ブルジョア社会」なる邦訳も可と考えられないこともない．しかしだからといって，マルクスがこの用語を後世の“Kapitalismus”と同義語として使っていたかどうかは，いまとなっては知る由もない．なお，蛇足ではあるけれども，ロマンス諸語とは縁もゆかりもない言語でありながら，アダム・スミスの時代のブリ

はたしてそうであったとすれば，"capital" というタームが「資本」相当の意味をもつに至った長く曲がりくねった道筋の終着点（テルミヌス）は，このタームの来歴や簿記・会計発達史をいくら詳細かつ厳密にふり返ってみたところで解き明かすことなどできない相談である．しかも，キャナンのエセーは，かれのいわゆる初期史のマクラとして「イギリスにおける」を付け加えなくてはならない代物であるがゆえに，「資本」相当の意味を有する "capital" に未来永劫行き当たるはずがない．なんとなれば，それがイギリス簿記・会計発達史の探求である限り，御百度を踏んで百万遍 "capital, capital, capital…" と唱えようが，「資本」は神仏の如くに示現（じげん）しないからである．その姿を見せるとすれば，底意の見えすいた理由によってスミスはテュルゴーの『諸省察』を知らなかったと言ってのけたヨーゼフ・A. シュンペーターのような手合いである．これに関連して，馬場宏二は藤塚知義に倣って，テュルゴーやスミスなどの経済学の著述家の作品に登場する "capital"，"stock" の語の回数すなわち「出現頻度」をカウントしているけれども，テュルゴー，遡ればグルネーやチャイルド以前の著述家の作品における "capital"，"stock" の出現頻度がいかに高かろうが，詰まるところ，「資本」たりえないのである．

別言するなら，ケネーとフィジオクラート派贔屓で音に聞こえたシュンペーターの贔屓の引き倒しに似た事例こそは，経済学研究者の間ではキャナンのような研究を評価する向きがいまなおすくなくないということを示すものである．事情はわが国でも同様であるが，そのなかにあって藤塚は，本家のキャナンが顔負けする微に入り細を穿つ研究業績を発表している．ただ遺憾ながら，"capital" なる語の国際的普及のプロセスをいかに詳細かつ緻密に

テン島でも "civil society" という英語のタームがすでに用いられていた．"civil" はノルマン人が "beef（bos, bœuf）"，"pork（porcus, porc）" それにピーターラビットのご先祖様（rabbotte → rabbit）などと一緒にこの島に持ち込んだ言葉のひとつであり，かたや "society" はといえば，エヌリー（ヘンリー）8 世の御代にヨーロッパ大陸から渡来したラテン語 "societas" を語源とする英単語である．

追跡調査したところで，アダム・スミスの『国富論』の出現を待って「資本」理論が成立するという証を手にすることはできなかった．そしてそれを認めることがまことにもって業腹でならないということは，傍から見てもよく理解できる．

　キャナンたちの期待したのとは正反対に，スミスの「資本」理論がテュルゴーのそれに影響を受け形成されたことを明かす研究論文がこの間数多く発表されてきたが，けだしそのようなテーマに迫り得る文献や史料の発掘とこれらをベースとする数々の研究の賜物といってよいであろう．それは見方を変えていうなら，いわゆる「アダム・スミス問題（Adam Smith problem）」なるものが成立しないことの別の表現である．いや，より厳密にいえば，そのような問題など端から存在しなかった，だがそれにもかかわらずある種の人間たちはあたかも問題が存在するかのように装ってきた——これが「アダム・スミス問題」なるものの真の姿である．

　という意味はこうである．すなわち，テュルゴーの物言いに倣っていうなら，『道徳感情論』や『講義』と『国富論』との間の「言語」と「文法」（またはスタイル）が没交渉であるからにほかならない．前二者は倫理・道徳哲学の言語と文法を扱い，後者の『国富論』にあっては，それらとはまるで違う「市場経済」——あるいは「資本主義」といい換えてもよい——の言語と文法を論じている．スミスはこれをパリで仕入れ『国富論』第2篇以降を書き記すことができたのである．ただ土着の言語とスタイルが完全に払拭されずに残ったため，舶来の「市場経済」の言語と文法とが混在することになった．アンヌ＝クレール・ホイングのいわゆる『国富論』のなかに「ふたつの言語」，「ふたつのスタイル」が併存するゆえんである．

　別言すれば，それらはいずれもテュルゴーのお蔭をこうむること大の"capital"という術語に資本相当の意味をあたえかつそうした意味で使用されることから生じた差違であり異同であって，『道徳感情論』や『講義』に内在する問題とはまったく異なる次元のテーマである．しかるに，問われるべきは『国富論』において「ふたつの言語」，「ふたつのスタイル」が内在す

る問題の解明であって，『道徳感情論』や『講義』と『国富論』との関係を喋々するところにはない．前二者と後者とは連続するはずがないからである．

読者諸賢ご高承のとおり，本稿第2節冒頭の項の標題 “pre-Smithian” というまやかしのエピステーメー（épistémè）」の “エピステーメー” とは，もともと “知識” を意味するギリシャ語（épistēmē）であるが，ここではミシェル・フーコーやジャック・デリダといった現代の哲学者たちの言いよう，すなわち特定の時代の基底にある学問または知識の総体的枠組みを意識して用いている．はたしてエドウィン・キャナンも認めるように，“capital” という術語に関して『道徳感情論』や『講義』と『国富論』との間に学問的または思想的連絡が存在せず，もっぱら『国富論』に限られる学問上の問題である以上，『アダム・スミス問題』とは，畢竟，“まやかしのエピステーメー” であり，どう贔屓目に見ても “臆見” または “思い做し（doxa）” というほかはない[104]．

以上要するに，テュルゴーとスミスの経済思想や経済学説の歴史研究にとってもっとも大切なことは，一に「資本」概念の生成・成立であり，スミス学説の後継者を自認する人間たちの後生大事とする「アダム・スミス問題」なるものは，畢竟，これまたデリダのいわゆる「二次的な第一のもの（première seconde）」というべきである．もとより，このことを論ずることは本

---

104) 本書前半の第1章2「テュルゴー，スミスにおける重商主義，フィジオクラシー」で紹介したように，スミスの経済理論形成におけるテュルゴーの影響——とくに資本理論——とともに，ケネーとその一門の説く「自然法哲学」や「自然法秩序」へのシンパシーを忘れることはできない．例を挙げれば，スミス『国富論』における「自然価格」論であり，これはリシャール・カンティヨンやテュルゴーのタームである「基本価格」論や「基本価値」論よりも，むしろフィジオクラシーへの共感の跡というほうが適切であろう．しかるに，いわゆる「アダム・スミス問題」にいう『道徳感情論』，『グラスゴー大学講義』から『国富論』への移行の問題を問うならば，経済思想や経済学説よりもむしろスミスの思想的バックボーンをなす自然法秩序や自然法哲学の影響を検討するべきであろう．ただし，いうまでもなく，この問題を論じることは，「資本」概念をめぐる『国富論』第1，2篇の間の異動とは明確に区別されなければならない．なお，この点については，中川［2016］（とくに付論I「カンティヨン—ケネー—テュルゴー——18世紀フランス価値学説形成の歴史的考察」）を参照されたい．

稿のメインテーマではない．この先機会があればあらためて取り上げる所存
であることを約してペンを擱くことにしたい．

参考文献

1. 欧文文献

Ashley, William J. [1893], *An Introduction to the English Economic History and Theory, Vol. 2 : The End of Middle Ages*, New York, G.P. Putman's Sons/London, Longmans & Co. : reprinted in USA at IGCtesting.com

Ashley, William J. (ed.) [1898], *Reflections on the Formation and the Distribution of Riches*, By Turgot, 1770, London/New York, Macmillan Company : reprinted 1922, Norwood Press, Chicago, Mass., U.S.A.

Badinter, Elisabeth et Robert Badinter [1988], *Condorcet (1743-1794). Un intellectuel en politique*, Paris, Fayard ; Le Livre de Poche, Nouvelle édition revue et augmentée, octobre 1990.

Blaug, Mark [1991], "Introduction to *Richard Cantillon (1689-1734) and Jacques Turgot (1727-1781)*", in Mark Blaug (ed.), Pioneers in Economics Series, Vol. 9, Aldershot, Edward Elgar Publishinng Co., 1991.

Böhm-Bawerk, Eugen von [1891], *The Positive Theory of Capital*, translated with a preface and analysis by William Smart : originally published in German as *Kapital und Kapitalzins, Zweite Abteilung : Positive Theorie des Kapitals*, 1889, Gedruckt in Österreich : reprint 1923, G.E. Stechert & Co, New York.

Brewer, Anthony [1986], *Richard Cantillon : Pioneer of Economic Theory*, London, Routledge ; reprint 2002.

Brewer, Anthony [2010], *The Making of the Classical Theory of Economic Growth*, London/New York, Routledge.

Brittan, Samuel [2007], "The mediocrity of circumstances", *Financial Times*, February 22.

Burton, John Hill [1846], *Life and Correspondence of David Hume : Form the Papers Bequeathed by His Nephew to the Royal Society of Edinburgh, and Other Original Sources*, Vol. I and II, Edinburgh ; Classic Reprint, Forgotten Books, 2012.

Burton, John Hill [1849], *Letters of Eminent Persons Adressed to David Hume : From the Papers Bequeathed by His Nephew to the Royal Society of Edinburgh*, Edinburgh and London, William Blackwood and Son, MDCCCXLIX (1849) : Kessinger Legacy Reprints Publishing, 10 September 2010.

Burton, John Hill Burton [1860], *The Book-Hunter*, Edinburgh, George Routledge and Son, February : A New Edition with a Memoir of the Author ; Fili-Quarian Classics, 12 May 2010. 村上清訳『書物の狩人』図書出版社，1993 年.

Cadet, Félix [1869], *Histoire de l'économie politique, précurseurs : Boisguilbert, Vauban, Quesnay, Turgot* : Reprint, Burton Franklin, New York, 1970, Research and Source Work Series 503, Selected Essays in History, Economics, and Social Sciences 147.

Cannan, Edwin [1903], *A History of the Theories of Production and Distribution in English Political Economy from 1776 to 1848* (Second edition with two additional sections), London, P.S. King & Son ; reprint, Eliborn Classics Series, Adamant Media Corporation, 2005.

Cannan, Edwin [1921], "Early history of the term capital", *Quarterly Journal of Economics*, Vol. 35, Issue 3, 1 May.

Cannan, Edwin [[1937], "Introduction to *The Wealth of Nations*", in Adam Smith, *An Inquiry into the Nature and Causes of the Wealth of Nations*, 1776, edited, with introduction, notes, marginal summary and an enlarged index by Edwin Cannan. M.A. Random House, New York, 1937 : reprinted 1965.

Cantillon, Richard [1755], *Essai sur la nature du commerce en général* : réimpression de l'édition de 1952 (sous la direction d'Alfred Sauvy avec le préface d'Antoin E. Murphy), fondée sur le texte oroginal (*Essay sur la nature du commerce général*, à Londres, Chez Fletcher Gyles, dans Holborn) de 1755, avec études et commentaires revues et augmentées, Institut national d'études démographiques (I.N.E.D), Paris, 1997.

Cantillon, Richard : edited by Richard van den Berg [2015], *Richard Cantillon's Essai on the Nature of Commerce in General : A Variorum Edition*, Oxford/New York, Routledge.

Cesarano, Filippo [1976], "Monetary theory in Ferdinando Galiani's *Della Moneta*", *History of Political Economy*, 8, Fall, in Filippo *Cesarano, Monetary Theory in Retrospect : The Selected Essays of Filippo Cesarano*, London/New York, Routledge, 2007.

Charles, Loïc, Frédéric Lefebvre et Christine Théré (sous la direction de) [2008], *Le cercle de Vincent de Gournay : Savoirs économiques et pratiques administratives en France au milieu du XVIII*e *siècle*, Paris, Institut national d'études démographiques (I.N.E.D.).

Condorcet, Marie Jean Antoine Nicolas de Caritat, marquis de [1786], *Vie de Turgot*, Londres ; reprint, Kessinger Publishing, 2009.

Craig, Albert M. [1984], "John Hill Burton and Fukuzawa Yukichi". 慶應義塾福沢研究センター編『近代日本研究』Vol. 1. 西川俊作訳，「ジョン・ヒル・バートン

と福沢諭吉——『西洋事情外篇』の原著は誰が書いたか」，福沢諭吉協会編『福沢諭吉年鑑』11，1984 年，所収．

Daire, Eugène et Hipolyte Dussard [1844], "Notice historique sur la vie et le ouvrages de Turgot", *Œuvres de M. Turgot*, tome I, Nouvelle édition, classée par ordre de matières avec les notes de Dupont de Nemours, augumentée de lettres inédites, des questions sur le commerce, et d'observations et notes nouvelles,par MM. Eugène Daire et Hipolyte Dussard, Paris, Réimpression de l'édition 1884, Osnabrück, Ott Zeller, 1966.

Dessaix, Paul [2016], *Montchrétien et l'économie politique nationale*, Paris, Institut Coppet.

Dostaler, Giles [2010a], "Turgot, théoricien du capitalisme, avocat du libéralism", *Alternative Économique-Mensuel*, n° 290, avril.

Dostaler, Giles [2010b], "Vincent de Gournay : précurseur de libréalisme et protectionniste", *Alternative Économique-Mensuel*, n° 296, septembre.

Du Pont (de Nemours), Peirre-Samuel [1770], "Observations sur les points dans lesquels Adam Smith est d'accord ave la théorie, sur ceux dans lesquels il s'en este écarté", dans *Œuvres de Turgot*, Vol. I, nouvelle édition, classèe par ordre de matière avec les notes de Dupont de Nemours augumentée de lettres inédites, de questions sur le commerce, et d'observations et de notes nouvelles par Eugène Daire et Hippolyte Dussard（réimpression de l'édition 1844, tome I, Osnabrück, Otto Zeller, 1966）.

Faccarello, Gilbert et Anne Cot [1992], "Turgot et l'économie politique sensualister", dans : Alain Béraud et Gibert Faccarello (sous la dir. de), *Nouvelle histoire de la pensée économique*, tome 1 : Des scolatiques aux classiques, Paris, Éditions La Découverte.

Faccarello. Gilbert [2006], "An 'exception culturelle'? French sensationist political economy and the public economics", *European Journal of the History of Economic Thought*, 13-1, March.

Feilbogen, Siegmund [1892], *Smith und Turgot : Ein Beitrag zur Geschichte und Theorie der national ökonomie*, Wien : Slatkin Reprint, 1970.

Galiani [2005 (1751)], *Della Moneta/De la monnaie*, édité et traduit sous la direction d'André Tiran et traduction coordonnée par Anne Machet, Paris, Editions Economica.

Gallais-Hammono, Janine [1982], "Le premier exemple d'un concept économique en extention et en compréhension : le concept de capital travaillé par Turgot", dans Bordes, Christian et Jean Morange (sous la dir. de), *Turgot, économiste et administrateur : Acte d'un séminaire organisé par la Faculté de droit et de sciences économiques de Limoges pour le bicentenaire de la mort de Turgot, 8,*

9 et 10 octobre 1981, Limoges, Presses Universitaires de France : Publications de la Faculté de droit et de sciences économiques de l'Université de Limoges.

Gaudement, Eugéne [1899], *L'abbé Galiani et la quesrion du commerce des blés à la fin du Règne du Louis XV*, Paris, Librairie Nouvelle de Droit et de Jurispudence : Published by HardPress Publishing, Miami, FL, 2014.

Gignoux, Claude-Joseph [1945], *Turgot*, Paris, Librairie Arthème Fayard : Les grandes études historiques.

Gournay, Jacques Vincent de [2008 (1754)], *Remarques sur le commerce de Josiah Child ; dans Traités sur le commerce de Josiah child ; suivi des Remarques de Jacques Vincent de Gournay : texte intégral d'après les manuscrits*, édition et préface de Simone Meyssonnier, Paris, Éditions L'Harmattan.

Grampp, William D. (1952), "The liberal elements in English mercantilism", *Quarterly Journal of Economics*, 66(4) ; reprint in Mark Blaug (ed.), *The Later Mercantilists : Josiah Child (1630-1699) and John Locke (1632-1704)*, Pioneers in Economics Series, Vol. 5, Aldershot, Edward Elgar Publishing Co., 1991

Greig, J.Y.T. (ed.) [1932], *The Letters of David Hume*, Volume I (1727-65) and Volume II (1766-76), Oxford and New York, Oxford University Press : First published paperback 2011.

Groenenwegen, Peter D. [1969], "Turgot and Adam Smith", *Scottish Journal of Political Economy*, November : in Groenewegen, *Eighteenth-century Economics : Turgot, Beccaria and Smith and Their Contemporaries*, London, Routledge, 2002.

Groenenwegen, Peter D. [1970], "A reappraisal of Turgot's theory of value, exchange and price determination", *History of Political Economy*, 2(1) : reprinted in Mark Blauge (ed.), *Richard Cantillon (1689-1734) and Jacques Turgot (1727-1781)*, Pioneers in Economics, Vol. 9, Edward Elgar, Aldershot, 1991.

Groenenwegen, Peter D. [1971], "A Re-Interpretation of Turgot' Theory of Capital and Interest", *Economic Journal*, 81 : reprinted in Mark Blauge (ed.), *Richard Cantillon (1689-1734) and Jacques Turgot (1727-1781)*, Pioneers in Economics, Vol. 9, Edward Elgar, Aldershot, 1991.

Groenewegen, Peter D. [1977], "Introduction", in *The Ecnomics of A.R.J. Turgot*, The Hague, Martinus Nijhoff : Springer ; Softcover reprint of the original 1 st ed. 1977 edition.

Groenenwegen, Peter D. [1982], "History, Political Economy : Smith, Marx and Marshall", *Australian Economic Papers*, 21(38), June : reprinted in Mark Blauge (ed.), *Adam Smith (1723-1790)*, Vol. 1, Pioneers in Economics, Vol.

12, Edward Elgar, Aldershot, 1991.

Groenenwegen, Peter D. (ed.) [1992], *Turgot : Extracts from His Economic Correspondence with Du Pont de Nemour, David Hume, Josiah Tucker, Condorcet, Morellet and Others, 1765-1778*, Sydney, University of Sydney Department of Economics Centre for the Study of the Historiy of Economic Thought. : Reprints of Economics Classics-Series 2, Number 6.

Guery, Alain [2011], "Introduction. De Montchrestien à Cantillon : de l'économie politique à l'analyse économique", dans : Alain Guery (sous la direction de), *Montchrestian et Cantillon : Le commerce et l'émergence d'une pensée économique*, Paris, ENS Éditions, 2011.

Hoyng, Anne-Claire [2012], "Résumé français", présenté au Séminaire autour d'A. C. Hoyng et J. Gallais-Hamonno : "Adam Smith a-t-il plagié Turgot?", Institut Turgot, Paris, le 23 mai : http://blog.turgot.org/index.php?/post/Hoyng-1

Hoyng, Anne-Claire [2015], *Turgot et Adam Smith : Une étrange proximité*, Paris, Honoré Champion : Champion Essais 44.

Hutchison, Terence Wilmot [1982], "Turgot and Smith", dans : Bordes, Christian et Jean Morange (sous la dir. de), *Turgot, économiste et administrateur : Acte d'un séminaire organisé par la Faculté de droit et des sciences économiques de Limoges pour le bicentenaire de la mort de Turgot, 8, 9 et 10 octobre 1981*, Limoges, Presses Universitaires de France : Publication de la Faculté de droit et de sciences économiques de l'Université de Limoges.

Hutchison, Terence Wilmot [1988], *Before Adam Smith : The Emergence of Political Economy 1662-1776*, London/New York, Basil Blackwell.

Jevons, William S. [1881], "Richard Cantillon and the nationality of political economy", *Contemporary Review*, reprinted in Henry Higgs (ed.) [1931], Richard Cantillon, *Essai sur la nature du commerce en général*, London, Royal Economic Association : reprint, Augustus Kelly, New York, 1964. 高野利治訳「カンティヨン論（ジェヴォンズ）」，H.W. スピーゲル編，越村信三郎・伊坂市助監訳『経済思想発展史』I（経済学の黎明），東洋経済新報社，1954 年，所収.

Jessua, Claude [1991], *Histoire de la théorie économique*, Paris, Presses Universitaires de France.

Klinbansky, Raymond and Ernest C, Mossner (eds.) [1954], *New Letters of David Hume*, Oxford, Oxford University Press : Fisrt published in paperback 2011.

La Rochefoucauld, François VI, duc de [1678], *Réflexions ou sentences et maximes morales*, (la cinquième édition), dans : *Œuvres complètes* (Introduction par Robert Kanters et note sur la présente édition compétée par Jean Marchard), Bibliothèque de la Pléiade, Paris, Éditions Gallimard, mars 2010 ; Premier dépôt légal, 1930. 内藤濯訳『箴言と考察』岩波文庫，1948 年.

Laurent Alain [2002], *La philosophie libérale*, Paris, Les Belles Lettres.

Legrand, Robert [1900], *Richard Cantillon : Un mercantiliste précurseur des Physiocrates*, Paris, V. Giard et E. Brière ; reprint, Breinigsville, PA, Kessinger Publishing, 2009.

Léonce de Lavergne, Louis-Gabriel [1870], *Les économistes français du dix-huitième siècle*, Paris, Guillaumin : Ré-impression, Slatkine Reprints, Genève-Paris, 1980.

Lundberg, I.C. [1964], *Turgot's Unknown Translator : The Réflexions and Adam Smith*, The Hague, Martinus Nijhoff.

Meek, Ronald L. [1973], "Introduction", in *Turgot on Progress, Sociology and Economics*, edited, translated and with an introduction by Ronald L. Meek, Cambridge, Cambridge University Press.

Meyssonnier, Simone [2008], "Présentation", dans : *Traités sur le commerce de Josiah Child : suivi de Remarques de Vincent de Gournay*, édition et préface de Simone Meyssonnier, Paris, Editions L'Harmattan.

Mills, Patti A. [2016], "Henry Rand Hatfield (1866-1945), "Life and Humor in the Dust of Ledgers' ", in Stephen A. Zeff (ed.), *Memorial Articles for 20th Century American Accounting Leaders*, New York/Abindon, Routledge.

Mizuta, Hiroshi [2000], *Adam Smith's Library : A Catalogue*, Oxford, Oxford University Press.

Morellet, André (l'abbé) [1821], *Mémoires de l'abbé Morellet inédits sur le Dix-huitième siècle et sur la Révolution*, la deuxième édition (1822), considérable-ment augmentée par Pierre Edouard Lémontey, Paris, Librairie française de Ladvocat (Slatkine reprints, 1967) : *Mémoires de l'abbé Morellet*, Paris, Mer-cure de France, 2000 : Collection ⟨Le Temps Retrouvé⟩. 鈴木峯子訳「十八世紀とフランス革命の回想」、『自伝・回想録——十八世紀を生きて』(ただし抄訳)、中川久定・村上陽一郎責任編集「十八世紀叢書」I, 国書刊行会, 1997 年, 所収.

Mossner, Ernst Campbell and Ian Simpson Ross (eds.) [1977 (1987)], *The Corre-spondence of Adam Smith*, Glasgow Edition of the Works and Correspondance of Adam Smith, Oxford, Oxford University Press, 1977 : reproduced in paper-book by The Liberty Fund, Indianapolis : Indiana, 1987.

Murphy, Antoin E. [1986], "Le développement des idées économiques en France, 1750-56", *Revue d'histoire moderne et comtemporaine*, tome XXXII, octobre-décembre.

Murphy, Antoin E. [1992], "Richard Cantillon et le groupe de Vincent de Gournay", dans : Alain Béraud et Gilbert Faccarello (sous la dir. de), *Nouvelle histoire de la pensée économique*, tome 1 : Des scolatiques aux classiques, Paris, Éditions La Découverte.

Murphy, Antoin E. [1993], "Richard Cantillon et le Groupe de Vincent de Gournay", dans Alain Béraud et Gilbert Faccarello (sous la dir.), *Nouvelle histoire de la pensé économique*, tome I, Paris, Edition La Découverte 〈Hors collection Sciences Humaines〉.

Murphy, Antoin E. [1997], *Richard Cantillon, le rival de Law*, Paris, Hermann, Editeur des Sciences et des Arts : traduction française par Hélène Syrès : originally published in English as *Richard Cantillon : Entrepreneur and Econo-mist*, Oxford, Routledge, 1987.

Murphy, Antoin E. [2005], "Law and Turgot : the importance of money", Paper to be presented at the Conference on French Political Economy 1650-1850 at Stanford University, April 16-19 : http://library.stanford.ed/dept/harsrg/frint/pdfs.gimon/murphy.pdf

Murphy, Antoin E. [2007], *John Law : économiste et homme d'État*, Vol.2 Economie et Histoire, Bruxelles, P.I.E. Peter Lang, Editoins scientifiques internationales : traduction française par Christophe Billon : *John Law : Economic Theorist and Policy-Maker*, Oxford, Clarendon Press, 1997.

Murphy, Antoin E. [2009a], "Anne Robert Jacques Turgot : The Importance of Capital", in Murphy, *The Genesis of Macroeconomics : New Ideas from Sir William Petty to Henry Thornton*, Oxford, Oxford University Press, 2009.

Murphy, Antoin E. [2009b], "Adam Smith : Land, Labour, Capital, and Social Cement", in Murphy, *The Genesis of Macroeconomics : New Ideas from Sir William Petty to Henry Thornton*, Oxford, Oxford University Press, 2009.

Murphy, Antoin E. [2009c], "Richard Cantillon : Macreconomic Modelling", in Antoin. E. Murphy, *The Genesis of Macroeconomics : New Ideas from Sir William Petty to Henry Thornton*, Oxford, Oxford University Press, 2009.

Perrot, Jean-Claude [1992], *Une histoire intellectuelle de l'économie politique : XVIIe-XVIIIe siècle*, Paris, Éditoin de l'École des Hautes Études en Sciences Sociales : Civilisations et Sociétés 85.

Perroux, François [1962], *Le capitalisme* (5 e edition), Paris, PUF : Collection 〈Que sais-je?〉, n° 315 : La première édition, 1950. 金山康喜訳『資本主義』〈文庫クセジュ〉51，白水社，1952 年（邦訳は 1950 年の初版による）.

Rae, John [1895], *Life of Adam Smith*, London and New York, Macmillan Company ; reprint, Cosimo Classics, New York, 2006. 大内兵衛・大内節子訳『アダム・スミス伝』岩波書店，1972 年.

Raphael, D.D. and A.L. Macfie [1976 (1979)], "Introduction", in *The Theory of Moral Sentiments*, edited by D.D. Raphael and A.L. Macfie, Glasgow Edition of the Works and Correspondence of Adam Smith, Oxford, Oxford University Press, 1976 : reproduced in paperbook by The Liberty Fund, Indianapolis :

Indiana, 1979.

Rashid, Salim [1986], "Smith, Steuart, and mercantilism : Comment", *Southern Economic Journal*, 52(3), January : reprinted in Mark Blauge (ed.), *Adam Smith (1723-1790)*, Vol. 1, Pioneers in Economics, Vol 12, Edward Elgar, Aldershot, 1991.

Ravix, Joël-Thomas et Paul Marie Romani [1997], "Le ⟨système économique⟩ de Turgot", dans : *Turgot : Formation et distribution des richesses, textes choisis et présentés* par Joël Thomas Ravix et Paul-Marie Romani, Paris, Flammarion, 1997.

Ricardo, David [1817], *The Principles of Political Economy and Taxation*, edited by Piero Sraffa with the collaboration with Maurice Herbert Dodd, *Works and Correspondence of David Ricard*, Vol. I, Cambridge, Cambridge University Press, 1954 ; reproduced in paperbook by The Liberty Fund, Indianapolis, Indiana, 2004. 堀経夫訳『経済学および課税の原理』，日本語版「リカードウ全集」刊行委員会編『デイヴィッド・リカードウ全集』第 I 巻，雄松堂書店，1972 年

Rogers, Thorold J. [1880 (1869)], "Editor's Preface", in Adam Smith, *An Inquiry into the Nature and of Causes the Wealth of Nations*, (Revised Second Edition), Volume 1, edited by Thorold J. Rogers, Oxford, Clarendon Press, 1880 : First Edition, 1869.

Ross, Ian Simpson [1995], *The Life of Adam Smith*, Oxford, Clarendon Press. 篠原久他訳『アダム・スミス伝』シュプリンガー・フェアラーク東京，2000 年.

Rothbard, Murray [1986], "L'éclat de Turgot" (http://archive.is/am.du 7 rddr'), originally published as "The brilliance of Turgot" in Rothbard Murray, *Economic Thought before Adam Smith : An Austrian Perspective on the History of Economic Thought*, Volume I, Ch. 14, Aldershot, Edward Elgar Publishing Co., 1995.

Ruwet, Joseph (sous la direction de), Jean-Paul Depouhon-Ninnin et Paul Servais (avec la collaboration de) [1976], *Lettres de Turgot à la duchesse d'Enville (1764-74 et 1777-80)*, Edition critique préparée par les étudiants en histoire de l'Université Catholique de Louvain : Section d'histoire-16/I, Louvain, Presses Universitaires de Louvain , janvier,

Say, Léon [1886], *Turgot*, Paris, Librairie Armand. Réimpression avec Introduction de Benoît Malbranque, Paris, Éditions de l'Institut Coppet, 2014.

Schelle, Gustave [1897], *Vincent de Gournay*, Paris, Guillaumin : réimpression, Genève, Slatkine Reprints, 1984.

Schelle, Gustave [1913], "Turgot-sa vie et ses œuvres : Turgot étudiant et magistrat (jusqu'en 1761)", éd. Gustave Schelle, *Œuvres de Turgot et documents le concernant*, tome I, Paris, Librairie Félix Alcan, 1913-1923.

Schelle, Gustave [1914], "Turgot-sa vie et ses œuvres : Turgot intendant de Limoges (1761-1774)", éd. Gustave Schelle, *Œuvres de Turgot et documents le concernant*, tome I, Paris, Librairie Félix Alcan, 1913-1923.

Schumpeter, Joseph A. [1954], *History of Economic Analysis*, London, George Allen & Unwin ; reprint, London, Routledge, 1994.

Sécrestat-Escande, G. [1911], *Les idées économiques de Vincent de Gournay*, Bordeaux, Y. Cadoret, Imprimeur de l'Université : Thèse pour le doctrat soutenue devan la Faculté de droit de Bordeaux, le samdi 2 décembre 1911, à 2 h, 1/2 du soir.

Skinner, Andrew S. [1982], "Analytical Introduction", in Adam Smith, *The Wealth of Nations : Books I-III*, edited with an introduction and note by Andrew S. Skinner, London, Penguin Books, 1982 : reprinted in Penguin Classics with a revised introduction and minor text corrections 1997.

Smith, Adam [1763 (1896)], *Lectures on Justice, Police, Revenue and Arms*, delivered in the University of Glasgow of Adam Smith, reported by a student in 1763 and edited with an introduction and notes by Edwin Cannan, Oxford, Clarendon Press, 1896 : Online Library of Liberty, A collection of scholarly works about individual liberty and free markets, The Liberty Fund, Indianapolis : Indiana, 2004 : http://oll.libertyfund.org

Smith, Adam [1776], *An Inquiry into the Nature and Causes of the Wealth of Nations*, edited, with introduction, notes, marginal summary and an enlarged index by Edwin Cannan, M.A., New York, Randam House, 1937 ; reprinted 1965. 大河内一男訳『国富論』,『世界の名著』31, 中央公論社, 1968 年.

Smith, Adam [1976 (1776)], *An Inquiry into the Nature and of Causes the Wealth of Nations*, Volume I and II, edited by Richard H. Campbell, Andrew S. Skinner and William B. Todd, Glasgow Edition of the Works and Correspondance of Adam Smith, Oxford, Oxford University Press : reproduced in paperbook by The Liberty Fund, Indianapolis : Indiana, 1981.

Smith, Adam [1790 (1979)], *The Theory of Moral Sentiments* (Sixth Edition), edited by D.D. Raphael and A.L. Macfie, Glasgow Edition of the Works and Correspondance of Adam Smith, Oxford, Oxford University Press, 1976 : reproduced in paperbook by The Liberty Fund, Indianapolis : Indiana, 1979. 米林富男訳『道徳情操論』上・下, 未来社, 1969 年.

Smith, Adam [1996 (1776)], *La Richesse des nations*, tome I et II : traduction française par German Garnier, originally published in English as *An Inquiry into the Nature and of Causes the Wealth of Nations*, 1776.

Spengler, Joseph J. [1984], "Boisguilbert's economic view vis à vis those of contemporary réformateur", *History of Political Economy*, 16-1, Duke University Press, reprint in Mark Blaug, (ed.), *Pre-Classical Economics Series*, Vol. 2, Aldershot, Edward Elgar Publishing Co., 1991.

Steiner, Philippe [1992], "L'économie politique du royaume agricole : François Quesnay", dans : Alain Béraud et Gilbert Faccarello (sous la dir. de), *Nouvelle histoire de la pensée économique*, tome 1 : Des scolatiques aux classiques, Paris, Éditions La Découverte, 1992.

Stewart, Dugald [1799], *Biographical memoirs, of Adam Smith, LL. D., of William Robertson, D.D. and of Thomas Reid, D.D. : Read before the Royal Society of Edinburgh, January 21, and March 18* (Now collected into one volume, with some additional notes, Edinburgh : Printed by G. Ramsay and Company, 1811), *The Collected Works of Dugarld Stuart : Biographical Memoirs, of Adam Smith, William Robertson, Thomas Reid. To Which Is Prefixed a Memoirs od Dugald Stuart, With Selections from His Correspondence, by J. Veitch*, Vol. X, Edinburgh, T. Constable & Co., 1858 ; reprint, Andesite Press, august 2017.

Tiran, André [2005], "Introduction à la vie et à l'œuvre de Ferdinando Galiani", dans : Galiani, Ferdindo [2005 (1751)], *De la monnaie/Della Moneta*, édité et traduit sous la direction d'André Tiran et traduction coordonnée par Anne Machet, Paris, Edtions Economica.

Turgot, Anne Robert Jacques [1749], "Lettre à l'abbé de Cicé du 7 avril, Paris", éd. Gustave Schelle, *Œuvres de Turgot et documents le concernant*, tome I, Paris, Librairie Félix Alcan, 1913-1923.

Turgot, Anne Robert Jacques [1753-1754], "Plan d'ouvrage sur le commerce, la circulation et l'intérêt d'argent, la richesse d'états", éd. Gustave Schelle, *Œuvres de Turgot et documents le concernant*, tome I, Paris, Librairie Félix Alcan, 1913-1923.

Turgot, Anne Robert Jacques [1755], "Questions importantes sur le commerce, à l'occasion des oppositions au dernier bill de naturalisation des protestants étrangers de Josiah Tacker" : ouvrage traduit de l' anglais de Josiah Tacker, paru en 1752 sous le titre de 〈Reflection on the Expediency of a Law〉, éd. Gustave Schelle, Œuvres de Turgot et documents le concernant, tome I, Paris, Librairie Félix Alcan, 1913-1923.

Turgot, Anne Robert Jacques [1759], "Eloge de Vincent de Gournay", éd. Gustave Schelle, *Œuvres de Turgot et documents le concernant*, tome I, Paris, Félix Alcan, 1913-1923.

Turgot, Anne Robert Jacques [1766a], "Lettre à Pierre-Samuel Dupont du 23 mars, Limoges", éd. Gustave Schelle, *Œuvres de Turgot et documents le concernant*,

参考文献 239

tome II, Paris, Librairie Félix Alcan, 1913-1923.

Turgot, Anne Robert Jacques [1766b], "Lettre à David Hume du 23 juillet, Limoges", éd. Gustave Schelle, *Œuvres de Turgot et documents le concernant*, tome II, Paris, Librairie Félix Alcan, 1913-1923.

Turgot, Anne Robert Jacques [1766c], "Lettre de Turgot à David Hume du 27 juillet, à Paris, au soir", in *Letters of Eminent Persons Adressed to David Hume*, from the Paper Requeathed by His Nephew to the Royal Society of Edinburgh edited by John Hill Burton, Edinburgh and London, William Blackwood and Son, MDCCCXLIX (1849) : Kessinger Legacy Reprints, Kessinger Publishing, 10 September 2010.

Turgot, Anne Robert Jacques [1766d], *Réflexions sur la formation et la distribution des richesses*, éd. Gustave Schelle, *Œuvres de Turgot et documents le concernant*, tome II, Paris, Librairie Félix Alcan, 1913-1923.

Turgot, Anne Robert Jacques [1767a], "Lettre à Pierre-Samuel Dupont du 3 janvier, Limoges", éd. Gustave Schelle, *Œuvres de Turgot et documents le concernant*, tome II, Paris, Librairie Félix Alcan, 1913-1923.

Turgot, Anne Robert Jacques [1767b], "Lettre à David Hume du 25 mars, Limoges", éd. Gustave Schelle, *Œuvres de Turgot et documents le concernant*, tome II, Paris, Librairie Félix Alcan, 1913-1923.

Turgot, Anne Robert Jacques [1767c], "Observations sur le mémoire de M. Saint-Péravy", éd. Gustave Schelle, *Œuvres de Turgot et documents le concernant*, tome II, Paris, Librairie Félix Alcan, 1913-1923.

Turgot, Anne Robert Jacques [1767d], "Observations sur un mémoire de M. Graslin", éd. Gustave Schelle, *Œuvres de Turgot et documents le concernant*, tome II, Paris, Librairie Félix Alcan,

Turgot, Anne Robert Jacques [1769], "Valeurs et monnaies (Projet d'article)", éd. Gustave Schelle, *Œuvres de Turgot et documents le concernant*, tome III, Paris, Librairie Félix Alcan, 1913-1923.

Turgot, Anne Robert Jacques [1770a], "Mémoire sur les prêts d'argent (Limoges, janvier)", éd. Gustave Schelle, *Œuvres de Turgot et documents le concernant*, tome III, Paris, Librairie Félix Alcan, 1913-1923.

Turgot, Anne Robert Jacques [1770b], "Lettre à Pierre-Samuel Dupont du 12 janvier, Limoges", éd. Gustave Schelle, *Œuvres de Turgot et documents le concernant*, tome III, Paris, Librairie Félix Alcan, 1913-1923.

Turgot, Anne Robert Jacques [1770c], "Lettre à Pierre-Samuel Dupont du 30 janvier, Limoges", éd. Gustave Schelle, *Œuvres de Turgot et documents le concernant*, tome III, Paris, Librairie Félix Alcan, 1913-1923.

Turgot, Anne Robert Jacques [1770d], "Lettre à Pierre-Samuel Dupont du 23 mars,

Limoges", éd. Gustave Schelle, *Œuvres de Turgot et documents le concernant*, tome III, Paris, Librairie Félix Alcan, 1913-1923.

Turgot, Anne Robert Jacques [1770e], "Lettre à Pierre-Samuel Dupont du 29 mars, Limoges", éd. Gustave Schelle, *Œuvres de Turgot et documents le concernant*, tome III, Paris, Librairie Félix Alcan, 1913-1923.

Turgot, Anne Robert Jacques [1771a], "Lettre à Pierre-Samuel Dupont du 15 février, Limoges", éd. Gustave Schelle, *Œuvres de Turgot et documents le concernant*, tome III, Paris, Librairie Félix Alcan, 1913-1923.

Turgot [1771b], "Lettre à Pierre-Samuel Dupont du 10 septembre, Limoges", éd. Gustave Schelle, *Œuvres de Turgot et documents le cencernant*, tome III, Paris, Librairie Félix Alcan, 1913-1923.

Turgot, Anne Robert Jacques [1774], "Lettre à (Antoine-Bernard) Caillard du mai 5, Paris", éd. Gustave Schelle, *Œuvres de Turgot et documents le concernant*, tome IV, Paris, Librairie Félix Alcan, 1913-1923.

Turgot, Anne Robert Jacques [1778], "Lettre au Docteur Price du mars 22, Paris", éd. Gustave Schelle, *Œuvres de Turgot et documents le concernant*, tome IV, Paris, Librairie Félix Alcan, 1913-1923.

Van den Berg, Richard [2015], "Historical Back grounds to the texts", in Cantillon, Richard : edited by Richard van den Berg, *Richard Cantillon's Essai on the Nature of Commerce in General : A Variorum Edition*, Oxford/New York, Routledge, 2015.

Vissol, Thierry [1982], "La notion de ⟨sur-le-champ⟩dans la théorie du capital de Turgot", dans Bordes, Christian et Jean Morange (sous la dir. de), *Turgot, économiste et administrateur : Acte d'un séminaire organisé par la Faculté de droit et de sciences économiques de Limoges pour le bicentenaire de la mort de Turgot, 8, 9 et 10 octobre 1981*, Limoges, Presses Universitaires de France : Publications de la Faculté de droit et de sciences économiques de l'Université de Limoges.

Wilson, Charles H. [1958], "The other face of mercantilism", *Transactions of The Royal Historical Society*, 5th series, 9 : reprinted in Mark Blaug (ed.), *The Later Mercantilists : Josiah Child (1630-1699) and John Locke (1632-1704)*, Pioneers in Economics Series, Vol. 5, Aldershot, Edward Elgar Publishing Co., 1991.

Žižek, Slavoj [2011 (2009)], *Après la tragédie, la farce! : ou comment l'histoire répète*, Paris, Editions Flammarion, traduit de l'Anglais par Daniel Bismuth, *First As Tragedy, Then As Farce*, aux éditions Verso, Londres/New York, October 2009. 栗原百代訳『ポストモダンの共産主義――はじめは悲劇として，二度目は笑劇として』ちくま新書，2010 年．

2. 邦文文献

馬場宏二 [2008]，『経済学古典探索——批判と好奇心』御茶の水書房．

藤塚知義 [1990]，『アダム・スミスの資本理論——古典経済学の成立と経済学クラブ
　　の展開』日本経済評論社．

堀田善衞 [2005 (1998)]，『ラ・シュフーコー公爵傳説』集英社文庫（初版は1998年，
　　集英社より刊行）．

久保田明光 [1965 (1940)]，『重農学派経済学——フィジオクラシー（第5版）』前野
　　書店（同書の初版は1940年刊行の『新經濟學全集』（日本評論社）に久保田寄稿
　　の論文「フィジオクラシー」．のちに同稿を加筆・補筆，前野書店から1950年に
　　『重農学派経済学』の論題で出版）．

片岡泰彦 [2007]，「会計発達史概観」，大東文化大学経営学会『経営論集』第13巻，
　　所収．

片岡義雄 [1963]，『パチョーリ「簿記論」の研究』森山書店．

中川辰洋 [2006/2007]，「リシャール・カンティヨンと価格メカニズム（I・II）」，青
　　山学院大学経済学会『青山経済論集』第58巻第3，4号，所収．

中川辰洋 [2011]，『ジョン・ローの虚像と実像——18世紀経済思想の再検討』日本経
　　済評論社．

中川辰洋 [2013]，『テュルゴー資本理論研究』日本経済評論社．

中川辰洋 [2016]，『カンティヨン経済理論研究』日本経済評論社．

中川辰洋 [2018]，「書評 Hoyng, Anne-Claire, Turgot et Adam Smith : Une étrange
　　proximité. (Champion Essais 44) 216 p. 2015 (Champion, FR)」，経済学史学会
　　『経済学史研究』第59巻第2号，1月，所収．

中川辰洋 [2019]，「書評 ジョン・ヒル・バートン著『書物の狩人』図書出版社（村
　　上清），1993年」，青山学院大学経済学会『青山経済論集』第70巻第4号，3月，
　　所収）

中島岑夫 [1991]，『幕臣 福沢諭吉』阪急コミュニケーションズ．

小原敬士 [1948]，『近代資本主義の範疇——ゾンバルト「資本主義理論」』青木書店．

櫻井毅 [1988]，『イギリス古典経済学の方法と課題』ミネルヴァ書房．

櫻井毅 [2009]，『資本主義の農業的起源と経済学』社会評論社．

篠原久 [2006]，「『国富論』フランス語訳の歩み——関西学院大学図書館所蔵『アダ
　　ム・スミス著作文庫』より」，関西学院大学図書館報『時計台』76号，4月，所
　　収．

玉野井芳郎 [1956]，「経済学説の発展」，宇野弘蔵編『経済学』上巻，角川全書．

手塚壽郎 [1927]，「グルネーの經濟思想（其一～六）」神戸高等商業學校『國民經濟
　　雑誌』第44巻第1，2，3，4號，第45巻第1，2號，所収．

手塚壽郎 [1929]，「ガリアニの Della Moneta に就て」，神戸高等商業學校『國民經濟
　　雑誌』第47巻第2號，所収．

手塚壽郎 [1933]，「心理的經濟價値説の歴史的研究の一節——チュルゴーの Valeurs

et monnaies の想源に就いて」，福田徳三博士追憶論文集（神戸高等商業學校『國民經濟雑誌』第 55 巻第 2 號），所収.

山川義雄 [1948]，「十八世紀佛蘭西主觀價値論の形成――ガリアニ・チュルゴー・コンジャック」，早稲田大学政治経済学会『早稲田政治經濟學雑誌』第 96 號，所収（のちに，山川 [1968] 後編第 1 章として再録）.

山川義雄 [1960]，「チュルゴーの価値論の変遷について」，早稲田大学政治経済学会『早稲田政治經濟學雑誌』第 163 号，所収（のちに山川 [1968] 後編第 4 章として再録）.

山川義雄 [1968]，『近世フランス経済学の形成』世界書院.

山口正太郎 [1930]，「チュルゴーの『富の形成と分配』」，京都帝國大學經濟學會『經濟論叢』第 30 巻第 2 號，所収.

渡辺恭彦 [1967]，「テュルゴーの経済理論の思想的構造」，福島大学経済学会『商學論集』第 36 巻第 1 号，所収.

あとがき

　津田内匠一門には業腹であろうが，開祖の手になるリシャール・カンティヨンの *Essai sur la nature du commerce en général* やテュルゴーの *Réflexions sur la formation et la distribution des richesses* をはじめとする論稿の邦訳には誤りや不適切な表現が多いことを認めるに如くはない．だからといって，以前にも書き記したとおり，津田氏を責めるつもりは毫もない．書誌家であっても経済学者ではないからである．何よりもまず，経済学者——のはず——の戸田正雄氏が多くの間違いを犯しおり，そんな戸田訳を津田氏はおっかなびっくり準（なぞ）っているにすぎない．例えば，「地主が公債の利子を支払う」だの，“capital” といえばパブロフの犬よろしく「資本」という邦語を充てたりすることが，それである．

　一事が万事この調子だから，一門のなかから，カンティヨンのいう土地所有者（または出資者）とその代理人（または企業者）との関係を「所有と経営の分離」——資本所有と資本機能の分離——と早とちりする頓珍漢を輩出したのもゆえなしとしない．だが，豈図（あに）らんや，テュルゴーの“メントール”ヴァンサン・ド・グルネーとかれの協力者たちの手によって『商業一般の本性に関する論説』（以下，『商業論説』と略記）の表題で日の目を見たアイルランド出身でフランスに帰化した稀代の銀行家の論稿には，「企業者」の定義はあっても，「資本」概念は登場しないし，「企業」や「所有」の明示的解説すら認めることができない．

　カンティヨンの土地所有者—代理人の関係は，せいぜいのところ「プリンシパル＝エージェント（principal-agent）」理論の原初形態と呼ぶのが妥当であろう．はたしてこの説が正しいなら——実際正しいはずである——，碩学のアントイン・E. マーフィーやアントニー・ブリュワーらがとっくに指摘

して当然であった．それにもかかわらず，カンティヨンの専門家たちがそうしなかったのは，アイルランド出身の国際的銀行家の経済理論体系において評価すべきは，価格メカニズムと資源分配論，企業者論，所得流通フロー論などの先駆性や革新性にあるといいたかったと思われる．

余談ながら，筆者の同僚教員によると，「所有と経営の分離」でいの一番にその名を挙げなければならない功労者はカール・マルクスであり，翻っていうなら，マルクスが登場するまで「所有と経営の分離」に明確な理論規定がなされなかったというのである．

ところが，メントールの早すぎる死を悼んでテュルゴーが執筆した"Eloge de Vincent de Gournay"を，津田氏が「ヴァンサン・ド・グルネ賛辞」（『チュルゴ経済学著作集』岩波書店，1962年，所収）と訳出したことに話が及ぶと，単に誤訳かどうかというだけではすまない．一門の頭領様の不見識のなせる業といわなくてはならない．

諸賢ご高承のとおり，物故者をたたえるには古来「頌徳文」なる文章形式があり，"賛（または讃・讃）"の漢字は使わない（津田氏は，テュルゴーの追悼文が漢文の一体である"辞"に相当するとでも思ったのだろうか．そうであれば理由を示してほしかったが，いまさらいっても詮ないことである）．けだし，筆者は本務校の紀要に寄稿した「チャイルド・グルネー・テュルゴー」と題する論稿（『青山経済論集』第62巻第2号，2010年，所収．のちに拙著『テュルゴー資本理論研究』日本経済評論社，2013年に再録）のなかで，「ヴァンサン・ド・グルネー頌」と訳出した（「グルネー追悼」の手もあった）．そのさい筆者の意図が正しく伝わるように，冒頭で儒家の経典——五経——の一冊「詩経」大序の「頌者美盛徳之形容，以其成功告於神明者也（頌トハ盛徳ノ形容ヲ美シ，其ノ成功ヲ以テ，神明ニ告グルモノナリ）」の一文を題辞とした．ただ生半可な漢籍の知識と難癖を付けられるのも癪だから，万全を期すべく知人に頼んで漢学者をひとり紹介してもらい教えを乞うた．案に違わず，漢学者氏は筆者の意見を支持してくだすった．ただしこう付け加えることを忘れなかった．曰く，「題辞の"頌"の定義を，書き下し

文で紹介しても理解できる経済学者が一体いかほどいるとお思いか？　半世
紀の間だれひとりとして"賛辞"の誤りを指摘し得なかったのだから，気の
毒千万な話，貴君の物言いを理解してくれる人間は皆無と見た」．

　ちなみに，オーギュスト・ブショーが1846年9月10日，アカデミー・フ
ランセーズで行ったテュルゴー追悼のためのスピーチのタイトルは"Eloge
de Turgot"であった．これをアカデミーの慣例に従って訳出すれば「テュ
ルゴー追悼演説」となろう（Académie française. Éloge de Turgot, discours
qui a obtenu la première mention dans la séance du 10 septembre 1846 ; par
Auguste Bouchot. Source : gallica.bnf.fr/Bibliothèque nationale de France）．
そのブショーであるが，テュルゴーを「アダム・スミスの先駆者（précur-
seur d'Adam Smith）」と称してその業績を高く評価していること諾なるかな．

　はたして"頌"の文字がグルネーにふさわしいとしても，かれと愛弟子テ
ュルゴーとの間柄を考慮するならば，つぎは斬衰，齊衰，大功，小功，緦
麻のどれを選ぶのがいいか思い悩まずにはおかないのであるが，ここでは問
うまい．それでもひとつだけ付言すれば，官渡の戦いで打ち破った袁氏の残
党と烏丸討伐の最中の建安10（205）年に曹孟徳の発布した「薄葬令」がも
しも中原のほか江東六州や巴蜀（益州）の地などで広く受け容れられていた
ならば，後の世はもっと単純になっていたであろう．文武に秀でた一代の英
傑のあまりに早すぎたがゆえに理解を得られなかった施策であった．

　前置きはこのくらいにして本書の成立に話をすすめよう——といいたいと
ころではあるが，じつはこれからお話しすることは前置きと切っても切れな
い密接な関連がある．前作『カンティヨン経済理論研究』の「あとがき」で
指摘したように，ジョン・ロー，カンティヨンそしてテュルゴーの3人は経
済学の古典形成にとって最重要人物である．筆者は己が浅学菲才を顧みず3
人の研究書を上梓することができたことをさいわいとするものの，正直にい
っておかなければならないことがひとつある．つまり，如上の著作での議論
は筆者の着想の成果というよりは，むしろわが恩師櫻井毅先生の教旨の賜物
であった．

ありようはこうである——．先に紹介した拙稿「チャイルド・グルネー・テュルゴー」の抜刷を櫻井先生にお贈りして後日ちょうだいした礼状には「〔拙稿を〕とても興味深く読みました」とおっしゃってのちこう書き記しておいでであった．すなわち，「ただ内容が重く広く，いくつかの論文に分けられると思いました．資本概念の問題は別稿とし，テュルゴー論も別稿とし，グルネー論としてまとめた方がまとまりがよいと感じました」．櫻井先生が「資本概念の問題は別稿」とするほうがよいと認められたのは，拙稿のサブタイトルが「『資本』概念の生成と成立に関する一考察」であるから至極当然である．しかもグルネーとテュルゴーによるこの領域での貢献が取り分けて大きいことに鑑みれば，ふたりのフランス人をよりいっそう掘り下げて考究しなければならないのは道理である．

　筆者は「チャイルド・グルネー・テュルゴー」を発表した翌年秋に本務校の紀要に寄稿した「『資本』概念成立探究」と題する論稿で「資本概念の問題」を取り扱い，ついでテュルゴーの資本理論や利子論をテーマとする論稿——そこではある程度まで「グルネー論」を織り込んでいる——を『青山経済論集』に 2011 年から約 1 年にわたって発表した．そしてこれら一連のテュルゴー論を加筆・補筆のうえ『テュルゴー資本理論研究』のタイトルで 2013 年に日本経済評論社から刊行し，一方の「『資本』概念成立探究」はこれを 3 年後の 2016 年に同じく日本経済評論社から上梓した『カンティヨン経済理論研究』の「付論」のひとつとして再録した．

　この 2 冊に，ジョン・ローの研究論文（『ジョン・ローの虚像と実像』日本経済評論社，2011 年）を加えた拙著 3 冊は「18 世紀経済思想の再検討」を旨とする三部作（trilogia）として作成・出版されたものである．ことほどさように，10 年越しの研究を経て 2016 年に三部作の最終として上梓したカンティヨン論の原稿を完成したその日，「やっと終わった」と肩の荷を下ろした気分でいたが，じつはそうではなかった．その経緯をふたたび櫻井先生の礼状の文面を借りて説明することにしよう．すなわち，「資本概念〔の問題〕については，〔エドウィン・〕キャナンの本なども参照することになるでし

ょう．要するに，イギリスの〔アダム・〕スミス研究ともあわせてやる必要
があると思います．そしてそれは多分にテュルゴーが古典派〔経済学〕の開
祖だとする考えにも関係する話になるでしょう」．

　本書で明らかにしたかったことこそ，櫻井先生が筆者に宛てた書面でご指
摘のことであった．筆者は本書の原稿を先生に何度もお送りして得たコメン
トを活かすかたちで改稿して仕上げたつもりであるが，『テュルゴーとアダ
ム・スミス』のタイトルでいざ刊行する段になって思うに，はたして櫻井先
生のお気に召すかどうか，正直，心もとない．それでも，先生のご指導のよ
ろしきを得て，約2世紀の間欧米の先学たちによるテュルゴーとアダム・ス
ミスの交友や学問的継承関係を扱った研究の成果を踏まえつつ，わが国では
まったくの未踏の領域に踏み出し，「経済学の黎明期」と称される18世紀の
経済学の偉人ふたりの「友情と尊敬の念」のうえに築かれた交友関係と学問
的継承関係の解明にささやかながら貢献できたと思っている．読者諸賢の忌
憚のないご感想・ご批評を願うしだいである．

　そうなると，つぎなるそして最終の課題は，「グルネー論」である．じつ
はグルネー論の執筆のための資料はこれまでかなり蒐集してきたものの，旧
制小樽高等商業学校の手塚寿郎教授が1927年に発表したわが国唯一のグル
ネー論である「グルネーの経済思想」を超える水準まで研究が進捗していな
いところに，パリ在住中の2008年に国立人口統計学研究所（Institut
national d'études démographiques : INED）から出版されたアンソロジー，*Le
cercle de Gournay*（グルネー・サークル）に収録された諸論稿を前にいま
しばらく地道な研究を継続してのち論文を執筆するに如くはないと思ったし
だいである．筆者がいま現在思い描いているのは，テュルゴー生誕300年の
節目の年に当たる2027年にテュルゴーの研究書を発表することである．そ
のなかで，グルネーはテュルゴーの大親友クレティアン゠ギヨーム・ド・マ
ルゼルブともども詳述する寸法である．カンティヨンの『商業論説』をはじ
めとする数々の書物が，旧体制下の検閲制度を逃れて日の目を見たのは，
名門貴族ラモワニョン家出身の自由かつ開明的な行政官の力にあずかるとこ

ろ大であったからである．

　だが，ここで新たな問題が浮上した．つまり，この春のパリ出張で訪れた
フランス国立図書館（Bibliothèque nationale de France：BnF）で，テュルゴ
ーとデイヴィッド・ヒュームとが，筆者の当初想像していた以上に親密な交
友関係を築いていたことを知る手掛かりを発見し，いまさらながら両者の交
友関係を掘り下げて吟味・検討する必要性を痛感した．しかもこの点をさら
につき詰めていけば，「テュルゴーとスミス」の研究にとどまらず，「テュル
ゴーとヒューム」の，ひいてはフランス東部のメス大学で言語学を講義して
いたジャニーヌ・ギャレ゠アモノの持論である「ヒューム―スミス―テュル
ゴー」の三角交友関係と経済学の古典形成との関連が問われることになるの
ではないかという思いを強くした．

　それどころか，本書を構想した初期の時点では，テュルゴーの『富の形成
と分配に関する諸省察』の抜刷をアダム・スミスに送ったかどうかを重要問
題と考えた，そしてその考えにいまも変わりはないが，フランス在住中のヒ
ュームがテュルゴーを「誠実で思慮深い政治家」と呼び，大親友のジャン・
ルロン・ダランベールにつぐ友人と看做す一方で，テュルゴーも負けじとヒ
ュームを高く評価していたことに思いを致せば，テュルゴーがヒュームにく
だんの抜刷を贈らなかったとは到底考えられないという結論に至った．別言
すれば，テュルゴーがよしんばヒュームの後進スミスに抜刷を贈らずとも，
ヒュームに贈らない法はないということである．

　筆者はもう一，二度 BnF に通って研究テーマに関連する文献や資料の蒐
集をつづける所存ではあるけれども，テュルゴー―スミスと同様にテュルゴ
ー―ヒュームもまたわが国では手付かずの研究領域であるから，単独で道を
切り拓くべきこと如例．もちろん櫻井先生の教えがあるからまったくの独
り旅とならないのがせめてもの救いである．ただ私事に関することではなは
だ恐縮であるが，筆者に残された時間は多くない．それゆえ，この間蒐集し
た文献や論文などを解読するためにまめにノートをとるべきかもしれない．
その意味するところは，従前のメモのひとつも作らず“ぶっつけ本番”よろ

しく PC のキーボードを叩くような真似はもはやできない相談と見つけたうえで，向後研究の成果を確実なものにするためには，自らの研究スタイルを思い切って変える必要があろう．ことほどさように，李商隠でもビートルズでもボードレールでもかれらの詩を 5 回ほど声高に吟ずれば——歌えば——確実に暗誦できた往時に比べると，自慢の記憶力の衰えはいかんともしがたい．

　などと柄にもなく殊勝なことを旧い友人に言って聞かせると，「お前さんはジョン・ローの論文を書いている時も似たような話をしていたけれど，何ひとつ変わらなかった，いや変える気がなかったのだろう．違うか」と速攻でやり込められた．ご明察！

　按ずるに，今度ばかりはそう上手く運ばないような気配を感じないでもない．筆者は 2020 年度をもって本務校を定年退職するから，本書は「現役最後の研究書」となる．その先 7 年後の 2027 年にテュルゴー生誕 300 年にちなんだテキストを著わし公表することがはたしてできるかどうか，正直，怪しい気がする．

　もっとも，考えようによってはそんなことはみな杞憂であって，存外，聖マタイの説くところが一番正しいのかもしれない——．"Nolite ergo esse solliciti in crastinum ; crastinus enim dies sollicitus erit sibi ipse. Sufficit diei militia sua（けだし，あすのことは思い悩むなかれ．あすのことはあす自らの思い悩むところ．一日の労苦はその日一日のみで足る）"（EVAN-GELIVM SECVNDVM MATTHEVM, 6-24）.

　先述したように，本書は，櫻井先生のアイディアにもとづき研究を行った成果の一部である．もちろん，足らないところや不確かな物言いがあることを重々諒承しており，かつその責は一に筆者が負うべきものと心得ている．これらについては，テュルゴー生誕 300 年の節目の年までに改善・改良を施してよりたしかなものとする料簡である．

　いまだ至らぬところが多々あると認めるのは恥ずかしい限りではあるが，それでも筆者の今日あるは先学同学から受けた学恩の賜物である．とくに，

東京大学大学院以来ご指導を受けている櫻井毅（武蔵大学名誉教授），山口重克（東京大学名誉教授），佐伯尚美（東京大学名誉教授）の３人の先生のお蔭と承知している．衷心より謝意を表するとともに，諸先生の謦咳に接したことを生涯の誉れとするものである（佐伯尚美先生は 2018 年 2 月に鬼籍入りされたため本書をお贈りすることができないのみならず，先生の辛口の，しかし決して的を外さない批評の数々をあらためて思い起こすと残念でならない．先生の一言一言にどれだけ激励されたことか．いまは佐伯先生のご冥福をお祈りするばかりである）．

　それにもうひと方，寺崎（旧姓・瀬戸）宏子先生にお礼を申し上げたい．いまは亡き祖父菅原三平が教育委員会に"政治力"を行使して越境入学してきた"ビートルズ狂い（beatlemania）"の悪ガキ（筆者）を中学 3 年間クラス担任として辛抱強くご指導してくださったそのご苦労たるやいかばかりであったか——いまにして思えば顔から火の出る思いである．しかし，寺崎先生なくして外国語学習の面白さを知り得なかったであろうことは間違いない．筆者が長じてヨーロッパの政治・経済・社会・文化の研究を生業とするようになって，ビートルズの言語のほかに仏語，伊語，ラテン語等のヨーロッパ言語の習得を可能としたものこそ，寺崎先生が授業中におっしゃった「外国語上達の一番の道は，声を出してテキストを何度も何度も読むこと」の教えの忠実なる実践により得られた成果である．複数の外国語を習得できたのはけだし先生のお蔭と肝に銘じて学恩を一日たりとも忘れたことはない．

　このほかにも，本書の刊行にあたっては，いちいちお名前を挙げないけれども，先学同学はもとより，本務校の事務関係者の多くが筆者を励まし支援してくださった．また，日本経済評論社の社長柿﨑均氏，清達二氏には大変お世話になった．この場を借りてこれらの方々にあらためて心よりお礼申し上げる．

　　平成年間最後の日（2019 年 4 月 30 日）に　等々力の自宅にて筆者記す

初出一覧

「リシャール・カンティヨンと価格メカニズム（I・II）」，青山学院大学経済学会
『青山経済論集』第 58 巻第 3，4 号，2006 年 12 月，2007 年 3 月，所収．

「テュルゴーとアダム・スミス——Aut proximitas, aut differentia——（I・II）」，
青山学院大学経済学会『青山経済論集』第 68 巻第 1，2 号，2016 年 6，9 月，
所収．

「『資本』概念生成・成立再論——E. キャナンのアダム・スミス『資本』理論の批
判的検討——」，青山学院大学経済学会『青山経済論集』第 69 巻第 3 号，
2017 年 12 月，所収．

「書評 *Hoyng, Anne-Claire, Turgot et Adam Smith : Une étrange proximité.*
(Champion Essais 44), 216 p. 2015 (Champion, FR)」，経済学史学会『経済
学史研究』第 59 巻第 2 号，2018 年 1 月，所収．

「書評ジョン・ヒル・バートン著『書物の狩人』，図書出版社（村上清訳），1993
年」，青山学院大学経済学会」『青山経済論集』第 70 巻第 4 号」，2019 年 3 月，
所収．

人名索引*

［あ行］

アージュ・ド・ブルネー神父（Aage de Bournay, abbé）（テュルゴーのペンネーム）79

アーン，トーマス（Arnes, Thomas A.）85

アエネーアース（Αἰνείας, Aineiās）105, 107

アシュレー，W. J.（Ashley, W.J.）19, 106, 168, 172, 188, 229

アルジャンソン侯爵（Argenson, René-Louis de Voyer de Paulmy, marquis d'）■

アンキーセース（ΑΥΧίσης, Anchīsēs）105, 107

アンダーソン，ゲーリー（Anderson, Gary）103

アンヴィル公爵夫人マリー=ルイーズ・ド・ラ・ロシュフーコー（Enville, Louise Elisabeth Nicole de La Rochefoucauld, duchesse d'）2, 34, 37, 39, 40-4, 82-3, 85, 88-9, 91-3, 96, 193-4, 236

アンリ，シャルル（Henry, Charles）80

イェルセン，スヴェン（Jörsen, Sven）74

Ｙ　氏（M. Y）（テュルゴーのペンネーム）96, 102

インピン・クリストッフェル，ヤン（Ympyn Christoffels, Jan）211

伊坂市助 233

ヴァーホーヴェン，ポール（Verhoeven, Paul）120

ヴァランダー，クルト（Wallander, Kurt）74

ヴァルラス，レオン（Walras, Léon）119, 197

ヴァンサン・ド・グルネー，ジャック=クロード=マリー（Gournay, Jacques-Claude Marie Vincent, marquis de）4, 8-9, 13, 21-3, 25-6, 32, 47, 49, 56, 63, 65, 83, 104, 117, 161-2, 165-6, 176, 182-4, 187, 190-2, 221-3, 232, 234, 238, 241

ヴァンデンバーグ，リチャード（Van den Berg, Richard）4, 166, 240

ヴィシー=シャンロン，マリー・ド（Vichy-Chamron, Marie de, marquise du Deffends）99

ヴィソル，ティエリー（Vissol, Thierry）65, 207-8, 240

ウィルソン，チャールズ・H.（Wilson, Charles H.）23, 240

ウィングフィールド，R.D.（Wingfield, Rodney D.）159

ウェーバー，ロバート（Weber, Robert）30

ヴェーバー，マックス（Weber, Max）221

ヴェブレン，ソースティン・B.（Veblen, Thorstein Bunde）120

ヴェリ（神父），ジョゼフ=アルフォンス・ド（Véri, Joseph0Alphonse de, abbé）96

ウェルギリウス（Vergilius Maro, Publius）74, 105, 107

ウォルポール，ホレイス（Walpole, Horace）99

ウォルポール，サー・ロバート（Walpole, Sir Robert）99

---

*以下，テュルゴーおよびアダム・スミスならびに付録1，2，3をのぞく。

ヴォルテール（Voltaire. 本名 François - Marie Arouet）　2, 39, 70-1, 123
ウォンステッド準男爵　⇨ チャイルド（, サー・ジョサイア）
宇野弘蔵　241
ウムプフェンバッハ, カール（Umpfenbach, Karl）　215
ヴュルツ, アドルフ（Wurtz, Charles Adolphe）　189
エイケム（, ミシェル）　⇨ モンテーニュ
X 氏（M. X）（テュルゴーのペンネーム）　79, 101-3
エヌリー8世（Henry VIII）　225
エルヴェシウス, クロード＝アドリアン（Helvétius, Claude Adrien）　38, 99
大内兵衛　235
大内節子　235
大河内一男　54-5, 60-1, 190, 237
オーバーストン卿（Samuel Jones-Loyd, 1st Baron Overstone）　106
小原敬士　221, 241
オモン, アンリ（Omont, Henri）　40-1, 91 -2
オルバック男爵ポール＝アンリ・ティリー（Holbach, Paul Henry Thiry, baron de）　38, 99
オルレアン公フィリップ2世（Orléans, Philippe II, duc de）　99
オンケン, アウグスト（Oncken, August）　23

[か行]

カイヤール, アントワーヌ＝ベルナール（Caillard, Antoine - Bernard ; secrétaire de Turgot）　27, 96, 240
片岡泰彦　160, 241
片岡義雄　211, 241
金山康喜　235
カデ, フェリックス（Cadet, Félix）　70, 230
ガリアーニ, フェルディナンド（Galiani, Ferdinando, abbé）　25, 29 - 30, 230, 238, 241
カルヴァン, ジャン（Calvin, Jean）　39, 50

ガルニエ, ジェルマン（Garnier, Germain）　85
カンテール, ロベール（Kanters, Robert）　233
カンティヨン, リシャール（Cantillon, Richard）　4, 7 - 8, 21, 23 - 5, 27 - 8, 31, 55, 63 - 4, 85, 101, 113, 166, 184, 188-90, 192, 197, 209, 212-3, 227, 230, 233, 240
ギボン, エドワード（Gibon, Edward）　100
キャナン, エドウイン（Canann, Edwin）　5, 8, 12-4, 19, 28, 55, 163-4, 166-82, 184-6, 188-90, 192, 196-8, 200-2, 207, 210-1, 219, 221-3, 225, 227, 230, 237
ギャレ＝アモノ, ジャニーヌ（Gallais - Hammono, Janine）　5 - 6, 19, 54 - 6, 64, 74, 77, 95, 103, 113, 115, 117, 183, 209, 215-6, 223, 231
キャンベル, リチャード・H.（Campbell, Richard D.）　28, 237
久保田明光　7, 56, 61, 241
栗原百代　240
グリソン, ロジェ（Gryson, Roger）　30
グルネ　⇨ ヴァンサン・ド・グルネー
グルネー（侯爵）　⇨ ヴァンサン・ド・グルネー
グラスラン, ジャン＝ジョゼフ＝ルイ（Granslin, Jean-Joseph-Louis）　239
グランプ, ウィリアム・D.（Grampp, William D.）　23, 232
クリバンスキー, レイモンド（Klibansky, Raymond）　38, 233
グルーシー, ソフィー＝マリー＝ルイーズ・ド（Grouchy, Sophie-Marie-Louise de）　⇨ コンドルセ（, ソフィー・ド）
グルーシー（子爵）, エマニュエル＝アンリ・ド（Grouchy, Emmanuel - Henri, vicomte de）　92
クレイグ, アルバート・M.（Craig, Albert M.）　37, 230
グレイグ, J.Y.T.（Greig, J.Y.T.）　36, 232
グレーネヴェーゲン, ペーター・D.（Groenewegen, Peter D.）　5, 7-8, 14, 20-

人名索引　255

2, 31, 38, 42 - 3, 47 - 8, 53 - 4, 58, 71 - 2, 82, 85, 98 - 9, 105 - 7, 118 - 9, 201 - 5, 207, 209 - 10, 232-3

ゲーテ（Goethe, Johann Wolfgang von）122

ケネー，フランソワ（Quesnay, François, docteur）2-3, 7-8, 21, 23-9, 31, 38, 50, 58, 60 - 2, 81, 96 - 7, 101,106, 110, 165 - 6, 169, 176 - 7, 183, 187, 189 - 90, 193, 197, 212 - 4, 222, 227

ゲリー，アラン（Guery, Alain）23, 233

ゲルリウス，アウルス（Gellius, Aulus）14

コー，アンヌ（Cot, Anne）73, 119, 121, 183 197, 231

ゴードマン，ユジェーヌ（Gaudement, Eugène）29, 232

越村信三郎　233

コットグレーヴ，ランドル（Cotgrave, Randle）171

コナン・ドイル，サー・アーサー・イグナティウス（Conan Doyle, Sir Arthur Ignatius）114

コルベール，ジャン＝バティスト（Colbert, Jean-Baptiate, marquis de Seignaley）23, 28, 122

コンジャック　⇨ コンディヤック

コンディヤック（神父），エティエンヌ・ボノ・ド（Condillac, Étienne Bonnot, abbé de）96-7, 177

コンドルセ，ソフィー・ド（Condorcet de Sophie）90

コンドルセ侯爵マリー・ジャン・アントワーヌ・ド・カリタ（Condorcet, Marie Jean Antoine de Carita,marquis de）3, 5, 11, 18, 33, 35, 38, 41, 79 - 80, 82 - 3, 85, 89 - 90, 101-2, 117, 229, 233

［さ行］

サヴァリー・ド・ブリュロン，ジャック（Savary de Brulons, Jacques）172

櫻井毅　23, 241

サミュエルズ，ウォーレン・J.（Samuels,

Warren J.）37

サン＝ペラヴィ，ジャン・ニコラ・マルスラン・ゲリノー（Saint - Péravy, Jean Nicolas Macellin Guérinot）24, 53, 56-7, 96, 214, 239

ジェイムズ，フィリス・D.（James, Phyllis D.）14

ジェイムズ2世（James II of England）84

ジェイムズ3世（James III）84

シェークスピア，ウィリアム（Shakespear, William）39

ジェヴォンズ，ウィリアム・スタンレー（Jevons, William Stanley）4, 13, 21, 27, 101, 188-9, 202, 233

ジェシュア，クロード（Jessua, Claude）26, 56, 233

シェル，ギュスターヴ（Schelle, Gustave）5, 18-9, 23, 27, 33, 36, 38, 41, 57, 70, 73-4, 79-82, 92, 95, 102, 105, 162, 183, 238-40

ジジェック，スラヴォイ（Žižek, Slavoj）120, 240

シスモンディ，ジャン＝シャルル＝レオナール・シモンド・ド（Jean - Charles - Léonard Simonde de）165

シセ兄弟（deux Cicé）の長兄　⇨ シャンピオン（，ジャン＝バティスト＝マリー）

ジニュウ，クロード＝ジョゼフ（Gignoux, Claude-Joseph）79, 122, 232

篠原久　85, 236

シャムウ，ジャン・ピエール（Chamoux, Jean Pierre）6

シャルル，ロイク（Charles, Loïc）32, 50, 184, 230

シャンピオン，ジャン＝バティスト＝マリー（Champion, Jean Baptiste Marie, abbé）24, 67, 192, 238

シュンペーター，ヨーゼフ・A.（Schumpeter, Joseph Alois）47-8, 53, 56, 60, 62, 72, 98, 117, 177, 197-200, 203, 206-7, 210, 213, 215, 221, 225, 237

シュンペーター未亡人　⇨ フォン・ケラー（，ヨハンナ）

小ミラボー　⇨ ミラボー伯爵

ジョゼフ・バタイユ・ド・フランセス・ダヴィーユ，エリザベート＝サビーヌ（Joseph Bataille de Frances d' Avilles, Elisabeth-Sabine） 96

ジョンソン，マリアンヌ・F.（Johnson, Marianne F.） 37

ジョンソン，サニュエル（Johnson, Samuel） 172

シレ，エレーヌ（Syrès, Hélène） 235

シンクレア，サー・ジョン（Sinclair, Sir John） 81-2, 88, 195

小ミラボー ⇨ ミラボー伯爵

鈴木峯子 234

スキナー，アンドリュー・S.（Skinner, Andrew S,） 5-6, 19, 28, 45, 200, 237

スコット，ウィリアム・リチャード（Scott, William Richard） 170

ステーネル，フィリップ（Steiner, Philippe） 119, 183, 238

ステュアート，サー・ジェイムズ（Steuart, Sir James） 11, 23, 31, 60, 74, 103, 118, 165, 167, 180, 187, 195-6, 211

ステュアート，デュガルド（Stewart Dugald） 34, 37-8, 39, 79, 83, 85, 88, 238

スピーゲル，H.W.（Spiegel, H.W.） 233

スペングラー，ジョゼフ・J.（Spengler, Joseph J.） 100-1, 237

スマート，ウィリアム（Smart, William） 229

スミス，チャールズ（Smith, Charles） 38, 42-4, 83-4

スラッファ，ピエロ（Sraffa, Piero） 236

セー，ジャン＝バティスト（Say, Jean-Baptiste） 165

セー，レオン（Say, Léon） 5, 18, 33, 79-80, 117

セクレタ＝エスカンド，ジェー（Secretat-Escande, G.） 8, 23, 162, 184, 237

ゼフ，スティーヴン・A.（Zeff, Stephen A.） 234

セルヴェ，ポール（Servais, Paul） 40, 82-3, 236

セルウェートゥス（，ミカエル） ⇨ セルヴェートゥス

セルヴェートゥス，ミーケル（Servetus, Michael ; Migel Serveto） 50

ソーンダイク，ジョン・イヴリン（Thorndyke, John Evrin） 74, 114

ソーントン，ヘンリー（Thornton, Henry） 235

ソフィー・ド・コンドルセ ⇨ グルーシー，ソフィー＝マリー＝ルイーズ・ド

ゾンバルト，ヴェルナー（Sombart, Werner） 221, 241

［た行］

第3代タウンゼンド子爵チャールズ・タウンゼンド（Charles Townsend, 3rd Viscount Townsend） 2

大ミラボー ⇨ ミラボー侯爵

太陽王（Louis-Le-Soleil） ⇨ ルイ14世

ダヴェナント，チャールズ（D'Aavenant, Charles） 180

高野利治 233

タッカー，ジョサイア（Tacker, Josiah, dr.） 21, 23, 36, 83, 96, 233, 238

ダッフォン，リチャード（Daffonrne, Richard） 170

玉野井芳郎 25, 241

ダランベール，ジャン・ル・ロン（D'alembert, Jean Le Ron） 37, 88, 99

ダルリンプル，デイヴィッド（Dalrymple, David） 43

チャールズ・エドワード・ステュアート（Charles Edward Stewart/Stuart） 84

チャールズ3世（Chaeles III） ⇨ チャールズ・エドワード・ステュアート

チャーチル，サー・ウィンストン（Churchill, Sir Winston） 182

チェーザラーノ，フィリッポ（Cesarano, Filippo） 29, 230

チャイルド，ジョサイア（Child, Sir Josiah, First Baronet of Wanstead） 7-8, 21, 32, 49, 55-6, 101, 162, 165-7, 180, 183-5, 187-8, 190, 192, 211, 222, 234, 240

津田内匠 89, 213

テイ，ジョセフィン（Tey, Josephine） 14

デール，ユジェーヌ（Daire, Eugène） 5, 18, 33-4, 79-80, 231

ディドロ，ドニ（Didrot, Denis） 37

ティラン，アンドレ（Tiran, André） 29, 238

デファン侯爵夫人（Marquise due Ddeffant） ⇨ ヴィシー＝シャンロン（，マリー・ド）

デマレ，ニコラ（Desmarets, Nicolas） 99

デュカンジュ，カロロ（Cange, Carolo, sieur） ⇨ デュ・フレーヌ（，シャルル）

デュサール，イポリート（Dessard, Hyppolite） 5, 18, 33, 79, 231

デュト（，ニコラ）（Dutot, Nicolas） 193

デュ・フレーヌ，シャルル（du Fresne（du Cange），Charles） 165, 181-2, 211, 213

デュボワ・ド・レスタン，エティエンヌ（Dubois de l'Estang, Étienne） 80, 91

デュポン，エルテール＝イレネー（Du Pont, Eleuthère Irénée） 80-1

デュポン，ピエール＝サミュエル（Du Pont [de Nemours], Pierre-Samuel） 1-3, 5, 11, 18, 24, 26-7, 33, 35, 38, 57, 63, 69, 70-1, 73-4, 79-82, 94-5, 97, 101-2, 117, 176, 189-90, 206, 231, 238-40

デュポン・ド・ヌムール ⇨ デュポン

テュルゴー，ミシェル＝エティエンヌ（Turgot, Michel-Étienne, père d'Anne Robert Jacques） 70

テュルゴー・ド・ブリュクール（Turgot de Brucourt）（テュルゴーのペンネーム） 79

手塚壽郎 22-3, 29, 49, 119, 162, 183-4, 197, 241

デリダ，ジャック（Derrida, Jacques） 213, 227

テルトゥリアヌス（Terutullianus, Quintus Septimius Florens） 43

テレ，クリスティーヌ（Théré, Christine） 32, 184, 230

テレー，ジョゼフ＝マリー（Terray, Joseph-Marie, abbé） 68, 70, 205-7

ドクター・プライス（Dr. Price） ⇨ プライス（，リチャード）

ドスタレール，ジル（Dostaler, Gilles） 23, 47, 160, 162, 183-4, 231

トッド，ウィリアム・B.（Todd, Willian B.） 28, 237

ドッド，モーリス・ハーバート（Dodd, Maurice Herbert） 236

戸田正雄 55, 213

ドプーオン＝ニナン，マリー＝ポール（Depouhon-Ninnin, Jean-Paul） 40, 82, 236

トリソン，ロバート（Tollison, Robert） 103

トムソン，ジェイムズ（Thomson, James） 85

［な行］

内藤濯 233

中川辰洋 13, 23, 25-6, 32, 37, 41, 49-50, 56, 59, 73, 102, 119, 159, 166, 183-4, 189, 191-2, 197, 200-1, 213-4, 222, 227, 241

中川久定 234

中島峑夫 37, 241

西川俊作 230

ノース，ダドリー（North, Dudley） 180

［は行］

ハーヴェイ，ウィリアム（Havey, William） 50

バートン，ジョン・ヒル（Burton, John Hill） 3, 36-8, 81, 88, 194, 229-30, 241

バーボン，ニコラス（Barbon, Nicolas） 180

パールマン，マーク（Perlman, Mark） 199

バダンテール，エリザベート（Badinter, Elisabeth） 89-90, 229

バダンテール，ロベール（Badinter, Robert） 89-90, 229

ハチソン，T.W.（Huchison, Terrence Wilmot） 5, 7-9, 19, 24, 31, 73, 117, 119-22, 180, 187, 196-7, 233

バックルー公爵ヘンリー・スコット（Buccleuch, Henry Scot, Duke of) 2, 63, 98, 102, 193, 208

ハットフィールド，ヘンリー・ランド（Hatfield, Henry Rand) 211, 234

ハットン，ジェイムズ（Hutton, James) 37

ハバーマス，ユルゲン（Habermas, Jürgen) 224

馬場宏二 11, 13-4, 24, 55-6, 103, 166-7, 187, 192, 211-2, 216, 225, 241

ヒアーッジュ，アーノルド（Heertje, Arnold) 6, 45

ピーリー，ジェイムズ（Peele, James) 170

ヒッグズ，ヘンリー（Higgs, Henry) 4, 25, 166, 184, 233

ヒューム，デイヴィッド（Hume, David) 2, 33 - 4, 36 - 9, 71, 81, 83, 88, 97 - 9, 100, 115, 194, 229, 232-3, 239

ビュフォン伯ジョルジュ＝ルイ・ルクレール（Buffon, Georges Louis Leclerc, comte de) 4

フーコー，ミシェル（Foucault, Michel) 227

ファイルボーゲン，ジークムント（Feilbogen, Sigmund) 5, 18, 117, 183, 231

ファッカレロ，ジルベール（Faccarello, Gilbert) 73, 119, 121, 183, 197, 231, 234

フィッシャー，アーヴィング（Fisher, Irving) 181, 215

フォルボネ，フランソワ・ヴェロン・ド（Forbonnais, François Véron de) 25

フォン・ケラー，ヨハンナ（von Keller, Johanna) 199

福沢諭吉 36-7, 230-1, 241

福田徳三 241

フック，アンドルー（Hook, Andrew) 173-4

藤塚知義 13-4, 55, 62, 163, 168, 171, 188, 199, 201, 209-13, 216-22, 225, 241

プライス，リチャード（Price, Richard, doctor) 11, 81, 88, 97, 102, 107, 194, 240

ブラヴェ，ジャン＝ルイ（Blavet, Jean - Louis) 37, 43, 84

ブラック，ジョゼフ（Black, Joseph) 37

ブラン，ルイ（Blanc, Louis) 221

ブランキ，ルイ＝オーギュスト（Blanqui, Louis-August) 221

フランクリン，ベンジャミン（Franklin, Benjamin) 83

ブリスコー，ジョン（Briscoe, John) 173-4

ブリタン，サミュエル（Brittan, Samuel) 9-10, 230

ブリュア，アントニー（Brewer, Anthony) 7 - 8, 28, 32, 47, 49, 56, 73, 85, 117, 160, 162, 229

プルードン，ピエール＝ジョゼフ（Proudhon, Pierre-Jpseph) 221

ブローグ（ブラウグ），マーク（Blaug, M ark) 100, 122-3, 196, 229, 236, 238, 240

ブロンデル婦人（Madame Blondel) ⇒ ジョゼフ・バタイユ・ド・フランセス・ダヴィーユ，エリザベート＝サビーヌ

ベーコン，フランシス（Bacon, Francis, 1st Viscount Saint Alan) 15, 39

ベーム＝バーヴェルク，オイゲーン・フォン（Böhm-Barwerk, Eugen Von) 18, 54, 161, 164-5, 181-3, 201-3, 207-8, 212, 215, 229

ペタン元帥（Pétain, Philippe, maréchal) 92

ペティ，サー・ウィリアム（Petty, Sir William) 7, 9, 21, 23, 39, 167, 180, 185, 187 - 8, 211, 235

ベッカリーア，チェーザレ・ボネザーナ・マルケーゼ・ディ（Beccaria, Cesare Bonesana Marchese di) 43

ベック，マリティン（Beck, Martin) 73-4

ペリー，ウィリアム（Perry, William H.) 37

ペルウ，フランソワ（Perroux, François) 220-1

ベルニエ，フランソワ（Bernier, François) 3-4

ベロー，アラン（Béraud, Alain) 234

ペロ, ジャン゠クロード (Perrot, Jean-Claude) 80, 235

ホイング, アンヌ゠クレール (Hoyng, Anne-Claire) 2-3, 5-12, 17-24, 35, 37-9, 41, 44-6, 48, 52-3, 74, 77-80, 83, 89, 95-6, 100, 107-8, 113, 117-8, 183, 187, 194, 203, 216, 223, 226, 233

ホゼリッツ, バート・F. (Hoselitz, Bert F.) 200

ボーダン, ジャン (Baudin, Jean) 23

ボードー (神父), ニコラ (Beaudau, Nicolas, abbé) 1, 24, 60, 96

ホームズ, シャーロック (Holmes, Sherlock) 36, 44, 114

ポクラン, ジャン゠バティスト (Poquelin, Jean-Baptiste) ⇨ モリエール

ポスルスウェイト, マラキー (Postlethwayt, Malachy) 172

堀田善衞 86-7, 241

ボナー, ジェイムズ (Bonar, James) 81, 94-5, 195

ホフマン, サビーネ (Hoffman, Sabine) 75

堀経夫 236

ホルバッハ男爵 (Paul Henrich Dietrich von Holbach) ⇨ ホルバック男爵

ボルド, クリスティアン (Bordes, Christian) 231, 233, 240

［ま行］

マーシャル, アルフレッド (Marshall, Alfred) 119, 202, 209, 232

マーチン, ヘンリー (Martin, Henry) 180

マーフィー, アントイン・E. (Murhpy, Antoin E.) 7-8, 23, 28, 50-1, 56, 63, 65-8, 72-3, 117, 191, 204, 207-8, 214, 234-5

マカロック, ジョン・ラムゼー (McCulloch, John Ramsay) 106

マクフィー, L. (Macfie, L.) 90, 237

マショー・ダルヌーヴィル, ジャン゠バティスト・ド (Machault d'Arnouville, Jean-Baptiste de) 162

マヌグソン, ラース (Manugsson, Lars) 22

マブリ (神父), ガブリエル・ボノ・ド (Mably, Gabriel Bonnot, abbé de) 96-7

マルクス, カール (Marx, Karl) 28, 216, 219-20, 224, 232

マルサス, トーマス・ロバート (Malthus, Thomas Robert) 222, 224

マルシャル, ジャン (Marchard, Jean) 233

マルゼルブ, クレティアン゠ギヨーム・ド・ラモワニョン・ド (Malesherbes, Chrétien-Guillaume de Lamoignon de Maleherbes) 33, 79, 84, 90, 96

マン, トマス (Mann, Paul Thomas) 180

マンデヴィル, バーナード (Mandeville, Bernard) 86

ミーク, ロナルド・L. (Meek, Ronald L.) 49, 105, 234

ミス・マープル (Miss Maple of Saint Mary Mead) 118

水田洋 (Mizuta, Hiroshi) 35, 209, 234

ミッテラン, フランソワ (Mitterrand, François) 41

宮崎真紀 75

ミラボー侯爵 (Mirabeau, Victor Riqueti, marquis de ; Mirabeau-père) 2-3, 24-6, 96, 165, 176-7

ミラボー伯爵 (Mirabeau, Honoré Gabriel Riqueti, comte de ; Mirabreau-fils) 2

ミル, ジェイムズ (Mill, James) 222

ミル, ジョン・ステュアート (Mill, John Stuart [J.S.]) 208

ミルズ, パティ・A. (Mills, Patti A.) 211, 234

ミルバートン, チャールズ・オーガスタス (Milburton, Charles Augustus) 36, 93

村上清 241

村上陽一郎 234

メイソニエ, シモーヌ (Meyssonnier, Simonne) 8, 32, 49, 56, 162, 166, 183-4, 234

メイリン, ジョン (Mellin, John) 170

メフィストフェレス（Mephistopheles）
122

メノン・ダンヴォー，エティエンヌ
（Maynon d'Invault, Étienne） 70

モーヴィヨン，ヤーコプ（Movillon,
Jacob） 106

モープウ公爵（Maupeou, René Nicolas,
duc de） 70, 206

モスナー，アーネスト・キャンベル（Mos-
sner, Earnst Campbell） 3, 34-5, 37-9, 43
-4, 81, 84, 86-7, 94, 193, 195, 230, 233,
236

モランジュ，ジャン（Morange, Jean）
231, 233, 240

モリエール（Molière 本名 Jean Baptiste
Poquelin） 39, 46

モルレ（神父），アンドレ（Morellet,
André, abbé） 2-3, 18, 30, 38, 83-4, 90,
96, 98, 187, 193-4, 196, 234

モロー・ド・ボーモン，ジャン゠ルイ
（Moreau de Beaumont, Jean - Louis）
45, 81, 88, 94, 102, 195

モンクレティアン，アントワーヌ・ド
（Chatillon, Antoine de Montchréstien,
baron de） 23, 180, 211, 233

モンテーニュ（Montagne, Michel Eyquem
de） 87

モンティニ ⇒ トリュデーヌ・ド・モンテ
ィニ

モンテスキュー（Montesquieu, Charles -
Louis de Secondat de La Brède et de）
4, 18, 49, 101, 165

［や行］

山川義雄　56, 242
山口正太郎　67, 214
米林富男　87, 237

［ら行］

ラヴィックス，ジョエル゠トマ（Ravix,
Joël-Thomas） 73, 121, 183, 236

ラヴォアジェ，アントワーヌ゠ローラン・
ド（Lavoisier, Antoine - Laurent de）
189

ラカン，ジャック（Lacan, Jacques） 120

ラシッド，サリム（Rashid, Salim） 11, 24,
103, 167

ラファエル，D.D.（Raphael, D.D.） 90,
237

ラ・ブレード及びモンテスキュー男爵 ⇒
モンテスキュー

ラ・ロシュフーコー公爵アレクサンドル
（La Rochefoucauld, Alexandre, duc de）
93

ラ・ロシュフーコー公爵フランソワ6世
（La Rochefoucauld, François VI, duc
de） 39, 44, 85-7, 201, 233

ラ・ロシュフーコー公爵ルイ゠アレクサン
ドル（La Rochefoucauld, Louis-Alexan-
dre, duc de） 34-5, 37, 40-4, 83, 85, 89-
90, 94, 96, 193-4

ランスデン，アンドリュー（Lansden, An-
drew） 84

リーター，ハンス（Rieter, Hans） 50

リード，トーマス（Reid, Thomas） 238

リーバス，ロサ（Ribas, Rosa） 75

リカードウ，デイヴィッド（Ricardo,
David） 28, 165, 222, 224, 236

リシュリュー（Armand Jean du Plessis,
Cardinal-Duc de Richelieu et de Fron-
sac） 123

リチャーズ，R.D.（Richards, R.D.） 211

リチャード3世（Richard III of England）
84

ルイ゠アレクサンドル ⇒ ラ・ロシュフー
コー公爵ルイ゠アレクサンドル

ルイ14世（Louis XIV de France） 122

ルイ15世（Louis XV de France） 2, 24,
38, 67, 70, 189

ルイ16世（Louis XVI de France） 70, 90,
100

（聖）ルカ（Luca ; Saint Luc） 30

ルグラン，ロベール（Legrand, Robert）
7, 234

ルソー，ジャン゠ジャック（Rousseau,
Jean-Jacques） 38, 99

人名索引　261

ルトゥルンヌ, ギョーム゠フランソワ (Le Trosne, Guillaume-François)　96-7

ルフェーヴル, フレデリック (Lefebvre, Frédéric)　32, 184, 230

ル・メルシエ・ド・ラ・リヴィエール, ピエール゠ポール (Le Mercier de la Rivière, Pierre-Paul)　4, 24, 61, 96, 165

リュヴェ, ジョゼフ (Ruwet, Joseph)　40-1, 82, 91-4, 236

ルンドベリ, I.G. (Lundberg, I.G.)　5, 10, 19, 34, 37, 41, 54-6, 73-5, 77, 94-5, 104-5, 107, 108-15, 117, 182-3, 193, 201-3, 207-8, 212, 215, 223, 234

レー, ジョン (Rae, John)　39, 44, 48, 82, 98, 100, 194-5, 235

レオンス・ド・ラヴェルニュ, ルイ゠ガブリエル (Léonce de Lavergne, Louis-Gabriel)　7, 234

レピナス, ジュリー・ド (Lespinasse, Julie de)　30, 37, 98-9, 194

レモンテー, ピエール゠エドゥワール (Lémontey, Pierre Edouard)　234

老僭王 (The Old Pretender)　⇨ ジェイムズ2世

ロー, ジョン (Law, John)　23-4, 55, 67-8, 191-3, 214, 241

ローヌ神父 (abbé de Laulne) (テュルゴーのペンネーム)　79

ローラン, アラン (Laurent, Alain)　23, 234

ロジャーズ, ソロルド・J. (Rogers, Thorold A.)　5, 20, 30, 39, 47-8, 193-4, 200-1, 236

ロス, イアン・シンプソン (Ross, Ian Simpson)　3, 34-5, 37-9, 43-4, 81, 84, 86-7, 94, 187, 193-5, 200, 209-10, 236

ロスバード, マレー (Rothbard, Murray)　196, 236

ロック, ジョン (Rock, John)　21, 39, 180, 240

ロデ・ジョフラン, マリー゠テレーズ (Rodet Joffrin, Marie-Thérèse)　100

ロデレール, ピエール゠ルイ (Roederer, Pierre-Louis)　121

ロバートソン, ウィリアム (Robertson, William)　238

ロマーニ, ポール゠マリー (Romani, Paul-Marie)　73, 121, 183, 236

［わ行］

渡辺恭彦　49, 67, 213-4, 242

ワルラス　⇨ ヴァルラス

［著者紹介］

なかがわ たつ ひろ
中川辰洋

　1952年札幌市に生まれる．1989年東京大学大学院経済学研究科博士課程修了．経済学博士（東京大学）．社団法人 公社債引受協会調査部調査課長，青山学院大学経済学部経済学科助教授，教授などを経て，現在，同現代経済デザイン学科教授，公益財団法人 日本証券経済研究所客員研究員．この間，ヨーロッパ議会・ヨーロッパ委員会後援の研修制度EUVP（ヨーロッパ連合訪問プログラム）に参加（1995年），在外研究期間中を利用してソシエテ・ジェネラル銀行（パリ＝ラデファンス）資本市場部経済調査チーム（現・ストラテジスト調査チーム）所属（1999～2000年），パリ第10大学（ナンテール校）客員研究員（2008～2009年）．所属学会，証券経済学会（1984年～），経済学史学会（2010～18年）．ほかに，フランソワ・ミッテラン研究所（Institut François Mitterrand：IFM，パリ）友の会会員（2006年～）．

　著書（単著のみ）に，『フランス国債市場の変貌と金融革新』（財団法人 資本市場研究会，1989年．財団法人 資本市場研究会助成金），『ゼミナール EC通貨・金融市場統合と資本市場』（東洋経済新報社，1993年），『1999年ユーロ圏誕生——EU経済通貨統合の進展——』（東洋経済新報社，1998年），『ジョン・ローの虚像と実像——18世紀経済思想の再検討（青山学院大学経済学研究所叢書8）』（日本経済評論社，2011年．青山学院大学経済学研究書研究叢書刊行助成金），『テュルゴー資本理論研究』（日本経済評論社，2013年．平成25年度独立行政法人日本学術振興会科学研究費事業（科学研究費助成金）（研究成果公開助成金「学術図書」課題番号16HP5144）），『カンティヨン経済理論研究』（日本経済評論社，2016年．平成28年度独立行政法人日本学術振興会科学研究費事業（科学研究費助成金）（研究成果公開助成金「学術図書」課題番号（16HP5144）．訳書に，OECD編『経済政策の転換——先進11カ国のケース・スタディー』（中川辰洋監訳，日本経済評論社，1995年），B.ポーキングホーン，D.L.トムソン『女性経済学者群像——アダム・スミスを継ぐ卓越した八人——』（櫻井毅監修，御茶の水書房，2008年）．

テュルゴーとアダム・スミス

2019 年 9 月 25 日　第 1 刷発行

定価 (本体 8200 円＋税)

著　者　中　川　辰　洋

発 行 者　柿　﨑　　　均

発 行 所　株式会社 日本経済評論社

〒 101-0062 東京都千代田区神田駿河台 1-7-7
電話 03-5577-7286　FAX 03-5577-2803
E-mail: info8188@nikkeihyo.co.jp
振替 00130-3-157198

装丁・渡辺美知子　　　　　　　中央印刷／誠製本

落丁本・乱丁本はお取替えいたします　Printed in Japan
© NAKAGAWA Tatsuhiro 2019
ISBN 978-4-8188-2532-1 C3033

・本書の複製権・翻訳権・上映権・譲渡権・公衆送信権 (送信可能化
権を含む) は，(株) 日本経済評論社が保有します．
・ JCOPY 〈(一社) 出版者著作権管理機構　委託出版物〉
本書の無断複写は著作権法上での例外を除き禁じられています．複
写される場合は，そのつど事前に，(一社) 出版者著作権管理機構 (電
話 03-5244-5088, FAX 03-5244-5089, e-mail : info@jcopy.or.
jp) の許諾を得てください．

中川辰洋著

ジョン・ローの虚像と実像
18世紀経済思想の再検討

誤解と偏見に満ちたローの生涯と経済思想を新たな研究成果をふまえつつ整理分析し，経済学説史上の意義を明らかにするとともに，18世紀経済学説史研究の空白を埋める力作.　　　　　　　　定価（本体4600円＋税）

テュルゴー資本理論研究

近代経済学の最重要概念「資本」とその所有者「資本家」のタームの生みの親テュルゴーの経済理論の革新性，経済学の古典形成への貢献と意義を解明.　本邦初のテュルゴー研究書.　　　　　　　　定価（本体7000円＋税）

カンティヨン経済理論研究

価格機構，企業者，所得流通フロー——租税を除く全領域を論じた「経済学の最初の論文」（ジェヴォンズ）の著者リシャール・カンティヨンの本邦初の研究書にして決定版.　　　　　　　　定価（本体8500円＋税）

日本経済評論社